CONNECT

BUILDING EXCEPTIONAL RELATIONSHIPS
WITH FAMILY, FRIENDS AND COLLEAGUES

史丹佛人際動力學

連開50年的課，教你好關係從真情流露開始

大衛・布雷弗德 David Bradford 、凱蘿・羅賓 Carole Robin——著
蔡惠伃——譯

目次 CONTENTS

編按：作者於本書所援引的相關文獻，讀者可至「圓神書活網」（www.booklife.com.tw）搜尋本書籍頁面取得。

【推薦序】

做自己的勇氣和樂趣

王文華

大衛和凱蘿老師這本書，喚醒一段美好回憶。

在史丹佛商學院，大家擠破頭的，是一堂只收三十六人，俗稱「真情流露」的課。

企業要求的能力分「硬技巧」和「軟技巧」。「硬技巧」指財務、會計等「工具性」技能。「軟技巧」指組織ＥＱ、商業倫理等「抽象性」修養。「真情流露」受歡迎，顯示出表面上看起來聰明高效、「硬技巧」一流的ＭＢＡ，內心深處有很多焦慮。

當年的我也有，所以擠進這堂課。這堂課的基本要求，是大家把罩門全開，和同學們交心。

但要叫老奸巨滑的ＭＢＡ交心，並不容易。所以老師有些技巧。比如把同學分成三組「Ｔ小組」，每組十二人，組員間互相評估彼此的個性類型和做人風格。

除了每週上課兩次，各組每週還要選定一個晚上聚會。在浪漫的加州月光下，喝著紅酒，進一步丈量彼此的靈魂。

在月光釀的紅酒中，我第一次體會到：雖然同學們的性別、國籍、經驗、個性這麼不同，但每一個人都是複雜的個體，有多重的感受和動機、光榮與脆弱。

平常跟一個人哈拉，就像在旅遊書上看到精美的森林照片。看到他的脆弱，才算走進森林撫摸到樹幹和青苔。哈拉跟交心的不同，就像撫摸旅遊書的精美頁面和潮溼青苔的差異。大部分的人際關係，僅止於「旅遊書」，摸不到「青苔」。

有誠意去摸別人的「青苔」不容易，而膽敢讓別人來摸自己的「青苔」更難。「真情流露」這堂課，讓我開始學習這兩件事。

「旅遊書」和「青苔」的對比，在社群媒體的時代更為明顯。臉書照片，都精美如「旅遊書」。但私底下的真人，往往是一層層的「青苔」。

大衛和凱蘿老師說，不用再「編旅遊書」了。在這本書的17章，他們展現了自己的「青苔」。撥開「青苔」後，他們的關係更深厚，更有養分。

當年的「真情流露」課，讓我剝下了身上那本「旅遊書」。祝福所有讀者也能從這本書，看到自己的美好和脆弱，找回重做自己的勇氣和樂趣。

（本文作者爲作家、「眞情流露」課程學生）

【推薦序】

爲建立超凡的關係，每一次都再前進一步

劉純芳 Cecily

看到大衛和凱蘿的這本書，讓我彷彿回到了二〇一一年，我在史丹佛商學院的第一個學期。第一次見到凱蘿，是在一個同學辦的派對上，我們只交談了二十秒後，我就感受到她的主動聆聽，與人連結的超凡能力。在台灣，教授和學生總是有很大的距離，那天，我非常驚訝，像凱蘿這麼受歡迎的教授，竟然就像其他同學一樣，對我敞開心胸，願意跟我建立關係。那一刻，我感覺到了史丹佛商學院獨特的文化，人與人願意打開心門，進而開始建立非常深刻又長久的關係。

我進到史丹佛商學院的第一週，學長姐們就分享，這兩年我們將會經歷轉化的過程，我們經歷的，將會改變自己一生。當時聽起來覺得有點誇張，但兩年過後，我才明白學長姐們的所言不假。而這個改變轉化過程中的催化劑，就是人際動力學這堂課。在台灣長大，我所受的教育，沒有教我們辨認與了解情緒，進而可以管理和運用情緒。情緒就像個黑盒子，大家都不鼓勵打開，「情緒化」這三個字，感覺是一個負面的形容詞，遇到不知

道怎麼處理的情緒，最簡單的方式就是把盒子關上，當作沒這回事。但在上人際動力學的過程中，身處本書提到的T小組裡，我勇敢地進行實驗，才漸漸認識了自己是誰，開始誠實地面對自己的感受，並了解在我表達自己的想法時，其他人最直接的感受和反饋。

這個過程並不容易，因為把自己真實的感受和想法表現出來，除了要願意這樣做以外，還需要很多的勇氣，因為別人的反饋，可能會讓我們受傷，保持脆弱（being vulnerable）的風險很大。但是當我開始願意冒這個險時，身邊的人，也開始願意為我冒這個險。我們開始從彼此身上，了解對方對自己的真實想法，從這些反饋中修正，並接受和提供意見，也彼此支持，這樣的真情流露，讓我們都變成比兩年前更好的人，並有機會展開我們之間的超凡關係。

我非常開心看到兩位教授把這堂課許多重要的概念和理論，寫成這本書。但就如書中提到，習得人際關係的最佳方法，是在實際情況、實際生活與他人往來。真正改變我們的不是理論，而是我們讀完這些理論後，做的那個重要的決定。我們決定要跨出自己的舒適圈，採取自己平常不會使用的溝通方法，表達自己，學習接受反饋，再次調整溝通，再重新勇敢試一次，為建立超凡的關係，每一次都再前進一步。

也許身在安全的台灣，我們感受沒那麼深，但這場疫情，讓全世界幾乎都陷入孤獨。所以跟身邊重要的人，無論遠近，建立起超凡的關係，比以往都來得更重要。一輩子只要真正擁有這些超凡的關係，就能在最黑暗的時刻，支撐我們走下去，直到看到曙光。為了迎來更豐富的人生，希望我們都能做出這個勇敢的決定。

（本文作者爲豐邑機構飯店事業部執行長）

各界好評推薦

當MBA、美國大學申請顧問近十年，我在史丹佛商學院的學生最常分享的，是真情流露課程如何改變他們的人生，以及成為更好的領導者。這堂課讓人放下type A的偽裝，練習表達真我，藉由回饋更認識自己、更有效溝通。推薦本書給有意與人建立更深連結的你。

——Sabina，最懂台灣人申請Top MBA及美國大學的顧問

第一次聽說「真情流露」課，是一位史丹佛商學院校友好友的分享，她形容這堂課讓她整個人翻轉。在透過大量、高密度、親密的溝通中，強迫她去面對人與人之間的關係，也改變了她對領導力及管理的想法。這引起了我高度的興趣。身為女性，容易在面對關係時不自覺地保持距離，不敢覺察情緒，逃避不自在的情況。當身為管理者和領導者的時候，面對脆弱的情緒更容易不知所措，傾向於掩飾。可是其實真正能造成改變的「連結」，恰恰是建立在這些不自在的時刻。這本書幫助許多領導者，尤其是對關係、情緒、感受更為敏銳的女性，正視自己和他人，用更自在的方式，找到最適合的距離，建立有意義的連結，一起成長並更有能量。

——Tiffany Chou，CAREhER創辦人與執行長

凱蘿・羅賓和大衛・布雷弗德是幫助大家活出成功人生的大師，他們結合智商和情商，滿足兩者需求。我推薦這本書。

——瑞・達利歐（Ray Dalio），橋水基金創辦人、《原則：生活和工作》作者

要獲得有成就感和健康的人生，建立有意義的人際關係至關重要，這一點如今再清楚也不過。我大力推薦本書，它很實用，而且出版得正是時候，讓我們了解到藉由學習與自己連結，我們可以更輕易與他人連結，並建立蓬勃發展的人際關係。

——雅莉安娜・赫芬頓（Arianna Huffington），Thrive Global 創辦人暨執行長

在領英，我們將「人際關係很重要」視為核心價值之一，因為你會在工作、公司及職涯中產生許多人際連結。本書提供極具說服力且非常容易上手的指南，讓你建立能帶來專業成功和個人成就感的人際關係。我大力推薦這本書。

——里德・霍夫曼（Reid Hoffman），領英共同創辦人、《閃電擴張》《聯盟世代》共同作者

學習跨越人與人之間的差異，相互連結，並發展出讓我們能真正看見、聽見對方真實樣貌的人際關係，已經成為國家與個人的當務之急。本書打造出一套架構嚴謹的觀念和實作方式，讓讀者可以應用在生活中的各式情境，從婚姻到事業管理上的挑戰皆然。這本書是珍寶！

——安瑪麗・史勞特（Anne-Marie Slaughter），前美國國務院政策規畫長、新美國基金會執行長

我其中一個人生目標，以及我創辦MasterClass的原因，就是出於想將全世界最優異的事物開放給大眾的熱切承諾。本書珍貴無價的課程現在開放給數以百萬計的人，對此我驚喜不已。任何想在生活中發展出更穩固、更有意義人際關係的人，無論你們想從哪個面向發展，我都鼓勵要來讀這本書。

——大衛・羅吉爾（David Rogier），MaasterClass創辦人暨執行長

我在職涯和個人生活中所締造的成就，大部分都有賴於我在本書源起的課程中所學。我迫不及待要把這本書買給我的團隊成員、家人和朋友看了。

——達拉・崔斯德（Dara Treseder），Peloton行銷長、太平洋瓦電公司董事

數十年商場經驗讓我了解到，建立高度信任的人際關係是成功數一數二的重要關鍵，無論是商業談判或在籃球場上皆然。本書對如何在私人生活和專業環境中建立人際關係，提供了務實洞見，是這個領域中最上乘的作品。

——厄文・格羅斯貝克（Irv Grousbeck），美國NBA波士頓塞爾提克隊共同所有人、企業家、史丹佛商學院教授

凱羅和大衛的課程向來都是珍貴無價的資源——將他們兩人的洞見與課程融於一本書中，真是一份美好的禮物。任何想要感到更快樂、更有成就感的人，以及所有想要我們的世界有更好、更聰明未來的人，我都推薦你們來讀這本書。

——珍妮佛・艾克博士（Dr. Jennifer Aaker），《認真看待幽默》（*Humor, Seriously*）與《蜻蜓效應》作者

1 追尋超凡

本書談的是一種我們稱為「超凡」（exceptional）的人際關係。你可能已經和一、兩個人建立起超凡關係了——說不定還更多。在這種關係裡，你覺得對方已經看見、認識並接受你真正的樣子，而不是你加工過的版本。Instagram上的幾百位朋友可能知道你上星期在一家高級餐廳點了什麼晚餐，但和你建立起超凡關係的人知道，其實你多年來一直飽受食物過敏所苦，或是那一晚你和伴侶用餐時討論到共組家庭一事，或其實你是為了討論辭掉目前工作的利弊而約這頓晚餐。這些問題，你不會和高中畢業後就沒再見過面的朋友討論，也不會和平常共乘通勤的對象聊，而你偶爾問候一下的阿姨也與此無關。然而，和你建立起超凡關係的某人，會真的知道你發生什麼事，是因為這個人真的了解你。

人際關係是連續不斷變化的存在。在光譜這一端，你覺得雙方的接觸沒有產生真正的連結，但是在光譜另一端，你的感覺是自己被了解、支持、肯定與完全接納。當你處在這段連續體之間，會覺得和身邊的人緊密相連，但還渴望與更多人產生更緊密的連結。問題是，**你該怎麼做？**要怎麼在連續體中移動呢？我們這輩子已經對數以千計的學生和客戶回答過以上問題，現在要來回答你。

超凡關係**確實可以**建立。這種關係有六項特徵：

1. 你更能做真實的自己，對方也是如此。
2. 你們都願意互相展現自己脆弱的一面。
3. 你們相信自我揭露不會變成對方拿來攻擊的把柄。
4. 你們可以對彼此坦誠。
5. 你們用有建設性的方式處理衝突。
6. 你們都投入彼此的成長和發展。

我們先簡單做個解釋。

前三項談的是自我揭露。很多人都說我們的文化已經自我分享過頭了，為什麼還要談這個呢？因為精心呈現的形象和分享你的真實樣貌是兩件不同的事。奧斯卡·王爾德留下的諸多妙語中，有句話相當犀利：「做你自己吧，其他角色已經有人演了。」人有太多時候因為怕別人給予負面評價，因此會對自我揭露的內容進行加工。

在社群媒體創造出的世界中，我們被迫要把每件事都包裝到很正面。發布在臉書上的照片，可能是你微笑站在艾菲爾鐵塔前，但實情是那趟旅行糟得要命。我們認識的矽谷執行長們提到，他們必須沒完沒了地把自己做的每件事都形容得「超厲害」，但疲憊、恐懼和過勞卻也是矽谷當地再真實不過的現實處境。維持這些虛偽外表讓人心力交瘁。加工和美化你的模樣，不僅會讓你失去展現真實的能力，也會促使其他人美化自己的形象。我們的意思不是建議你把所有事都告訴單一某人，但在一段特別的關係中，你需要把具重要性的部分自我分享給對方。你所分享的應該是真誠、完全真實的自己，而不是用面帶微笑的度假照片或語氣歡欣的佳節祝賀詞堆砌出來的你。

至於後三項特徵，是和回饋、衝突有關。對他人提出質疑，其實也是一種強而有力的支持，只不過很少人相信自己能做好這件事。和你建立起超凡關係的人點出你身上某個令他們不快的行為，當他們真的這樣做了，你會知道此刻是自己學習的機會，不需升起防備心。而他們也知道，藉由幫助你理解自身行為造成哪些影響，就是在展現他們對這段關係的投入，並且幫助你成長。

爭吵無法避免，即便是最良好的人際關係亦然。（你稍後會看到，我們兩位作者就是實例！）然而，當你害怕起衝突時，引發衝突的刺激因素就會這樣被你埋掉了，如果你指出刺激因素，並成功處理掉它，這段關係反而能因此深化。沒有攤開說清楚的衝突，照樣可以產生危害。在一段超凡關係中提出及解決問題，會比身處其他關係來得簡單，而且問題就不會再潛伏暗處，引發長期傷害。你會把挑戰看作學習機會，同樣的難題再次出現的機率就下降了。

多年以來，我們的工作都在向眾人示範，如何才能在私人與專業領域建立起堅定穩固、運作良好且健全的人際關係，以及維繫下去的方式。現在我們邀請你加入數以千計的學生與客戶行列，他們從我們這裡學會了上述方法，而且還學到更多。我們的熱情來自擔任教練、教師和提供諮詢時所看到的結果。我們不只是研究和教導本書談論的概念而已——兩人都**身體力行**。有時候我們也做得不好；大衛結褵超過五十五年的妻子曾對他說道：「你自己教這些東西——那你為什麼不照著做？」凱蘿的丈夫安迪也對她表達過類似感受。但我們一直都盡力實踐自己的教導，生命也因此變得更好。

儘管如此，我們也曾經差點失去和對方的超凡關係。大衛曾經做過某些事（或更精確地說，沒做到某些事），讓凱蘿差點就決定和他絕交，再也不相往來。我們在第17章會說得更仔細，但重點是即使我們的關係曾瀕臨瓦解，兩人還是有能力回頭並修補關係。這讓我們得以共同寫這本書，而且在過程中培養出更加超凡的關係。錯誤和誤解會發生，但修補和痊癒是可能做到的，我們兩人就是活生生的案例。

雖然我們兩人都是老師，但要先在這裡告訴你，有些課程必須親身體驗才行；這就是為什麼本書的重點放在實作。我們在全球數一數二頂尖大學的商學院任教，但是談論的和商業界以外的世界關聯更大。儘管我們奉獻生命數十載而成就的「人際動力學」（Interpersonal Dynamics）課程被暱稱為「真情流露」（Touchy-Feely），但實際內容可一點都不軟。軟技巧其實需要下很多硬功夫。

本書的概念源於社會科學研究，特別以人際心理學為主，以及我們兩人數十年的個人經驗。大衛五十幾年前加入史丹佛大學商學院，開始發展人際動力學課程，如今以「真情流露之父」著稱。凱蘿則在二十年前加入，後來以「真情流露女王」著稱，並協助擴大本專案，讓規模增長一倍。

真情流露絕對是我們商學院課程中最有名也最受歡迎的課程。超過八五％的商學院學生報名修課，而且要將本課程列為前幾個志願序才修得到。學生常常反映這堂課「徹底改變」他們，校友也經常提到這堂課對他們人生產生多大的影響，以及他們在私人和專業生活中仍持續運用當年課堂上教授的技巧。學生之間有的維持終生友誼，有的甚至一起走入婚姻。暢銷書如大衛．凱利（David Kelley）的《創意信心》（*Creative Confidence*）曾談過這個主題，談話節目《今日秀》聊過這個話題，《紐約時報》也專文介紹過，《華爾街日報》還做了專題報導——在在彰顯上述課程技巧在現代組織生活中的重要性。

學生很快會發現，這堂被暱稱為「真情流露」的課並沒有想像中容易。他們正式修課後，會被分配到十二個人為一單位的小組，稱為T小組，接下來為期十星期的學期中要見面約六十小時。T小組的T指的是「訓練」（training），而不是「療法」（therapy），目的是提供一個學習實驗場，讓學生實作課堂概念——比如自我揭露的重要性、如何給予和接受回饋、怎樣跨越差異並互相連結，以及如何影響他人——方法是團體成員彼此互動，並從同儕的反應中進一步學習。我們堅信，習得人際能力的最佳方法是在實際情況、實際生活與他人往來，而不是單靠修課、閱讀、案例研究，以及……你猜對了，也不是讀本書就能做到。儘管本書涵蓋了我們課堂上教導的所有內容，你還是需要以自己生活中的人際關係做為實驗場，才能獲得最大利益。我們從本書開頭到結尾，都會提供你具體建議。

對於習慣面對數字、拆解問題模組的學生來說，剛開始可能會非常不習慣要和一群人共同探索團體中的誰和誰感覺彼此更有連結。但這些年來，有太多學生從無法理解這堂課是在激動什麼，到修完課後成為堅定信徒（這可不是邪教！）。同儕教職員給我們的高評價，並不是這堂課產生影響力的原因，雖然我們可能真的教得很好。我們兩人能做的不過是提供一個環境，讓學生從中學到自身行為會如何影響他人——以及如果他們未來想當成功的領導人，上述發現又蘊含什麼意義。

專家逐漸了解到，人際／軟技巧對成功的專業生涯不可或缺。我們的核心信念是大家在做生意時，涉及的不只是想法、機器和策略，甚至可說不僅止於金錢往來。「真情流露」所提供的軟技巧發展機會，對成功領導力，包括連結、建立信任及產生影響力，都再重要不過。但學生在過程中還會學到更深奧的事物，幾年前一位學生形容得最傳神：「我知道去任何一間頂尖商學院，都能學到怎麼當一個更好的經理人和領導人。但我也相信如果我來史丹佛念書，尤其是修了這堂課後，我會成為更好的人——這比當個好領導人還要豐富得多。」

這些年來，我們經常在校友會和學生寄來的電子郵件中得知類似感想：「這堂課在十年後拯救了我的職涯／婚姻。」「在『真情流露』所學到的事，我幾乎每天工作時都用得上。」「因為這堂課，我知道自己成為更好的家長、配偶和兒女，而且也變成更好的同事了。」最近某位上主管課的學員提到：「我很訝異這堂課的焦點不是直接放在改善領導力。多數內容都是教我如何成為更好的人……上這堂課有個副作用，就是我真的變成更有力的領導人了，因為我的自覺、慈悲、脆弱度和溝通都有進步。」

前述軟技巧需要下一番苦功才能熟練，但每個人都學得會。這就是為何「真情流露」的受益對象不只是商學院學生，課程本身也不是加州獨有的迷信風潮。現在世界各地已經出現許多性質類似，但成員更多元的學習團體，遍及歐洲、非洲、中東、亞洲和拉丁美洲——成果都很相似。

我們的經驗不只來自學術界，我們也各自在數百家橫跨不同國家及產業的營利及非營利組織擔任顧問與高階主管教練，這些組織規模不一，從《財星》百大企業到新創公司都有。此外，我們將本課程濃縮成一週分量，開發出史丹佛商學院非常熱門的高階主管課程，開放給全球各地的高階經理人選修。凱蘿現在也將同樣課程原則和流程用於培育矽谷的執行長、公司創辦人與投資人。

這麼多年來，我們觀察到頭幾個驚人的現象，就是可以和比自己原先想像範圍更廣大的人群，建立出深刻且收穫豐厚的個人連結。我們能夠和乍看與自己沒什麼共通點的人發展出超凡關係。在各自私人與專業領域中，我們兩人都不斷見證這件事發生。關鍵在於超越表面談話的技巧。這種技巧不一定得花費大把時間才能學得，但我們必須承諾在過程中真誠理解自己和對方。

你不會和每個人都建立起超凡關係。不可能的，因為這種深層連結需要花上大量努力。重點是你也沒必要這樣做。你生活中應該會有這樣一類人：網球球友、一起看電影或聽音樂會的同伴、偶爾邀請來家裡共進晚餐的友人。你在工作上可能也有些非常專業、與你協作良好，但稱不上是最要好朋友的同事。你可以在這些人際關係中得到夥伴關係、社交互動、智性激發、專業認同，還有樂趣。你們之間的關係不怎麼強烈，但也不會怎樣。

而且，你真的需要這些人際關係。甜點不用每次都是巧克力舒芙蕾，人際互動的對象也不用僅限於深刻理解你的人。

話雖如此，我們還是假設生活中有些你自知可以更加穩固的人際關係。你不確定有沒有可能讓這些關係走入「超凡」，但你知道還有成長空間。也許你會想知道如何讓雙方關係從隨興輕鬆變得更攸關私人一些、從沒有連結到更多連結、從運作失常變得運作良好，或是從相互競爭變成彼此協作。或者你已經有些感覺特別和深刻的人際關係，但察覺到這些關係還有更豐富的可能。本書提到的觀念，可以幫你在關係的連續體中往自己想要的方向前進。

但是我們允諾你的，可不是「五個步驟輕鬆與人深刻連結」，沒有這種步驟。同個方法不可能適合所有人。對你來說有用的，不一定對其他人有用，有助於某段關係成長的事物，在其他關係中可能毫無成效。而超凡關係也不是什麼終極狀態，因為人際關係永遠都有更深刻的可能。你應該將超凡關係看成有生命、會呼吸、不斷變化、需要持續呵護，而且一**再**、一**再**有辦法讓你屏息讚嘆的有機體。

我們接下來會直白地說明，打造更有意義的人際關係究竟需要花多大力氣，隨之而來又有多大好處。我們都見識過這種關係型態對友誼、婚姻、家族系統及職場同事會帶來多麼深遠而明確的影響。也知道運用我們所教導的事，可以產生更穩固、更快樂也更深刻的人際關係，並減少不必要的衝突。當你和對方都感到安全且可以彼此坦誠，關係中的成長機會就變得無限大。一旦你們的互動都處於最真實的狀態時，行為模式就轉變了。到了最後，超凡關係不只是一套技巧和技能而已，更是一種迥然不同的存在方式。讓你感到神奇的事物就藏在裡頭。

2 世界級課程，一次一章

我們知道歷屆人際動力學的學生從課堂中學到了什麼。而我們幫助他人解決人際關係難題，以及解決自身面臨的人際互動挑戰時，也一再用到課堂上所教導的技巧。學生一再催促我們將上課內容出版成冊，讓他們可以時刻溫習，並分享給朋友、配偶或事業夥伴。此外，我們自己一直夢想將這堂課的好處傳達給史丹佛課堂以外成千上萬的人，而且對於該如何讓更多人接觸到這些內容，也思考良久。

當然也少不了挑戰。書中課程原先的型態，是讓一小群學生藉由密切互動與體驗來學習。每位修課學生都要全心投入一個面對面討論的小組，與同一組成員互動十週，期間就算遭遇了困難，也不能退出小組。隨著大家逐漸了解彼此更細微的一面，人際衝突也逐漸解決。其次，每個學生都會得到其他同組成員的協助。如果某兩個人的互動不順暢，其他人會加入互動，他們可能會說：「嘿，怎麼了嗎？」或是「我感覺加貝瑞有防衛心，想確認他還好嗎？」第三，我們在課堂上會制定支持學生學習的文化規範，像是對互動內容保密，以及建立以下的觀念：你唯一會犯的錯，是拒絕從錯誤中學習。有了這種共識，接下來遇到的問題就會被重新定義成學習機會。

但上述三項要素在本書中都不存在。當然，我們可以提供和現場教學與課堂閱讀資料相同的觀念、故事和題材，但無法提供另外十一個人和你組成一個小組，來支持你的學習，並持續參與。存在於你特定人際關係中的文化規範，也非我們所能影響。儘管我們兩位作者自認是厲害的雙人組合，可是能做的其實有限。另外，要怎麼幫助你將觀念上的理解轉化為實際生活中的行為，也是一項挑戰。畢竟，你不需要實際經歷，也可能**知道**該怎麼做。然而，在體驗式學習中，你得先嘗試去做，再從行動中學習。

為了讓本書發揮效力，首先，我們需要你主動參與。在實際課堂上，我們總說那些只坐著觀察大家的人學到最少，而捲起袖子與他人互動的人則學到最多。我們創造了貫徹全書的五個不同情境，每個情境中都有兩名人物，每個人都處在關係中的轉折點。這些雙人組的角色多元——有試圖改變數十載以來和父親相處方式的女兒，衡量婚姻中共同責任與個人需求孰重孰輕的夫妻，也有交情隨著時間深化並遭遇考驗的職場同事。所有情境都是我們實際經歷過或見過的人際關係整併而成，我們也要請你不要只是被動閱讀本書，而是用心想像自己身處各個情境會是如何。

在讀到書中角色所經歷的痛苦，再將自己轉換到他們的立場時，請想想看你會有什麼感受和行動。就你做得好的部分，可以看出什麼意義？你可能會在哪些方面限制住自己？有沒有什麼需要培養的能力？接著，當我們描述處理這些情境的可能方法時，你也評估看看這些方法對自己有多簡單，以及過程中可能出現什麼挑戰。藉由觀察你的反應，可以更加理解自己。採取主動態度有助於讓課程題材和你個人產生連結。

接著，將學到的事應用在實際生活中。本書每章的結尾都有幾個自我省思問題，以及如何應用所學的參考意見。建議在進入新章節之前撥出一段時間，長度依你需求而定，實際應用該章節內容。我們的學生每上完一課，在下一堂課開始前就是這樣做。要將書中所學應用到實際生活，並不容易，你會注意到我們通常提供的是選項，並非統一的答案，因為具體解法要由你決定——看自己想要哪種結果、具有哪些能力，以及願意冒何等程度的風險。

由於人際關係是由雙方共同決定，正確做法究竟為何，也要看對方而定：他們想要什麼？他們能處理哪些事？這段關係的脈絡是什麼？保有這種彈性，雙方就不會彼此束縛，反而能得到解放。雖然親身體驗不能保證一定可以達到你想要的連結，但在嘗試過程中仍會有所學習。假如可以由我們說了算的話，那就會要求你每讀完一章就將內容應用於實際生活上，實踐完再重新讀一次這個篇章。

第三，微調你的兩種「天線」。其中一種天線需要向外收訊，另一種則要往內聚焦。如果你只有第二種天線，就無法理解關係中的對方，而如果只有第一種天線，則會失去自我。傾聽兩種天線所觸知的訊號時，你就更有可能針對當下狀況採取最好的做法，並滿足雙方需求。兩種天線的調控維持在很精密時，就會幫助你將每一次互動都視為學習機會。有位朋友曾建議過我們，這堂史丹佛課程應該改名叫「人際覺察」（Interpersonal Mindfulness），因為你需要清晰覺知到自己和對方各自發生什麼事，才能真正將本書所有方法應用在人際互動上。

當然，我們也不會為你的表現打分數，但請盡量堅持做到吧。

關係之弧，以及本書之弧

所有人際關係都會變化，但大部分都循著類似的模式發展。通常一開始基於共同興趣，比如音樂或健行。有時各自興趣剛好互補——其中一方喜歡規畫和發起活動，另一方則覺得這些事很麻煩。這兩人在關係發展過程中，都必須學習如何理解和影響對方。後者要到什麼程度，才可以拒絕前者提議的計畫呢？前者要到什麼程度，才可以開口說出覺得自己被利用，並要求後者分擔一部分規畫責任呢？

你不一定和每個人交情都這麼深入，但完全無妨。舉例來說，假設你和某位好哥兒們都喜歡打籃球，因此建立起還不錯的友誼，這對你們隔週一次的愉快球賽來說就夠了。你們常常討論電影和最近流行的活動（並刻意避開某些可能有爭議的話題），現況已經符合雙方期待了。在這段關係中，你們都不覺得有必要和對方討論各自最深沉的擔憂或最遠大的夢想。我們在第1章也提過，並不是每段友情都需要與巧克力舒芙蕾同樣美味。

不過，也有些關係是你想要更深入發展的。你們走過最初的認識階段，雙方溝通開始更為坦誠和貼近私人。當你們這樣做時，對彼此的認識與理解日增，雙方能連結的領域也更多了。隨著信任逐漸建立，你們更願意冒著風險揭露自我，也更願意在對方面前表現出脆弱的一面。上述狀態在你們發展關係的過程中會持續循環和強化。當你們的關係更深刻，便可以討論不會主動和交情普通的朋友提起的種種話題，包括工作上困境，或者與步入青春期子女發生的衝突。

當你們對彼此愈來愈重要，關係也會變得更複雜。你們對彼此的義務和期待增加了，潛在的衝突點也會跟著變多。對於難免會生起的不滿與不舒服，你該怎麼處理呢？如果可以好好面對，順利解決，你們的關係會更加穩固。此時你們也會受到鼓舞，往後更願意透露自己希望從對方那邊得到什麼，以及自己目前在關係中遇到的障礙。你們會愈來愈坦誠，對彼此愈來愈誠實。一段健康的人際關係發展過程中，你們會避開權力不平衡的情況，而且雙方對關係的滿意度大致相當。

你們在這段持續演化的關係中彼此協商，並從中學會如何影響對方。你們會開始相互依賴，當你需要對方幫忙時，開口求助會變得比較容易，而當你不需要對方的某些協助時，也能夠出口拒絕。過程中的挑戰和衝突依然會發生，但你們會知道該怎麼解決。當人際關係走到這一步，你們都會是彼此的絕佳支持者，也可以坦誠地討論這段關係中的問題，給予及接收對方的意見回饋，最後一起成長。

然而，如果要更進一步發展這段關係，你們揭露自我和承受風險的程度必須大幅增加。由於這段關係對你們已經產生切身利害，光是這樣，風險就已經提高了。有時候雙方基於多年來的愉快共同經驗、層層自我揭露，以及不斷增加的信任，兩人關係會幾乎毫無停頓地走入超凡。但在大多數情況下，兩人關係至少要出現一個重大問題，才能通往超凡境地。我們就這樣假設吧，你們遇到了一個重大衝突，可能會撕裂關係的基礎。也許你會決定還是不要揭傷疤比較好，因此對問題完全避而不談。這個做法保住了你們的關係，但關係本身也因此停滯下來。如果你正視問題，兩人關係就受到考驗，而且可能劃下休止符。然而，當你們完全解決衝突，兩人連結便得以強化——你們會開始朝超凡境界邁進。

深刻關係需要花時間才能建立——沒有立即變得親密這種事。你可以影響這段關係在軌道上的速度與方向——後文會告訴你幾個方法。然而，光靠一人還跳不成探戈，能否發展出一段關係仍然得取決於對方，包括這個人有無意願與能力踏出我們之後會談的步驟，邁向成長。你或許有能力做出影響，但沒辦法全盤掌控。而發展之弧也不必然是線性，關係可能會維持現狀一段時間，或甚至倒退，然後重新成長。

本書架構是沿著起起伏伏的深化關係之弧建立而成，並分為兩大部分。在第一部分，我們會在第一個章節檢視超凡關係的六項特徵。不論一段關係未來能否走入超凡，這六項特徵對於**任何一種**運作良好而健全的人際關係都不可或缺。我們會討論如何在關係中更完整地做你自己，並幫助對方也做自己。我們還會談到如何維持關係平衡，以及如何影響對方。我們還會探究如何解決關係中的輕微不滿及重大爭執，也會探究雙方在提供與聽取意見回饋的過程中遇到哪些阻礙。此外，我們也會探討到人究竟能否改變難解問題，以及好奇心在解決衝突的過程中扮演什麼角色。

第二部分中，我們要來看一段關係如何從「非常好」轉變為「超凡」。雙方要怎麼做才能成功解決重大衝突，又能在過程中深化連結？要怎麼設下界線，卻又保持親近？我們也會探討糾纏不清的問題，也就是其中一人的私人問題觸發對方傷痛的情況。雖然並不是所有人際關係都需要遭受考驗才能走入超凡，但我們確實發現雙方關係通常會在考驗階段獲得深化，彼此淬鍊與維繫連結的能力也會提高。

即使一段關係未能走入超凡，也不代表你失敗了，更不代表這段關係永遠無法超凡。第16章的主題就是如何處理這塊棘手領域。最後，在最終章會討論到一場幾乎讓我們兩位作者的關係劃下休止符的危機，以及我們如何用盡書中教的所有方法，最終不只解決原本的危機，更深化了原本的關係。整件事過程很嚇人，但必須謙卑地承認，即使我們兩人都在教導人際關係技巧，但也會徹底搞砸彼此的關係。

學習心態

據說法國印象派畫家雷諾瓦七十八歲去世前，他的遺言是：「我想我開始學到些什麼了。」這是多麼美妙、開放、願意探索的心靈。我們也有類似想法，只是我們的版本口味比較重。每當我們遭遇挑戰，我們會想：「嗯，AFOG來了」——這四個字母的意思是「另一個他×的成長機會」（another f**king opportunity for growth）。

不論你比較認同雷諾瓦或我們的版本，我們都認為這種學習心態再重要不過。除非你對學習保持開放，否則無法讓一段關係出現重大進展（遑論走入超凡）。這份學習心態不只針對新技巧和能力，還包括往內在探索的意願。一九七〇年代的卡通角色「波哥」

（Pogo）曾說過：「我們遇到敵人了，那就是自己。」事情出錯時，責怪他人總是比較容易，但我們也要有意願自省，思考會不會有部分敵人「就是我們自己」。

學習心態具有幾個特徵。一個是願意拋開「自己的做法一向最好」的想法，第二個是樂意嘗試新事物，而且願意承受犯錯風險。第三個是把錯誤視為成長機會，而不是對犯錯感到丟臉、想隱藏錯誤。好奇心是其中關鍵。遇到問題時，抱持**「我想知道為什麼現在這樣做沒效」**的想法，比責怪對方有建設性多了。

抱持願意不斷學習的開放心態，是種美妙的生活方式。擁有這種心態時，你會開放迎接自我發展的可能，包括學習本書談到的種種技巧與技能、省思你內心可能會限制自己的種種預設想法，以及重新檢視你原本有但不再適合自己的行為。六次艾美獎得主艾倫·艾達（Alan Alda）說過：「你抱持的假設，是你觀望世界的窗戶。要不時擦拭它們，否則光線進不來。」有些改變比較容易做到，有些則困難重重，但不論是怎樣的改變，都是人際關係魔法的一部分。

當你陷入艱難情勢，很難不脫口說出：「我做不到，我不是這樣的人。」的確，目前的你可能真的不是這樣的人，但你**永遠都不可能**變成這樣的人嗎？也許正如心理學家卡蘿·杜維克（Carol Dweck）對成長心態的研究，你只是**還沒**而已。我們在書中提出的技巧與能力不至於困難到學不會。我們之所以如此篤定，是因為看過人際動力學課堂上太多學員都曾說出「我做不到」，但過了一學期都學會了。他們一開始的心態都是「我做不到」，但後來變成「雖然很難做到，但我知道自己有選擇」。儘管大家有正當理由做出各自不同的選擇，我們都要承認一件事，就是自己確實做了某種選擇。

不用說，上述談的都是苦功，但這些苦功都值得。祝好運，希望你接下來在學習過程中會犯很多讓自己收穫豐富的錯誤。

「深入學習」單元介紹

為了讓本書內容與你更切身相關，你的第一個任務是選出四段到五段自己想要更深刻發展的人際關係，家人、朋友或同事的關係都可以。在每章的末尾，你都會看到一個「自我省思」單元，要求你思考該章內容如何呼應自身的人際關係。不管你選擇的人際關係是哪種類型，記得每一章所學到的內容對各種類型的人際關係都適用。在每章最後都會出現的「應用」段落，我們會提供一些建議，讓你知道如何實際應用該章節內容，讓自己的人際關係更加穩固。

我們鼓勵你和選出的關係對象分享自己的目標，如此一來，他們就有些頭緒，能夠理解你之後會需要他們幫忙的原因。或許你想告訴對方，自己很看重與他們的關係，現在這個學習機會**不只是你本人的**，更是讓彼此關係更加穩固的機會。順利的話，他們就會加入你的學習旅程。

第三個會在每章出現的部分是「理解」，要求你省思從實際行動中學到什麼。當你試著理解自身經驗，經驗才能展現最大價值。我們會像對課堂學生那樣地問你：將書中內容實際應用到一段重要關係是什麼樣子？關於建立更穩固的人際連結，你又學到了什麼？

自我省思

第1章列出超凡關係具備以下六種特徵：

1. 你更能做真實的自己，對方也是如此。
2. 你們都願意對彼此展現自己脆弱的一面。
3. 你們相信自我揭露不會變成對方拿來攻擊的把柄。
4. 你們可以對彼此坦誠。
5. 你們用有建設性的方式處理衝突。
6. 你們都投入彼此的成長和發展。

思考你所選擇的每一段重要人際關係，在個別關係中：

• 以上六項特徵，哪一項（幾項）最明顯呢？
• 哪一項（幾項）你最想要改善呢？
• 你做了什麼（不是對方做了什麼），或沒做到什麼，導致關係中出現你認定的限制？

應用

從你先前選的重要人際關係中，挑一位對象，與對方談談你想要從這段關係中獲得什麼。告訴對方，你在上述自我省思練習中所做的評估（包括你認為自己為這段關係做過和沒做的事），也去理解這個人對你、對他自己，以及這段關係所處狀態，是否和你的評估一樣。

理解

上述談話進行得如何？你對自己有什麼新的理解？從你提出問題的方式中，體認到什麼事？就對方給予的意見，你的接受度有多高？

我們在這章談到一些會阻礙我們學習的情況。你有沒有遇到這些情況？關於學習建立更穩固關係的**「過程」**，你學到了什麼？

注意：你可以考慮寫日誌，記錄自己從「深入學習」單元中領悟的事情。在接下來的章節中，你會不斷回顧這些人際關係，觀察後續的發展會很有趣。我們的學生都被要求在修課過程中寫日誌，儘管很多人當時都很討厭這份功課，但事後他們可是很感謝我們呢！

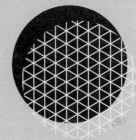

第一部

///

前往草原

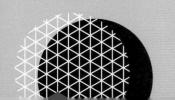

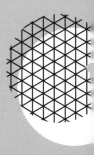

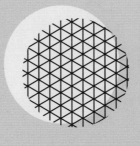

登山

大衛從青少年開始到二十幾歲那些年的暑假，都在新罕布夏州北部的白山山脈附近度過。他經常攀爬總統山脈的華盛頓山，這座山的步道眾多，成為他最喜愛的登山地點，但這座山也很危險。儘管華盛頓山的上坡路並非全北美最困難的，但在仲夏時，攀爬過程驟變的天氣往往讓假日登山客措手不及，因此死亡人數居北美之冠。某天天氣可能美麗、溫暖又晴朗，但幾分鐘後烏雲密布，氣溫陡降，讓人快看不見步道沿途的標記。大衛絕對不會獨自登山，一部分原因是他喜歡有伴同行，另一部分則是他永遠不知道過程中會在何時需要他人協助。

和夥伴一起攀登華盛頓山，就像建立一段超凡關係。雙方關係從輕鬆對話開始，像走在很多人走過、路程輕鬆的步道。沒過多久，爬坡難度變高了，你們開始面臨一些抉擇。當面前出現岔路，兩人對要走哪條路出現不同意見，你們就要想辦法解決爭執。接著，面對一道難以跨越的陡壁，此時選項又增加了。你應該提供夥伴多少幫助呢？他們會欣然接受幫助，還是覺得受辱？如果你想休息，但夥伴不肯，該怎麼辦呢？

後來，你們一起爬過了岩壁，心情大為振奮，眼前展開的是一片夏花盛開的草原。你們卸下背包休息，並好好感受一下剛才的成就。此時你們可以決定留在草原上，享受彼此陪伴。草原前方的岩石看起來比先前看過的更為巨大，攀爬難度也比之前更高。

我們在本書接下來十章中會見到的五對人際關係組合，都用各自方式抵達了關係中的草原。他們的成就都很驚人——找到建立更穩固與有意義關係的途徑，雙方各自也都有學習與成長。所有人際關係都需要先抵達草地，才有希望抵達超凡關係的頂峰。有些人會留在草地，有些人則會繼續向前。但別誤會了——抵達草原本身會帶來成就感沒錯，但即使如此，也要經過重重挑戰才能踏上草原。

3 要分享，還是不要分享？

伊蓮娜和桑傑——公司同事，情境1、2

大多數人每天都會和不太了解我們的人產生數不清的人際互動。你們會和雜貨店老闆打招呼，彼此寒暄一番。鄰居可能知道你有幾個孩子、在哪裡工作，甚至可能知道你上次去哪裡度假，但除此之外就不太曉得了。有些朋友是你偶爾會邀請來家裡共進晚餐的人，他們比鄰居更了解你，但對你生活的大部分面向也一無所知。有時你可能會渴望更深刻、更有意義的連結，但不一定知道如何獲得。

若要發展出超凡關係，就必須先讓他人更理解你。自我揭露會創造更多連結彼此的機會，也會增加雙方信任。當自己的真實模樣被對方接受，這種接納感難以比擬。當然，話雖如此，上述過程不無風險。

凱蘿曾經帶領一群矽谷高階主管進行度假會議，但打從課程一開始她就感到很無聊，與在場的人沒有連結。她在過程中頻頻分心，老是把心思放在外界事件上，難以專心授課。然而，這些學員都是她非常重要的客戶，她身為這些人的老師，此刻感覺格外脆弱。萬一課程進行不順利，該怎麼辦？學員會怎麼看待她？但如果她坦白說出自己內心感受，會發生什麼事？在職涯前期，她可能會裝作若無其事，但這次她決定要實踐自己的教學，揭露內心感受——包括與在場成員分享她當下的脆弱感。對外坦誠那一刻，她感覺到與現場學員產生了更多連結。有些主管謝謝她的破冰舉止，並表示他們當時也感覺很無聊，與在場的人沒有連結。

我們在本章會談到要怎麼做才能讓他人真正理解你，這件事並不如表面看起來容易。如果你真實、坦誠，卻被對方誤解，該怎麼辦？如果你的坦誠嚇到對方，該怎麼辦？揭露自我的過程中，情緒扮演怎樣的角色？為了讓對方更懂你，你願意冒多大的風險？

伊蓮娜與桑傑——情境1

伊蓮娜離開座位去找同事桑傑吃午餐時，內心有點矛盾。當天早上她和一位同事有些不愉快——幾週前商量好由對方負責某部分工作，現在對方想推回來給伊蓮娜。伊蓮娜據理力爭，結果這位同事很不悅，對她出言不遜。伊蓮娜希望聽聽桑傑的意見，但她擔心桑傑聽了會認為她能力不足，或認為她小題大作。

伊蓮娜和桑傑分屬不同部門，一年前因為在科技發展研究小組共事而相識。伊蓮娜很喜歡和桑傑一起工作，因為他總能用有創意的方法解決問題，而且樂於分享。他們兩人的想法互相激盪，縱使因為意見不同而爭執，過程也很有建設性。

上述專案結束後，他們開始定期共進午餐，聊聊彼此近況。兩人都熱愛戶外活動，會互相比較戶外運動設備的價格，也會交換露營地點資訊。桑傑喜愛和他的家人一起露營，伊蓮娜則熱愛泛舟。

伊蓮娜相當珍惜和桑傑之間的友誼。她在職場之外還有很多朋友，但都沒辦法和這些朋友「聊公事」，他們也不一定能理解她職場中的細微末節。她在前一份工作曾受挫，甚至丟了那份工作——只因為當時她非常直率坦誠地表達意見，這種做法和前公司的文化不相容。她想在目前這家公司內找個值得信任的人，請對方給予一些工作建議，而這個人多多少少要了解公司運作的底細。她認為桑傑似乎是滿適合的人選。

但是，萬一桑傑誤會她的企圖，該怎麼辦？說實在的，雙方各有家室，她想要的只是在公司裡有個朋友。此外，如果她把前公司發生的事告訴桑傑，包括她並不感到光采的部分，他又會有什麼反應？伊蓮娜決定還是謹慎點比較好。

他們從自助餐區拿完食物，找了一張空桌坐下。「這星期過得怎樣？」桑傑問道。

「嗯，有好有壞囉。」伊蓮娜說道，不太確定自己接下來要說什麼。

桑傑沒接著她的話說下去，而是熱情地聊起他上週末的露營體驗。「妳說得沒錯——那個營地實在太棒了。」他說道：「但我想等小孩大一點，不用到處追著他跑的時候再造訪那裡。」

伊蓮娜心想，也許沒讓桑傑知道當天早上她和同事的衝突是好的。他沒有意會到她話中的暗示，也沒有詢問更多細節。同時，伊蓮娜也有些嫉妒桑傑可以和孩子共度週末，因為她一直想要懷孕卻還沒成功。她決定先不揭露這股感受，因為太私人了。她延續著露營話題，分享更多其他營地的資訊給桑傑。

後來他們聊到公司方面話題，這時伊蓮娜決定放手一試，透露當天早上事件的若干細節。「雖然很喜歡在這邊工作，但早上那些事還是讓我有點抓狂。」她把事件大致說給桑傑聽後這樣做結。

桑傑聽得很專心。「我也發生過類似的事，真的很受不了。」他說道：「其實昨天我和一位部屬就發生類似狀況。」接著他分享了一些事件細節，伊蓮娜聽完輕鬆多了，也感覺和桑傑的距離拉近了些。

伊蓮娜還考慮尋求桑傑建議，請他分享如何應對上面那個頗為難搞的主管，但她決定先不開口，以免不小心說出她被前公司解僱的往事。後來他們的話題轉移到執行長最近發布的某個聲明，這時她感覺輕鬆不少。當桑傑和伊蓮娜起身準備將餐盤放到推車時，他們都告訴對方今天午餐吃得很開心。

伊蓮娜採取了很安全的做法，我們也懂這樣做的原因。當你揭露某些私事，同時就要冒著遭對方誤解的風險；你害怕對方聽了會批判你或拒絕你，這是很真實的恐懼。我們都會根據過往經驗來篩選資訊，而有些經驗對我們的影響過於重大，導致我們對當下的回應也受到這些經驗所扭曲。舉例來說，我們曾經擔任過某家《財星》前五百大企業的顧問，該企業內有位副總極少在會議中發言。後來我們才知道，數年前這位副總曾對一個問題表達堅決立場，導致自己當場被解僱。雖然隔天他就復職了，但這件事仍舊對他打擊甚大，因此再也不表達反對或強烈意見。而其他人則是早年受到父母批判言詞的影響（好比「你這個人真懶惰」），多年來耿耿於懷，因此對於任何可能強化當年批判的評論都極為敏感。

在關係之弧中，隨時都可能出現對於揭露自我的恐懼，因為隨著兩人關係加深，你所分享的事也會愈來愈多。不過，這股恐懼在關係發展初期會格外強烈。當對方還不夠了解你，他們就沒有足夠脈絡理解你行為所代表的意義。他們會不會過度解讀你所說的話或做的事？說不定還更糟，他們會不會對你產生偏見或批判，而且拒絕聽進和他們認知相左的其他資訊？有句古老格言是這樣說的：「理解一切，就是諒解一切。」如果別人理解你如今行為方式的所有成因，他們會更可能諒解你那些看來很過分的行徑。當然了，實際情況也不一定如此單純。你們彼此理解的過程中，不可能立刻或太早就和對方分享自己的一切。

比方說，當大衛帶領的人際動力學進入第三週時，他還在與學生建立連結的階段。有天課程的主題是接受幫助的重要性。大衛想示範給學生看何謂更坦誠的態度，因此在課堂上分享了自己接受某個療程，以及從中體驗到的價值。結果有位學生這樣回應：「我對你的尊敬減少了，因為這在我看來是懦弱的象徵。我認為自己的問題就該自己解決。」

凱蘿也遇過類似情況。有次她對某位客戶提到，猶太教教義對她而言可說是「人生使用手冊」。對方很震驚地回答：「我不敢相信妳這樣聰明的人竟然會相信這種宗教鬼話。我開始懷疑妳究竟能不能像我期待的那樣幫助我。」

在上述兩種情境中，我們自我揭露的內容都對各自的關係產生阻礙，剛開始我們會感受到築起的心防，以及覺得遭人誤解，但更擔憂的是這些阻礙會不會限制了我們的成效。學生是否會不聽大衛講課，從課堂中的收穫也跟著減少？凱蘿的客戶會不會因此抗拒教練課程？幸好後來我們的擔憂都沒有成真，因為課堂及教練課程中的人際聯繫都持續發生。當學生和客戶更理解我們，他們原先的懷疑也會被推翻。然而，不是所有情況都讓關係中的雙方有餘裕繼續聯繫，也不一定有機會能調整原先印象。

另外，我們也都有幸得知學生和客戶對我們所陳述內容的反應（雖然我們聽完很不自在），因為他們會親口告訴我們。實際生活中通常沒這麼順利，尤其是一段關係發展初期，你可能不知道對方到底有什麼反應。他們不太可能直接告訴你：「你剛剛說的話讓我很困擾。」你通常只能從對方的肢體語言或語氣看出端倪，但兩者都可能不清不楚。他們皺起眉毛可能表示不贊同你──但也可能只是他們對自己生活中某件事感到不快，與你一點關係也沒有。

重點在於，風險就是存在。但如果你玩牌玩得太謹慎，也一樣會有風險：當我將牌拿得愈靠近自己，對方也會將手中牌卡拿得愈靠近自己。如果不揭露自我，雙方就無法產生更深刻的關係。

所以你該揭露多少？什麼時候做？沒有絕對正確的答案。不過在我們的經驗看來，大家通常都太謹慎了──他們其實能夠更早開始分享，能分享的也比原先想的還多。

一五％規則

不論你有無意識到，在和他人的互動中，你其實一直都在評估哪些事情適合與對方分享。而你的決定，非常仰賴當時互動的脈絡、你對風險的感受，以及你和對方關係的狀態，最後一點尤其重要。

伊蓮娜決定不要分享當初她被解僱的情境，以及自己受孕困難一事，在當時情況下都很合理。如果伊蓮娜對桑傑提到她被解僱的往事，桑傑在不夠了解事件細節，也對伊蓮娜本人不夠熟悉的情況下，可能會對她產生負面判斷。同樣道理，如果伊蓮娜分享自己對不孕的恐懼，桑傑聽了可能會不太舒服，因為這是頗為私人的話題。伊蓮娜選擇小心行事，只聊露營和執行長的聲明——這些話題幾乎沒有自我揭露的成分。她確實提到和同事起了爭執，藉此試試水溫，但她並未執意說下去。只不過，雖然兩人的午餐對話相當友善，但上述互動對她想建立的人際關係而言，助益可能不大。儘管有時謹慎點比冒險好，但包括伊蓮娜在內，大部分人所犯的錯其實是太過謹慎，導致人際關係出現停滯。

要怎麼處理這個難題？我們建議學生的一個方法就是：「試試看一五％規則」。假設有個三層的同心圓，你愈往外圈走愈不安全。中間最小那圈是**「舒適區」**，你在這個範圍裡，不需三思而後行，也會感到相當安全。同心圓最外圈則是**「危險區」**，這一區的言行舉止很可能會帶來負面後果，因此你不會考慮付諸實行。至於在「舒適」和「危險」之間的那一圈，就稱為「學習區」，身處這一區時，你不確定對方會有什麼反應。此處就是大家學習的區域。如果學生擔心不小心從學習區踏入危險區，我們會建議先試試水溫，一次

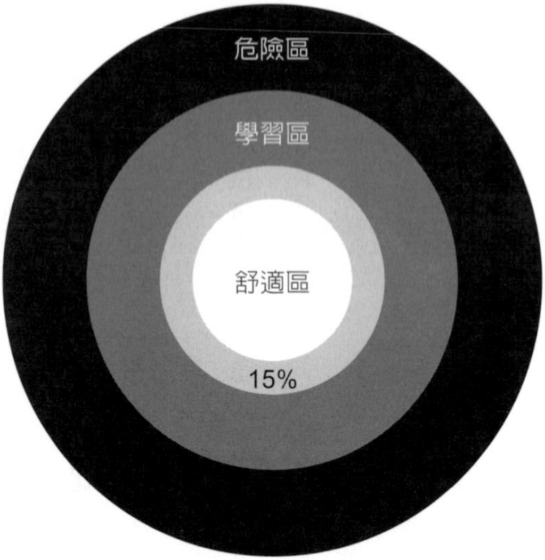

只往外拓展一五%，如圖所示。就算這個折衷做法的效果不佳，也不太可能以災難收場。若成功的話，對方就會更理解你，你就可以考慮從所在位置更往外拓展一五%。

一五%規則並非絕對，它的價值在於協助你思考有哪些可行選項。想像你和一個朋友在一起，想知道對方對你感覺如何。你可以留在自己的舒適區裡，說些相對安全的話，例如：「有時候我會擔心別人怎麼看我。」至於遠離你的舒適區一五%、風險較高的話，可能會是：「上星期我對我們的共同朋友麥可發表了一些看法，這幾天一直在擔心你聽完不知道會對我有什麼感覺。」

走出你的舒適區，是這一切學習的基礎。舉例來說，假設你剛開始滑雪，你會從斜坡小的「兔子坡」開始滑，不會從專家等級的雙黑道起步。隨著你對兔子坡駕輕就熟，如果你不接著嘗試更困難的坡道（一五%），就無法成為更好的滑雪高手。剛進入新坡道時，你或許會害怕或興奮不已（也可能兩者都有）。但當你在那個坡道花上足夠時間，就會發現自己的舒適區拓展了，也準備好前往下一個更困難的坡道（下一個一五%），以此類推。當然，如果想避開害怕的感覺，還是可以一直停留在兔子坡。但這樣的話，你就無法成為更好的滑雪高手。不斷重複地拓展自己，這個流程對建立關係至為重要，也為你接下來的持續揭露自我奠定基礎。

那麼伊蓮娜的一五%會是什麼樣子呢？她不必說出自己上一份工作被解僱（如果這樣說，可能會成為踏入危險區的範例），但可以談談自己為什麼在前公司覺得不開心。她可以不要只描述早上同事討人厭的舉止，而是改問桑傑：如果他遇到同樣問題會怎麼處理。或者可以再多冒一些風險，告訴桑傑有時她會怕自己處事太過死板。這些揭露不太可能會導致什麼災難後果，而且說不定可以讓雙方脫離只討論露營話題的狀態，往前邁進。

運用一五%規則之前，有幾個重要警告事項。首先，這是很主觀的規則：我認為有個拓展一五%範圍的言行風險很低，但第三人可能會認為同樣言行的風險極高。如果你三十五歲，住在紐約，談論自己接受的療程，可能落在你的一五%範圍內；但如果你五十五歲，住在英格蘭鄉間，以上言行可能就遠遠超過你的一五%範圍。其次，你要考慮揭露自我會對另一方造成什麼影響。比方說，你大概不會想和某個剛失去母親的人揭露你和自己母親吵架的細節。第三，你要自行衡量採取的做法對於當下情境是否適當。某個做法在一對一的對話中或許可行，但對於人數較多的晚宴就不一定了。

和情緒有何關係？

彼此分享事情，可以開始讓我們愈來愈了解雙方的真實樣貌，但也僅止於此。影響力更大的做法，通常是與對方分享感受。這裡的重要區別在於：認知（想法）代表著**「是什麼」**，而情緒（感受）則代表著**「有多重要」**。（儘管感受和情緒不完全一樣，但為了單純起見，我們在本書中會交替使用這兩個詞彙。）經歷相同事件的兩個人，個別情緒反應可能有很大差異。假設他們都被解僱，其中一個人可能身心交瘁，但另一個人可能只覺得遇到挑戰。

情緒還有一個好處，就是給予事實意義。伊蓮娜可能會覺得泛舟令人興奮，或感到非常害怕。泛舟可能讓她覺得自信，因為是自己帶頭做這項冒險活動；但也可能是她的朋友逼她參加泛舟，因此她感到頗不情願。根據依附在事件上的情緒而定，同一個客觀事件所提供的資訊可能全然不同。

想法／認知	伊蓮娜的感受
伊蓮娜分享自己對公司的看法	和桑傑有連結、感覺放心，因為她不是唯一這樣感覺的人
伊蓮娜沒有分享自己被解僱一事	擔憂／恐懼桑傑可能會批判她
伊蓮娜一直無法懷孕	對於沒有自己的孩子感到難過、嫉妒桑傑有孩子、恐懼分享上述感受，因為太過私人
伊蓮娜和同事起爭執	擔心桑傑對她的看法、聽到他的回應後覺得如釋重負，並因此感覺和桑傑更親近
兩人討論執行長的聲明	覺得放鬆，因為話題從她身上移轉開了
聽到桑傑說今天一起吃飯很開心	感到快樂，因為桑傑也喜歡今天的午餐聚會，並期待下一次見面

感受也代表著經驗本身的強度。你面對他人行為，所產生的反應可能從輕微的覺得煩心、困擾、到不快、生氣或暴怒。在人際互動中，感受的程度差異至關重要，因為感受會展現出你真實樣貌的諸多細節。情緒會帶來個性特色，吸引他人到我們身邊，強度遠超過不帶情緒與理性言行所能企及。

就把這一切想成是音樂吧。歌劇作品之所以豐富，在於它的音調多元，從高亢的女高音到低沉的男中音都有。良好的溝通就像傑出的配樂既需要高音也需要低音一樣，必須一方面表露想法／認知，另一方面還傳達感受／情緒。

如果伊蓮娜除了表明想法，也展露情緒，她和桑傑的互動又會如何呢？伊蓮娜在這頓午餐中大概出現過十二種不同感受，強度從溫和到強烈都有，但她一種也沒有表達出來。

這並不是說伊蓮娜應該和桑傑分享上述所有情

緒。一五%原則對情緒分享也適用，舉例而言，要她分享受孕失敗的難過、嫉妒和恐懼，可能就太超過了。但如果她想更拉近和桑傑的距離，其實還有很多情緒和向外拓展的方法可選。如果伊蓮娜在對話中表達一些自己的感受，可能會發生什麼事呢？

伊蓮娜告訴桑傑當天早上的衝突後，桑傑也揭露了自己遇過的類似互動，她覺得愈來愈自在。現在我們重新回到他們的對話情境，想像看看，假如伊蓮娜表達自己的感受，告訴桑傑：「我們能這樣說話，讓我感覺很**放心**。我還以為自己是唯一會有這種感覺的人呢。真的很**感謝**你願意對我坦誠，這樣讓我**輕鬆**多了。」

桑傑對她微笑，回答道：「很好啊！聽妳這樣說我也很高興。」

伊蓮娜一直認為現在這間公司比先前那家好太多了，但揭露自己被解僱的經歷還是會超越她的一五%舒適範圍。不過，如果要將自己的情緒轉化成語言，她可以這樣說：「桑傑，除了那些讓我們有點煩的事，我是真的很喜歡在這裡工作。這裡和我前公司真的太不一樣，以前的公司氣氛很可怕，我有時會害怕說出自己想法。再說，講出來的下場不是很好。」

當伊蓮娜這樣說，就踏出了她的舒適區。接下來的對話可能有幾種不同走向：

1. 桑傑說：「太可惜了。」然後就轉換話題了。伊蓮娜可以選擇拉回原本話題，或是順著聊其他的事，放棄原本話題。

2. 桑傑聽完問道：「當時是什麼狀況？」伊蓮娜可以說：「還滿糟糕的，所以能離開我很開心。」此刻她可以評估看看桑傑的回應，再決定要就此打住，或是進一步揭露更多。

3. 桑傑也表達自己感受，儘管內容較為私人，但都還在桑傑的舒適區內。「這聽起來很不好受，知道妳經歷過這些難關，覺得很遺憾。」此刻，伊蓮娜則處於另一個決策點，手邊有許多選項。她可以深呼吸，冒著一五%的風險，說出過去發生的事。或者她可以決定到此為止，並這樣回答桑傑：「事件細節我就先不說了，但你能感同深受，我實在無法形容自己對你的感激。」

再舉一個例子，當桑傑談到上次露營過程時，伊蓮娜聽了有些羨慕，那時她便可以說：「聽起來好好玩喔，我得承認聽你說這些讓我有一點**羨慕**。我和丈夫艾瑞克一直希望有孩子，說實話，我真是迫不及待了。」

就像前一個情境，此刻有部分取決於桑傑如何反應，另一部分也取決於伊蓮娜願意冒多少風險，因此接下來的對話可能會有好幾種不同走向。

桑傑可能會沉默一下，接著改變話題。這時，伊蓮娜同樣可以選擇：要順著桑傑開始聊其他話題，或是回到原本話題繼續說下去。不過，如果桑傑回答了類似「對啊，我的小孩真的很好玩」的話，伊蓮娜就能順勢分享自己這方面的希望和期待。假設桑傑也跨出舒適區，並說出類似這樣的陳述：「他很好玩，但我們付出的心力也比當初預估的高很多。我很希望目前對待他的方式是對的。」伊蓮娜此時可以提到她和先生在受孕一事遇到的挫折，藉此增加雙方揭露自我的程度，也許她還可以提到他們正在考慮去看不孕門診。最後，桑傑和伊蓮娜可能甚至進入新層次的舒適區，這時伊蓮娜可能會談起當職場女性有了孩子或想生孩子，有時會被貼上「媽咪／企圖心不足」的標籤，因此生育對她而言是格外敏感且艱難的議題。此刻桑傑的回應，無疑會影響伊蓮娜繼續分享下去的意願多寡。對話過程中，伊蓮娜所擁有的兩根天線，一根偵測桑傑當時的反應，另一根偵測自身內在反應，兩者所蒐集到的資訊會形塑她接下來的選擇。

爲何情緒惡名昭彰？

如果情緒這麼珍貴，為什麼我們不把情緒當一回事呢？邏輯和理性在許多文化中都被奉為圭臬，絕大部分的教育也不例外；「我覺得選二十三的感覺比較好」這種說法不會讓你在數學考試拿到A的。同樣道理，很多工作場合中主管都會說「不要放感情進來」，但其實他們都一再提到自己的情緒——「這份報告遲交，讓我很**困擾**。」「我很**興奮**，因為我們拿下這份合約了。」「我**擔心**我們會失去這個客人。」

我們也往往將「情緒化」冠上污名，而且旁人會建議我們不要「把情緒表現得太明顯」。男性在社會化過程中，會特別被要求不表露出情緒，而在男性主導環境中工作的女性，則因為害怕被評價為太敏感、不夠堅強或「太做作」，而對自己應表現出多少情緒感到左右兩難。幸好規範已經開始改變了。丹尼爾·高曼（Daniel Goleman）對情緒智商的開創性研究，就是其中一個帶動規範改變的重要影響，他在著作中提到與自身情緒保持連結，以及適當表達情緒，都是成功領導力的關鍵決定因素。以往許多男性都認為表達情緒是大忌，但如今社會接受度比較高了——甚至還會希望男性主動展露情緒。不過，許多以往的刻板印象還是揮之不去。

情緒有時會互相矛盾，這也降低我們對他人分享情緒的意願。你可以在對話過程中既感到**興奮**，又略微**擔憂**對話接下來的走向。也許你對某人的回饋意見感到**受傷**，但同時又**感激**對方願意冒風險提出這個艱難話題。身處上述情況中，你當下的反應可能是沉默不語，因為正在釐清究竟哪個感覺才是對的。

舉例來說，假設今天是星期五，你在過去這一週工作壓力很大，到了此刻整個人快累垮了。你唯一想要的就是癱坐在沙發上，讀本好書。可是回到家，你的另一半在家門口迎接時，宣布今天晚上要來個外出狂歡計畫，先到一家特別的餐廳共進晚餐，然後再去跳舞。通常你會欣然接受這種行程，只是此刻聽起來它簡直是酷刑。但話說回來，你真的很感謝另一半花了心思想犒賞你。

這時你該怎麼做呢？你可以按捺住當下心情，答應對方一起出門——說不定你最後會玩得很開心，但也很可能感到沮喪，甚至精疲力竭。你也可以婉拒，但另一半可能會感覺自己被拒絕了——你也會因為破壞他人興致而懷有罪惡感。以上選項都不理想，但你終究是有選擇的。我們稱此為「哈姆雷特式為難」（Hamlet's quandary），也就是「要分享，還是不要分享呢？」只是，與其在要去或不去之間做出抉擇，你為何不直接**點出難題**？「親愛的，我真的很感謝妳規畫這個行程，這讓我知道，妳真的很關心我這星期有多辛苦。但我現在實在太累了，不想要單純因為妳努力規畫行程而答應出門。我們可不可以想想其他既適合妳也適合我的行程？」如此一來，能讓兩人都滿意的許多可能性就此展開。

其實伊蓮娜在上述對話過程也可以分享她面臨的兩難。與其就此打住，不繼續談論她的上一份工作，她倒是可以這樣說：「當初我處理那件事，可能做得不夠好。我很擔心說出來後你會怎麼看待我，也害怕會破壞你我的同事關係，因此很猶豫該不該和你分享。」當你將難題的兩面都分享給對方知道，就能將問題表達得更完整。這樣一來，對方不僅會知道你看重什麼事，也會知道此刻你受到什麼阻礙。當然囉，揭露自我會讓你更加脆弱，但嘗試深化連結的代價就是如此。

關於表達感受，我們還有一個重要看法，而它就和我們展露情緒所使用的語言有關。我們兩位作者對於「我感覺」（I feel）這個句型如何使用都極度吹毛求疵，因為它的使用方式有兩種——其中一種很實用，另一種則會有誤導作用。「我感覺」既可以用來表達情緒，例如：「你的評論讓我感覺**不高興**。」也會用來表達想法或認知，比方說，「我感覺你想要主導我們的對話」。可是我們兩人實在太過重視人際關係中的情緒表達，因此會一再提醒家人和朋友，「我感覺」這個句型只能用來表達情緒，他們都快被我們逼瘋了。

要判斷你的「我感覺」陳述是不是真的展露情緒，有兩個方法。首先，留意「我感覺」後面所接的詞彙。如果這個詞彙並非描述情緒的形容詞（例如「難過」或「生氣」），你就該起疑心了。但如果「我覺得」後面接的詞彙是「很像」（like）、「就」（that）、「好像」（as），你就不太可能是在描述某種情緒。當你說「我感覺就」（I feel that）或「我感覺很像」（I feel like），就文法而言不可能是表達感受（至少英文是如此）。我們不會說「我感覺就生氣」（I feel that angry）或「我覺得很像難過」（I feel like sad）。另一個方法則是做個簡單的用詞替換。如果你把「感覺」（feel）、「感覺很像」（feel like）改成「認為」（think），原本的句子聽起來還是很合理，那麼你原本想要表達的就不是情緒。

比方說，「我感覺你就想要主導」（I feel that you want to dominate）和「我認為你就想要主導」，兩句話所傳達的意思都一樣——因為兩者所表達的都是認知，而非感受。

上述要求聽起來可能太過講求精確，但相信我們，因為這真的很重要。想想看：「我感覺氣憤，很不被重視」和「我感覺你就不在意」這兩句話的差異吧。小小的用語更動，帶來的影響卻很深遠。「我感覺你就真的不在乎我的意見」這句話裡頭並沒有形容感受的詞彙，雖然話語背後很可能有些沒說出口的強烈感受！（你可以拿掉「我感覺……就……」這幾個字，整句話的意思依然不會改變。）「我感覺氣憤，很不被重視」是一句關於自己狀態的陳述，至於「我感覺你就不在意」，則是一句控訴，對方聽了可能會升起防備心。

選擇眾多

本書其中一個核心觀點，就是無論面對什麼情況，你其實有很多不同選擇可以回應當下。儘管可能會因為想維持某種形象而感覺選擇受限，但你其實還是有選項可選。你也可能會受他人的回應所影響——但這其實也是你的選擇。就算桑傑聽完的反應可能會**影響到**

伊蓮娜，但她也不需要讓桑傑的反應**決定**自己的回答。也許桑傑在談話過程中的回應會讓伊蓮娜更容易決定是否繼續揭露自我，也可能反而讓她更難下決定——但她終究有辦法自己選擇。

人會相信自己在社會上有能力採取行動，社會科學家將這股信念稱為「擁有能動性」（having agency）。只不過，人往往認為自己無法選擇該如何回應他們遇到的事。你接下來會在本書中看到各式各樣的方案，說明該怎麼提高能動性，以及如何讓自己比原先想的更有影響力。這份心態相當重要，因為要走到更深刻、更有意義和超凡的人際關係，勢必在過程中會有一些困難的選擇要做。

我們強調選擇、擁有影響力、帶著能動性採取行動，意思並不是你可以光靠自己就建立起超凡關係。一段關係是由雙方當事人共同決定的。不過，你還是可以採取一些做法，讓對方願意加入這趟旅程的機率增加。而所謂擁有選擇，也不是去否定外部因素的存在。比方說，傳統的企業文化的規範不鼓勵人在職場上發展友情，因為「太過私人」，尤其是可能發展出愛情關係的狀態更該避免，伊蓮娜和桑傑就受到這種規範的影響。但即便如此，外部因素還是可能反過來**鼓勵**我們踏出舒適區，幾個月後伊蓮娜就遇到這種情況了。

伊蓮娜與桑傑——情境2

桑傑和伊蓮娜持續定期共進午餐，通常是每週四，他們現在更了解對方了。這天又到星期四了，伊蓮娜格外期待和桑傑碰面，因為她和上司之間遇到一些麻煩狀況。午餐時，她先問桑傑可否幫助她好好想通整件事，桑傑說他很樂意。

「我不確定你對瑞克熟不熟，」伊蓮娜起了頭：「或你有沒有和他共事過。」

「我和他不太熟。為什麼這樣問？怎麼了嗎？」

「他會交給我一些聽起來像是要去研究某些事情的工作，」伊蓮娜說道：「但我研究完之後，提出建議做法，他聽了又不高興。先前他要我研究該不該投入預算在地方、地區和全國性的商展。我花了很多時間研究細節，包括找所有利害關係人談這個問題。昨天我在例會中提出建議，結果他當場否決，說這不是他想聽的建議做法。當時他先簡單向我道了謝，接著就反駁我的分析。這還只是其中一次而已。這幾個月來他已經這樣做好幾次了。」

「這聽起來很讓人洩氣。或許妳可以直接找他談談，讓他知道這件事已經變成一個問題，希望在情況還不嚴重之前主動解決？」

伊蓮娜猶豫了一下。「嗯，是可以……但我覺得不太好。」

「為什麼？」

「我就是認為下場可能不會很好。」

桑傑想了解伊蓮娜如此抗拒的原因，便問道：「妳怎麼知道？為什麼妳這麼猶豫？」

「我不確定瑞克態度會不會這麼坦誠，而且他可能會不高興。」

桑傑說：「聽起來原因好像不只這樣。」他的直覺敏銳，這就是伊蓮娜這麼欣賞他的原因。

是的，桑傑說得沒錯。伊蓮娜快要走到揭露自我那一步了，她覺得很害怕，擔心如果說出上一份工作中發生的事，會改變桑傑對她的看法，但也知道，如果真的想和桑傑建立她希望的那種關係，就得冒險讓自己更加脆弱。

桑傑看得出伊蓮娜內心有些掙扎，他耐心靜待，等她開口說下去。

最後，伊蓮娜深吸一口氣，終於開口：「說出這些對我來說很冒險。你還記得我之前提過前公司的文化有多可怕吧。但當時沒說的是，我和前公司主管的相處也有很大問題。我好像始終都達不到他的要求，後來想主動找他談談，就惹上麻煩了。我們的討論一開始很平和，但接著他一直找各種藉口，而他愈這樣做，我就愈不高興。我費盡心力想解決問題，但他竟然不當一回事。最後我整個人抓狂，對他大吼大叫。我很少會大聲說話，只是當時挫敗感真的好深。後來的下場就是遭公司開除了。」

桑傑充滿同情地點了點頭：「聽起來好煎熬。」

聽到桑傑這樣說，伊蓮娜覺得稍微放心了，繼續說道：「我想那件事對我依舊是打擊。我通常都滿鎮定的，但還是會怕如果去找瑞克談話，上次事件會重演。」

桑傑身子往前傾，然後低聲說道：「但找麻煩的是前一家公司的上司，現在的主管是不同的人了。」

伊蓮娜若有所思地點點頭：「我一直很擔心要不要告訴你這些事。我不知道你聽完會不會認為我太情緒化或能力不足，也很怕說這些事情會破壞我們之間的互動方式。這件往事讓我感覺糟透了，很難對別人啟齒。而且我真的不想讓你聽完反而感到尷尬。」

「哇，伊蓮娜，我不知道妳心裡原來憋著這麼多事。妳這樣壓抑自己，我覺得難過。我不會認為妳太情緒化——妳之前在科技專案小組的時候完全不會給人這種印象。我其實很敬佩妳有勇氣對我吐露這些事。要全數說出口想必非常困難。」

伊蓮娜放鬆許多，深深嘆了口氣。「桑傑，你不知道你剛剛的回應對我意義多重大。我很擔心自己會落入情緒化女性的刻板印象。在前公司儘管我自認當時憤怒理由很充分，但那位主管就是這樣控訴我的。」

桑傑用力點點頭。「看來那次經驗留給妳的後遺症很大。和瑞克應對時要注意這點。大致而言，妳對這家公司的主管們說話都可以相當直接。」桑傑停頓一下，接著說：「不過我也發覺，自己也有些事壓抑著沒告訴妳，因為不知道妳聽了會有什麼反應。」

「真的嗎？你也會擔心這種事嗎？」

「對啊，當然。我很珍惜我們之間的友情，我在公司裡有這般交情的對象不多，而且都不是女性。我的婚姻幸福美滿，妳也知道我有多愛普莉雅。但我不一定能和她討論所有工作上的事，因為她沒辦法完全理解，妳懂我的意思吧？我喜歡和妳談話，不代表我想找機會發展任何不適當的關係——但只要想到別人可能會怎麼看待，或甚至妳會怎麼想，就讓我覺得很緊張。這感覺還真脆弱啊！把這些事情說出來好奇怪。」他緊張地笑了笑。

「我完全懂你的意思，」伊蓮娜說道：「對我們的友情，我也會覺得緊張不安。很開心我們能討論這件事。」

脆弱感問題

先前的午餐聚會中，伊蓮娜開始逐漸揭露自我，但每一步都走得小心翼翼。可是對桑傑說起被解僱往事的那天，她往舒適圈外不只跨了一步，而是好幾步。也許是因為彼此信任增加了，或是她真的很需要找人談談瑞克的狀況，或是發覺如果她想要擁有更緊密的同事關係，當下就是最好的機會。不管原因如何，當時伊蓮娜都還是可以選擇。而她選擇展現脆弱。

脆弱的確存在，而且真的很脆弱。早期我們和T小組互動時，就很驚訝地發現揭露自我對他人的影響力，會大過揭露其他的事，當時我們也很好奇原因何在。後來有天大衛收到一則關於他的回饋意見，答案似乎隱藏其中。打從大衛的專業生涯初期，他就見識過保持坦誠的威力，也因此比他人更擅長透露個人資訊。有一天，大衛的朋友對他提到：「你很擅長談自己的事，但你很少真的展現出脆弱。」起初大衛聽了很受傷，覺得朋友誤解他了。但後來把這件事和他在學生身上觀察到的事情放在一起思考，總算找出上述疑問的解答。

當你格外不確定揭露自我會帶來什麼影響，那一刻就是感覺風險最高也最脆弱的時刻。如果你已經有好幾次在類似場合揭露自身某件事（即使是很私人的事）的經驗，就會清楚知道其他人大概會怎麼反應。就算你很確定自己說完會引起他人負面反應，但此時你的脆弱感，還是會遠低於你在分享某件未曾啟齒的事所引起的脆弱感。大衛了解到，他的學生在不曉得自己即將揭露的事情究竟會被他人接受、拒絕、讚美或憐憫的時候，脆弱感是最強的。而這種脆弱感會拉近彼此距離。

上述才是學生揭露自我真的會引發脆弱感的原因。到了那時，大衛才真的理解兩者差異，也因此能採行風險更高的做法讓別人了解他。後來他也發現別人對他更加信任了。

舉例來說，以前大衛在史丹佛的高階主管課程授課，有次課堂主題是揭露自我，當時台下聽眾也包含幾位史丹佛教職員。由於大衛希望親身示範自己所教授的事給大家看，因此他吞了兩次口水，然後告訴大家幾年前校方曾一度拒絕延聘他的終身教職資格。雖然大衛之前就說過這件事了，但這次分享之所以讓他感到格外脆弱，是因為台下有位聽眾就是史丹佛的終身職教授，他很擔心說了這件事會讓自己在同儕間喪失可信度。不過，大衛最後還是更進一步揭露自我，甚至說出他對分享整件事其實感到很擔憂和沒安全感。凱蘿還記得當時她認為大衛的舉動真是大膽，其他許多學員也說，大衛的方式讓他們打從內心感受到原來揭露自我真的能和他人建立連結。（實情還不只如此，大衛起先對於在本書中公開這則資訊也有些擔憂。朋友們，這就是脆弱感！）

大家對於揭露自我的其中一個常見擔憂（尤其是揭露出的事情乍看像個人缺陷的時候），是別人會因此把他們看成弱者。我們則有不同看法。揭露自我其實需要一定的堅毅和內在力量才能做到。當桑傑告訴伊蓮娜：「我其實很敬佩妳有勇氣對我吐露這些事。要全數說出口想必不容易」，他指的就是伊蓮娜的堅毅和內在力量。

領導人對上述情況的擔憂格外強烈。他們很怕一旦透露個人資訊，會牴觸自己原本的強人形象——萬一其他人聽了因此降低對他們的尊敬，該怎麼辦？假如領導人揭露的內容會使別人對他的工作適任度產生懷疑，那麼分享這種資訊確實會讓領導人的影響力和他人的尊敬程度下滑。但其實這樣做，反而會幫助領導人看起來更有人性。我們到了下一章會回頭更詳細討論這件事，但這裡要先說的是，如果領導人不願意展現自身脆弱，等於在自己所領導的組織內樹立起不鼓勵人展現脆弱的規範。領導人若要讓揭露自我這個行為正當化，唯一可行方法就是由自己帶頭做起。

有次大衛為某家名列《財星》前五百大企業的公司高層團隊主持度假培訓課程。第一天晚上眾人共進晚餐，席間享用甜點時談到彼此承擔了哪些壓力。有些人的壓力來自工作，有些人則是出於私事。大家都知道法蘭克的妻子病得很重，但對詳情一無所知。法蘭克幾經猶豫，決定說出令人痛苦的實情，邊說邊落淚。他立刻向在場大家道歉，企圖克制自己的情緒。「不，不，沒關係的！」他的同事們喊道。他們告訴法蘭克，剛才他的自我揭露讓他們深受震撼，而他對妻子種種情況的處理，也讓所有人都印象深刻。

凱蘿則是在和矽谷眾多企業執行長或創辦人合作過程中，一再聽到他們有多渴望發生這一類的真實互動，卻又害怕展現自己的脆弱，以及抱持以下這個信念有多麼根深柢固：只要自己展現上述任一種特質，別人就會把他們看成弱者。然而，他們後續的經驗也一再證明，在停止美化自己的形象時，反而會感覺更放心；而且主動冒風險展現自己的脆弱時，身邊的人反而會認為他們更強、更可信（而不是更不可信）。

沉默的代價

即使是給出很安全或無趣的評論，也不一定毫無風險。在欠缺資料的情況下，大家會開始自行編故事。

所有人和別人互動時，都會從過程中歸納出一些關於對方的結論。我們對自己的事透露得愈少，其他人為了理解自己所見，就會編出更多故事來填補空白。當我們對於自身的感受過於保留，其實就會失去外界如何看待我們的主控權。

然而，如果我們只分享自己的表面形象，就會發生另一種沉默——別人無法看見或認識我們真實的樣貌，連帶也藏住我們那些更有趣的其他面貌。即使我們將形象塑造得很成功，但也不過是場空洞的勝利。這種成功只是證實大家不喜歡探究真正的自己。甚至就像法國作家拉羅什福柯（François de La Rochefoucauld）說的：「我們太習慣在他人面前偽裝自己，偽裝到連自己都認不出來。」

另一件同等糟糕的事，就是一旦別人習慣了你的既定形象，你的言行舉止就常常要依照這個形象，導致別人愈來愈無法真正了解你。這樣做的代價就是更加孤立，以及我們所稱的「蔓生的祕密束縛」。我們本身的重要組成部分，經常會和真我的其他面向相連。隱匿其中一個部分，可能會導致我們要隱匿更多事，因此我們能向外展現的自我，乃至我們的人際關係，都會愈來愈貧乏。

我們有位同志朋友談到他出櫃前的生活，格外生動地呈現上述情況。「我的自我重要部分必須保密。」他告訴我們：「主要是身為同志這件事，但是和同志相關的其他話題，就算只有一點關聯也都要保密。我談到自己感情狀況時要非常謹慎，桌上也不能有我另一半的照片。我談到最近度假行程時也要非常小心，不然我可能會不小心說出『我們』，或者只希望千萬不能說溜嘴講出『他』這個字。我盡量不主動和同事交流，聊政治時也盡量不參與可能會牽涉到同志婚姻之類話題的討論，所以我和其他人的對話多半停留在很表淺的層次。最糟的是，如果有人發表恐同言論，我還必須強迫自己保持沉默。經年累月下來，其他人對我這個人的理解也相對愈來愈少。」

類似的束縛隨處可見。儘管史丹佛大學盡量錄取各種不同社經背景的學生，但家境富裕的學生就是能輕輕鬆鬆地安排加州納帕谷品酒之旅，或談論自己造訪過哪些國家。這表示其他拿全額獎學金就讀的學生會經常對自己的出身背景緘默不談，而且不惜借錢也要和同學一起訂滑雪旅館，並在他人分享自己環球旅行的種種歷險時保持沉默。至於信仰虔誠的學生，會因為擔憂受到批判，所以對於分享自己宗教信念一事感覺受到束縛。

這些學生直到修了人際動力學，加入學習小組，才開始感到夠安全，能夠對別人分享自己的出身、恐懼、希望和夢想。通常他們也是到這時才了解，過去未能將自己真實樣貌分享給他人，已讓他們付出了多少代價。

每當我們觀察到這種覺醒的時候，就會加倍強調建立超凡關係的重要性——因為儘管不是每個人都能參加T小組，但我們還是可以學習創造出一個讓人更放心揭露自我、被人更理解的空間。

揭露爲何有時多比少更好？

安全和揭露，哪個優先呢？

「在我可以信任這個人，對方也接受我之前，我不要冒險揭露自我。我要先知道他們會怎麼回應才行。」升起這種想法很自然。但我們會主張這個因果方向其實應該反過來才對——先冒著一五%的風險揭露自我，才能從中建立安全感。如果每個人都要等另一方先冒險才願意揭露自我，彼此關係會很難進展下去。

困難的還不止於此。你光揭露一次未必就能得到想要的結果。當伊蓮娜說「嗯，有好有壞囉」這句話，她其實在暗示有其他事情發生，但由於桑傑當下沒有接話，她便不再說下去。

大家往往只會揭露一部分自我，試試水溫，如果對方沒回應就打住不談。然而，如果你想要換得對方回應，可能就要多冒一些足以喚起對方注意的風險才行。後來伊蓮娜也真的這樣做了，她冒著風險分享自己遭開除的往事，以及對於在新公司重蹈覆轍的恐懼。那時她已經從舒適區踏出足足一五％的範圍。萬一桑傑聽了，給的回答換成是「這裡不太可能發生妳剛才說的事，也許妳該放下過去了」，伊蓮娜這時仍然擁有不同選擇。她可以對桑傑的評論不置可否，主動換其他話題，或是她可以再冒一次風險，不把話題轉開，而是繼續講出更多她和前公司上司之間的問題。

假如桑傑聽完的回應不夠積極，伊蓮娜多少會覺得受傷，但也不至於崩潰。人很少會脆弱到那種程度。但如果要建立深刻的人際關係，其中至關重要的一步，就是在你還不知道結果的情況下先冒風險。

在這趟旅程中，你需要信任整個過程，也要相信當你**「先揭露自我」**，長期而言會更有可能建立雙方的信任、得到認同，並達到你最想要的關係型態。所謂「擁有能動性」就是這麼回事。

深化學習

自我省思

1. 想像你身處伊蓮娜的情境。**上一份工作被開除的經歷還隱隱作痛，你現在最不希望的就是重蹈覆轍。你的問題有一部分是因為還不了解目前公司的文化。你喜歡桑傑，也很喜歡和他一起做專案。他會是你能夠坦誠相待，並幫助你在這裡成功發展的人嗎？你希望能夠建立一段可以互相分享重要事情的關係，但他會不會對你做出負面誤判呢？**

• 你認為自己會用什麼方式讓別人更了解你？逐一思考伊蓮娜在本章中擁有的不同選擇。換作是你，在對話過程會怎麼說這些事？在職場裡這樣說話，會讓他人有多容易（或困難）理解你？

2. 被人理解：更廣義而言，讓別人理解對你很重要的事，你覺得很容易嗎？你認為自己最難和他人分享的事是什麼？為什麼分享這件事會讓你擔憂？

3. 重要關係：從你在前一章所列出的重要人物中挑出一個。你有沒有哪些事**和這段關係有關聯**，但你還沒完全分享給對方知道？你對揭露這些事情的擔憂是什麼？

4. 表露情緒：與人分享自己的情緒，對你來說有多簡單或困難？查看【附錄A】的「感受的用詞」（第386頁），其中有沒有哪些是對你而言比較難與他人分享的感受？

應用

你在前段的第三個問題中，已經發現了和那段人際關係有關的幾個問題。現在如果要你從舒適區跨出一五%的範圍，關於這方面你可以分享哪些事給對方知道？

另外要注意，可能的自我揭露會包含兩個領域。首先是內容，其次則是你對分享前述內容所產生的感受和顧慮。當伊蓮娜揭露自我時，兩者她都揭露了。而你和前述重要關係的對象展開對話時，上述兩個領域你打算各自揭露到什麼程度呢？

接下來這一週，當你和朋友或其他認識的人對話時，試著調降一些你的私人揭露門檻，分享給他們一些超出你的舒適區，通常不會告訴人的事。這些內容可以是事實、意見或感受。

理解

你向挑出的這個對象揭露自我後，從過程中學到什麼？在前述自我省思段落中，你被問到向對方揭露自我有哪些擔憂。後來實際對話時，這些擔憂出現什麼變化？在這次對話中，對於自己又增加哪些認識了？這份認識對於你和上述對象的關係產生什麼影響？

當你和他人的互動變得更私人，那是什麼樣的狀態？你在過程中有什麼感覺？這項改變對於雙方互動的本質有產生什麼影響嗎？

你要怎麼將這次的學習所得應用到日後和其他人的互動中？（請具體說明你面對不同對象可能會**有哪些作為**。）

4 幫助對方被理解

班和連恩——好哥兒們，情境1、2

你無法單憑自己的力量建立超凡關係，也沒辦法和只敢聊輕鬆話題的人拉近距離。你可以像伊蓮娜一樣跨出舒適區一五%的範圍，但你不能強迫另一方也照做。「嘿，我對你坦誠了，現在你也要對我坦誠才行！」這種事大概只有小時候玩真心話大冒險才行得通，如果要談超凡關係就不太適合了。

本章要談的不是強迫或操縱他人，而是鼓勵對方坦誠的整個過程，有時這段進展可能會非常緩慢。即使你無法控制對方要不要揭露自我，但你還是可以做點事，讓這條路變平穩一點。這個過程包括知道什麼時候你該揭露更多自我、何時該後退一步、給對方空間，以及什麼時候該問什麼問題。另外，你還要支持對方在過程中得到**他們自己**想要的事，而不是你希望他們得到的事。班和他的好哥兒連恩互動時，在這條小徑上就走得有點不穩。

班和連恩——情境1

班和連恩都是密西根大學校友。班搬到芝加哥後不久，在一場當地的密西根大學校友活動中認識了連恩。他們的年紀相近，都是三十幾歲，也都還單身，於是接下來一年中他們會固定相約外出活動。兩人都熱愛騎單車和芝加哥白襪隊，還有探索這座城市周邊不錯的滑雪地點。他們定期碰面，儘管兩人行業領域大不相同，但還是可以聊很多工作和運動方面的話題。班在沃爾瑪擔任經理，連恩則任職於一家大型營造公司的財務部。

班很珍惜和連恩的友情，隨著他們相處次數增加，班也愈來愈希望能更深入發展這段友誼。原因除了他們有共同興趣之外，班也很喜歡彼此截然不同的個人風格。班喜歡參與社交活動，並擅長思考大方向，而連恩個性較為內斂，或許是財務背景出身，他也比較習慣用事實和數字為出發點思考。他們兩人討論議題時會用上述兩種不同角度切入，因此討論起來很好玩。不過，因為連恩的個人作風使然，他往往不會討論私人生活。班很想知道自己該做些什麼，才能鼓勵連恩多分享自己的事。

有天晚上，他們去最喜歡的啤酒吧聚會，連恩提到有件事情想請班給他一點建議。

「我有個同事叫藍迪，這人很麻煩。」

「怎麼了？」

「主要是他會把別人的功勞攬到自己身上。」連恩開始描述自己和藍迪如何一起完成某個專案，但藍迪竟然告訴兩人的主管，專案大部分工作都是他做的。連恩愈說愈火。

「真是爛透了。聽起來你真的很受不了他。」

「對呀，他快把我逼瘋了。他真的很狡猾——我完全不相信這個人。」連恩繼續說自己有多不高興，尤其是講到藍迪刻意繞過他去找主管談話那部分。

「你們主管相信他說的嗎？」

「我認為主管相信耶。藍迪的話聽起來總是他媽的很有說服力。而且他不是第一次幹這種事。為什麼會有這種人啊？一想到我就有夠生氣，我完全不知道該怎麼辦。我也不能找他當面對質，因為他會四處散布我的謠言，搞壞我在公司的名聲。我就看過他對別人這樣做。」

班想了想，然後問道：「那要不要去找你的主管，告訴他其實這個專案是你們兩人共同完成的？」

「但這樣我好像又小題大作。」

「你有沒有和其他同事談過這件事？」

「那就和藍迪在玩的辦公室政治手段沒兩樣，我才不想這樣做。」

班又提了幾個其他建議，但連恩不耐煩的神情愈來愈明顯。

「好了，這件事我已經先想過了——而且這和你平常待的環境不一樣，你懂吧？它是一家很陽剛的營造公司，大家會認為自己的問題要自行解決。」連恩接著又說道：「我猜你從來沒遇過這種爛事吧！」

「啊？這話是什麼意思？」

「就是你看起來很擅長『和人有關的事情』，你懂嗎？」

「但其實，我才在想以前我也遇過一個像藍迪這樣的同事。」

連恩聽到放鬆了些。「那時發生什麼事？」

「我那時剛進沃爾瑪不久，那個經理常常把我的點子說成是自己的功勞。」

「那你有採取什麼行動嗎？」

「其實沒有。當時我真的不知道該怎麼辦。如果我直接找對方對質，他一定會矢口否認。我知道當時其他經理都有發現這個狀況，但他們都不願意淌這灘渾水，因此沒人說話。我不知道管理層是否知情，但當時如果我直接去找他們申訴，聽起來就是在抱怨。不管怎麼做，我都沒有贏面可言。我既沒辦法直接告訴大家，也不知道如果繼續沉默下去又會怎樣。」

「後來怎樣了？」

「我很幸運。結果是我得到升遷，不是那個人。」

「你聽起來好像很輕鬆就過關了。」

「其實沒有耶。那時我快被逼瘋了，壓力非常大，而且覺得自己很窩囊——感覺很無助。真的很討厭這種感覺。」

「嗯，這一套我學不來。我不像你這麼有耐心，而且藍迪已經快把我煩死了。」

班安靜了一分鐘，說道：「我知道你現在很煩躁，這種處境真的不好解決。但為什麼你會氣成這樣？就我的那個狀況而言，最後的工作成果才是升遷的決定因素，但上個月我聽你描述這項專案時，分量好像沒有那麼重大——還不至於影響到你未來的升遷。當然了，藍迪做的事對你並不公平，但為什麼你會這麼不高興？」

「我不知道耶。」連恩答道：「應該是我不喜歡亂七八糟的人際問題。當初會進入財務領域，就是因為數字是客觀的。你大概有辦法處理人的問題，但我就快被這些事情逼瘋了——你的工作，我永遠做不來。而且我討厭被迫參與辦公室政治，藍迪就是專做這種事。我很討厭別人靠耍手段往上爬。」

班的好奇心被挑起了。「喔？怎麼說。」

連恩沉默了一分鐘左右，最後微微搖了搖頭，轉頭望向酒吧內的電視螢幕說道：「你看，白襪隊陷入五比五了，我們再叫杯啤酒看比賽吧！」

原本話題就這樣突兀地轉移了，班再次訝異不已。但他決定不追問下去，兩人便一起走去吧台。他之前就注意到連恩會這樣做，而且已經好幾次了。但他還是決定和之前一樣，對此閉口不提。

鼓勵揭露

前述對話中，班的某些作為確實能幫助連恩分享更多自己的事，但有些就效果不佳。班表現出自己有興趣進一步理解連恩的苦惱，以及表示能同理連恩所感受到的挫敗，這些作為都能鼓勵對話進行下去。「同理」的舉動，傳達出的不只是你理解對方感受，更表示你能認同對方，你是可以「將心比心」的。這裡有個重點，就是你不一定要經歷過和對方完全相同的處境，才能同理他們的感受。比方說，儘管對方描述的情境不一定會讓你感覺難過，但你還是可以同理對方的難過，因為你也曾有難過的感覺。我們常常遇到學生說：「我完全不懂他為什麼這麼生氣。」我們的回答都是：「這不是重點。重點是你知道生氣是什麼感覺，所以你仍然有能力去同理。」

儘管同理和同情經常被替換使用，但兩者是有區別的。同情指的是承認對方處於痛苦中，並給予對方安慰或支持；同情就不一定要認同對方的感受。同情也常和憐憫聯想在一起，後者會讓很多人感覺自己更加渺小。而且同情還有一點與同理不同，那就是同情其實無法鼓勵對方揭露更多自我。有時展現同情甚至會有反效果，因為很多人不喜歡別人對他們「感到可憐」。

班一開始的同理做得很好，但他後來問的一連串問題反而沒什麼幫助，因為這些問題其實都不是問題，而是建議。班這樣做的時候，連恩就關上心房了。直到後來班主動揭露過往經歷的無助感受，讓自己在某種程度上處於脆弱狀態，連恩才稍微又坦誠一些。但這時班又追問下去，希望連恩能揭露更多事，連恩大概也因為這樣才突兀地轉移話題。

你一定也經歷過類似的互動狀況。你想要多知道一些對方的事，但他們不願多談下去。雖然展現出對另一方的興趣，以及先主動揭露自我都很重要，但兩人關係未必因此就會有進展。不過，其實你還有其他選擇。這時你必須先「設身處地」才行。唯有如此，你們才能一起踏入其他或許更深刻的領域。

「設身處地」有幾個不同面向。首先，**你說的是對方想聽的話嗎？你說的不該是你自己想聽的話**。再來，**回應時，你表現的情緒程度和對方一樣嗎？**班在同理連恩對藍迪的煩躁感時，確實有做到以上兩點（「真是爛透了。聽起來你真的很受不了他。」）如果班當時回答得很隨便，或是追問更深入的問題，像他後來做的那樣，他大概就無法身處連恩的立場了。第三個面向是，**你有沒有用對方的視角去看他們的世界？**這一點班後來沒有做到，他沒考量到連恩的工作環境和自己不同，而且他提的建議在沃爾瑪可行，但在連恩待的公司不適用。第四個面向是，**你的回答是否沒有正中對方真正想聽的？**連恩當下只想抱怨藍迪和公司的政治氛圍，但班竟然開始好奇連恩激烈的反應背後究竟有什麼私人因素。

要讓對方聽進任何你要說的話，甚至吐露更多關於自己的事，首先他們必須知道你是認真想理解，也極力想了解他們的處境。在你們雙方的連結建立後，你才可能提出其他問題和探究更多疑問。班在兩人對話的尾聲，走去吧台之前總算領悟這個道理。另外，「設身處地」還有一個面向，就是時機點。因此班在那一刻決定打住不談。不是每件事都得立刻探討。

好奇心、疑問和建議

抱持好奇心其實比想像中還更複雜。在關係連續體的這一端，你對某件事真的完全不理解，而到了彼端，你卻自以為明白全部來龍去脈，你所提的問題只是為了驗證你的假設是否正確。後者問題在於你的好奇大概不是真心的，這時你很可能早已心有定見，只是在「引導證人」去證明你的論述正確。這副姿態不太可能鼓勵對方更坦誠或透露更多。

確保自己真心好奇的最佳方法，就是抱持以下思維：不論自己覺得對事態的洞察力有多深，也不管你自認多懂對方，其實你真的不知道他們究竟發生什麼事。如此一來，你才能保持「天真無知」，這裡用的可是這個詞彙最正面的意思。當你擁有天真無知的好奇心，就更有可能藉由提問來鼓勵對方揭露自我。

不是所有問題的源頭都一樣。問出對的問題，確實可以鼓勵對方分享更多自己的事。開放式問題能催生出不同選項、新的觀點，或是對某個情況產生新的看法，進而擴大雙方原本的對話範圍。班和連恩對話剛開始時，班問連恩在工作上遇到什麼狀況，以及什麼事讓連恩對那個狀況深感困擾，就是問對了問題。

最有效的開放式問題，不會用「為什麼」開頭。「為什麼」開頭的問題往往讓答話者傾向用頭腦回答，而不是用心回答。而這一類問題背後，其實是要求答話者為自己的作為提出辯駁。比方說，如果班問連恩：「為什麼你這麼受不了？」連恩可能會覺得有必要給一個合乎邏輯的解釋。如果班接著又問：「為什麼你不能先別去想藍迪的事？」連恩就不太可能透露自己對辦公室政治的厭惡，以及對客觀世界的渴望。比起一個合邏輯的解釋，實情往往複雜多了。

另一方面，封閉式問題因為通常可用「是」或「不是」回答，因而局限了對話，對方聽了更可能升起被侵犯和批判的感受。當班問連恩：「你有沒有和其他同事談過這件事？」，就是一個例子。還有一種同樣無效的提問，就是「假問題」，也就是包裝成問題的陳述。如果班問連恩：「你對藍迪很不爽，難道是因為嫉妒他的說服技巧嗎？」這就是個假問題。封閉式問題和假問題聽起來都很像建議，或是用疑問形式呈現的假設檢定（hypothesis testing）。就像班後來察覺連恩不耐煩與轉移話題的狀況一樣，即使對方是詢問建議，但建議很少能發揮作用。有時我們太熱切想幫對方的忙，結果往往提供的解方都是出於自身經驗，或者不適用對方的處境。我們提出的選項，其實對方通常多半都已經想到（而且大概都捨棄了）。班後來就是落入這種陷阱。

給人建議，也可能讓雙方原本的權力不對等變得更嚴重。遭遇問題的一方，從對話開始就可能覺得自己處在弱勢了，如果這時另一方表現得好像什麼事情都有一套答案似的，雙方的權力代溝就會因此惡化。給予建議會造成的另外一個問題，就是我們其實很容易誤解對方真正想要什麼。表面上，連恩確實說他想聽聽班的建議，但他真的想聽嗎？人會去找別人談話的原因很多種。也許他們是想找機會將想法說出口，或者只是單純想發洩，因此尋求一個能傾聽的人。有時說話的人只是想找人支持，並同理他們所處的不公平情境，而不是請別人幫忙想解方。傾聽的那一方需要很清楚對方到底想什麼，才能真正知道怎麼讓自己發揮最大功能。

前陣子大衛的同事吉姆走進辦公室後，大衛就經歷了上述情況。「大衛，我不知道拿這個問題怎麼辦，需要聽聽你的建議。」於是大衛放下手邊工作，熱切而全神貫注地聽吉姆說話，因為大衛真的很喜歡幫助別人，也認為如果自己提供的點子有用處，他和吉姆都會很開心。「我現在有兩個選擇，但不確定要選哪個。我可以選A，因為有××××優點，但也有××××缺點。另一方面，B很吸引人，因為有××××原因，不過我對B也有些顧慮。」

吉姆繼續深入探討兩個選項的優劣，大衛則專心傾聽，試圖釐清哪個才是正確答案。聽了一陣子後，大衛認為A選項應該會導出比較好的結果。他想分享自己的論述給吉姆聽，相信這樣做可以幫到對方，但還是忍住了衝動，耐心等吉姆說完。結果最後吉姆站起身，走向辦公室門口。「對，這樣就很清楚了，B才是比較好的選項。太感謝了，你幫了我很多。」當下大衛感覺很失望，好想對吉姆說：「等等，你還沒聽我的想法呢！」不過，大衛也苦著臉承認，他的分析其實派不上用場，吉姆其實只是需要一個空間釐清自己的想法而已。

這則故事也道出給人建議會造成的另一種局限。說不定大衛的解方真的是對的——但只對大衛本人適用。他的解方對吉姆而言，可能反而是錯的。每個人都有自己的目標，以及專屬於自己的達成方法。當人給出建議時，會傾向根據**自己**的做法去說明，而不是充分考量對方狀態，給出最適合的執行方法。

給人建議還有另一個缺點：在給對方建議時，你反而阻礙了自己去發現對方究竟發生什麼事。在連恩的例子中，他這樣不高興的原因，真的是藍迪搶走專案的功勞嗎？還是辦公室太政治化？或者連恩（儘管有點不切實際）希望世界可以很客觀理性地運作？想要幫助別人的渴望，會導致我們在還沒發現真正問題之前就太早插手。有句話說：「寧可在對的問題上有錯誤解方，也不要在錯的問題上給出對的解法」，這個見解很有智慧——因為一旦找出對的問題，就算給出錯誤解法，你們發現出錯的速度也會比後者狀況還快。

如果給人意見真的經常沒效用，為什麼大家還是一直給別人意見呢？也許是因為別人的問題似乎比我們自己的好解決多了。也可能是我們想要找機會展現自己的分析能力。也或許是我們其實想當美國西部電影裡的傳奇獨行俠，騎馬進入民不聊生的城鎮，解決當地大患，讓大家崇拜不已，最後留下一顆銀彈便瀟灑離去！不管是什麼原因，問問自己：「我給建議是為了滿足自我需求，還是真心想幫別人的忙？」

不過，雖然給人建議會發生這麼多問題，但有些時候給建議還是有用的，不過只在特定條件下才如此。如果要給某人建議，你需要先全面理解情況，確切知道對方想要什麼，並且充分考量到對方本人的作風與做法。最重要的是，你必須先放下「如果是我會怎麼做」的想法。當然，說比做容易多了。不過，即便你真的都做到上述每一點，但給建議除了能讓你知道對方聽完建議後的反應之外，其實也不一定能幫助你更了解對方。

在幫助對方更容易被人理解的過程中，你可能會想要找更多機會鼓勵他們充分表達情緒。不過，你要怎麼知道他們有沒有低估自己的情緒？某種程度來說你還真的不了解，但是仍可以從對方的語調和非言語線索中猜出端倪，以及留意對方所表達的感受是否沒有貼合緊繃情勢。當連恩表達自己很生氣時，班就注意到這一點。他表現同理的方式是告訴連恩：「聽起來你真的很受不了他。」這句話鼓勵連恩更完整地表達他感受到的憤怒有多強烈。

只是很可惜地，班後來沒有繼續傾聽與如實反映連恩的感受。如果有做到，也許會鼓勵連恩揭露更多自我，但當時班是反其道而行。他問了一連串帶邏輯的問題，迫使連恩脫離自己的感受，理性回應班的問題，導致他認為班的建議沒有幫助。

另外，如實反映對方未說出口或低估的情緒，以及詢問誘導式問題，兩者差別其實很細微。舉例而言：「你剛說感覺有點不高興，但聽起來好像不是如此。其實你不是有點不高興，而是超不爽吧？」這樣的提問可能是如實反映對方情緒，也可能是誘導式問題。差別在於你的問題背後所做的假設，以及說話所用的語氣。如果你認定自己從未真的知道對方究竟發生什麼事，你的表達聽起來就是猜測，而你的假設也真的只是單純假設而已。詢問問題不僅會比直接陳述更精準，而且以提問的方式表達，對方聽了也比較不會認為你好像一**副萬事通的樣子**，排斥感會因此少一點。你也可以這樣說：「這聽起來真的讓人很受不了」或「如果發生在我身上，我一定會很生氣。」因為這些話反映的是你內在的感受，這是你確實知道的事情。這種具有同理心的陳述更有可能鼓勵對方充分表達自己的感受。

班和連恩——情境2

過了幾個星期，連恩和班又約了一起吃晚餐。班想問連恩後來與藍迪如何了，但還沒開口，連恩就主動說道：「我和藍迪的問題解決了——謝謝你幫忙。」隨即他又說道：「喔，對了，我在考慮要應徵財務部的另一個工作機會，如果順利的話加薪幅度滿不錯，但有些人事問題我想先問你的意見，因為是你比較擅長的領域。」他們談得很深入，班不時拋出偏探索性質的問題，讓連恩用自己想要的方式回答。連恩問的問題本身頗為複雜，班愈聽愈感到好奇。連恩看起來也從他們的討論中獲益不少，直到他講某句話到一半時，又唐突地把話題轉到別處去。

「**他到底為什麼會那樣？**」班暗自想著：「**這好像是他的某種模式。我該開口問他**

嗎？」但他後來決定不去探問。

他們繼續吃晚餐，話題轉到最近雪量這麼少還適不適合去滑雪。但班聊得有些心不在焉，他也發現自己不專心，頻頻回想剛才連恩唐突轉換話題這件事。最後班決定開口問。他小心翼翼地問道：「連恩，我想要回頭聊剛才我們在討論新工作時的某件事，你那時講到一半忽然就轉換成別的話題了。我有點不懂，因為我發現你在好幾次對話中都這樣，不知道是什麼原因。」

「我就已經說完了。」連恩很省話地回道。

班察覺到連恩不想繼續討論，便聳聳肩，說道：「好吧。」

他們轉而聊白襪隊有沒有辦法靠救援投手挽回這季悲慘的表現，以及接下來這個週末的單車行要不要試看看某一條新路線。

晚餐過程中，班不斷想著：「**現在聊的話題我和任何一個人都能聊。但連恩這麼深思熟慮又有趣，我真希望能多了解他一點。**」於是他決定再試一次看看。

「連恩，我覺得現在很卡。我希望除了運動和粗淺的職場話題以外，可以聊聊別的事，因為我喜歡比較有深度的友情。但每次試著釐清背後原因，你就不說下去了。前幾週我們談到藍迪時你就是那樣，剛才談到可能的新工作時，你也忽然打住。是怎麼了嗎？有點怪怪的。」

連恩的回答讓班吃了一驚。「每次我們聊到任何稍微有關私人領域的話題，你就會開始提問——而且一直追問。好像我讓了你一寸，你就趁機要求一尺。我不喜歡被強迫的感覺。」

「為什麼分享多一點會對你這麼困難？」班答道：「喔該死，我想剛剛我的毛病又犯了！算了！」

「你說得對。」連恩微笑回答：「我就是覺得不想再談下去。」

「沒問題。我知道有時候自己真的會給人壓迫感，不小心就逼太緊了。以前就有人這樣說過我了，你不是第一個。」

「謝謝。」連恩說道：「我們回來討論騎車路線吧！」

他們的對話氛圍輕鬆了些，又聊了好一陣子。

他們正在查看各自的行事曆，準備敲定行程時，連恩說道：「我剛剛也一直在想你稍早問我的問題。我不是故意很沒禮貌，只是實情有點複雜。我一直都是滿內斂的人，第一次真的對別人坦誠，是大學時期和一個女生交往的時候。她當時一直鼓勵我多分享自己的事，但最後竟然反過來利用我告訴她的事情傷害我。感覺爛透了。」

「呃，」班答道：「聽起來好糟。這樣我就比較懂了。說真的，我不想要逼你分享，就算有時我真的想知道更多，但也會盡量不逼問你的。我會讓你自己決定要不要說。」

連恩表示謝意地點了點頭。

「但如果遇到這種狀況，我也不希望自己事後瞎猜原因，所以如果你當下覺得我問太多了，就直接說，我會往後退一步的。」

「會喔。」連恩回答。接著他又說道：「嘿，我也會盡量再坦誠一點。」

上述第二次對話中，兩人都各自冒了風險，也都得到收穫。經過這次，他們友情中的親近感更加深刻了。如果班對於連恩轉移話題或退縮的行為（這都是常見反應）不置一詞，他們的關係就會保持在比較表淺的層次。班先展現自己的脆弱，對連恩說了更多他自己對這段友情的盼望。而班承認自己很容易一下子把對方逼得太緊，也是展現自己脆弱面的表現。他的行為幫連恩鋪了一條路，讓連恩能夠順著這段對話揭露自我。

另外，班「逮到」自己又犯老毛病的方式，以及後來連恩答應下次班又逼得太緊時會主動提醒，這些做法都是好的開始。他們已經邁出幾個重要的大步了，只是如果他們的關係要繼續成長，彼此還是需要再三重複上述做法，而且兩人都要願意承擔風險和展現脆弱。但他們現在已經學到「如何」向對方揭露自我了，也體驗到一些隨之而來的益處。

抱持好奇心和咄咄逼人，兩種態度的界線有時可能曖昧不明。如果你相信某人真心想更了解你，對方也表明為什麼想了解你，一旦他再向你提問時，那種被侵犯的感受大概會低一點。另一方面，如果你發現對方好像用顯微鏡看奇趣物種似地看待你，你向他們坦誠的意願自然會大幅下降。如果完全不曉得對方更了解你之後，會將這些和你相關的資訊用於何處，你就更加不可能對他們坦誠了。

不過就算班問的每個問題完全出於善意，連恩也不一定能體會得到。給對方空間是很重要的，班在上述兩次對話中都做到了。他很謹慎地表達自己真誠的興趣，卻不至於有壓迫感，並且讓連恩自行決定要不要說下去。班對連恩的需求保持敏銳，但又不會完全無視自己的需求，就算他在過程中不是每件事都做到完美，但他在遊走上述曖昧界線時也都給了連恩一定餘裕，因此最後還是成功了。

揭露自我：誰先開始？

互惠性是自我揭露中的重要元素，但誰要先揭露自我呢？即使揭露自己愈多，愈能掌握其他人如何看待我們，但還是要考慮到，地位或認知地位議題出現時，揭露自我會有多困難。「地位」指的也許是機構中的層級、過往成就等級或教育程度。很遺憾，性別、種族和社經背景也會造成地位差異。如果有人已經感覺自己地位低人一等了，這時若還期待他們主動揭露自我，那就要求過頭了。這是一定的，因為要揭露自我，已經感覺風險比較高了，如果他們又來自弱勢族群，這種感受會更加強烈，比如在男性主導場域中的女性，或是有色人種。

然而，地位較高的人經常沒有察覺到，自己的角色反而讓其他人難以向他們揭露自我。老闆經常對自己的下屬說「我希望你們有話直說」，但低估了部屬這樣做所冒的風險。這些處於較高權力和地位的人，不僅要對這種動態有所察覺，他們對權力和地位較低的人所做的自我揭露，也要比他們對同等權力與地位的人所揭露的幅度更大才行。

比方說，凱蘿剛開始在史丹佛教書的時候，就和一位組織行為系的資深教授發展出友好關係。他們會不時相約吃午餐，而且非常喜歡彼此之間的智性辯論，也會交換各自在商學院碩士班授課的心得。儘管凱蘿很喜歡這位教授的陪伴，但他並不是凱蘿平時會主動展現脆弱的對象類型，尤其是他們彼此間存在一定的權力差距——他是終身職教授，凱蘿則是講師。

有天，這位教授邀請凱蘿共進午餐，說他想聽聽凱蘿的意見，因為凱蘿很懂得如何讓學生更深入地學習，而且在這方面頗有名氣。他要怎麼做才能達到類似的成效呢？這位教授在校內聲望甚高，因此凱蘿聽他這樣說，當下反應用受寵若驚來形容還太輕描淡寫。不過，這位教授除了稱讚凱蘿，他還做了一件更重要的事，就是透過向凱蘿尋求幫助這個舉動，展現出自己的脆弱。教授很少會願意承認自己不是凡事都有答案，以及需要別人幫助，因此這確實是重大的自我揭露。接下來，凱蘿當然盡己所能地提供想法，這位教授也採納了許多建議，而且事後將這部分的功勞都歸給凱蘿。

教授提出的要求讓凱蘿甚感榮幸，不僅如此，他的作為也改變了兩人關係。他展現脆弱的意願，讓凱蘿也更願意坦誠表露脆弱。自那時起，凱蘿也會向他尋求建議。此外，她也會對教授分享自己工作上遇到哪些挑戰和深感失望的事。他們成為朋友與知己，至今依然如此。

雖然凱蘿和教授在地位上有顯著差異，但教授畢竟不是她的上司。不過，上司真的能對自己的部屬這麼坦誠嗎？我們的高階主管課程中，有位學員就是實際例子。約翰是某家《財星》前五百大企業加拿大分部的總裁，他在公司內打造出一個彼此可以坦誠、直接溝通的企業文化。有天資訊部門副理戴瑞走進他的辦公室說：「我只是要告訴你，最近我可能達不到績效目標了。我正在辦離婚，狀況很糟。」

約翰自己也離過婚，他察覺到戴瑞可能想要談談，於是說：「我們去外面走走吧！我要買新的麥克風，這方面你可以給我一些專業建議。然後我們可以順便去吃個午餐。」兩人外出那段時間，約翰讓戴瑞紓發自己的婚姻問題，也分享一些過來人的經驗。後來戴瑞告訴約翰，這件事對他的意義相當重大，他覺得自己被理解、支持，約翰在他心中的地位已經不只是上司了。

約翰對戴瑞做的舉動，多數主管都不會這樣做，因為他們不想幫員工未達標的表現找理由，也不希望公司績效遭到拖累。但就本案例而言，這些顧慮都沒有發生。後來，戴瑞甚至對約翰和公司都更加投入。管理團隊其他成員得知約翰的作為後，也覺得自己對約翰的忠誠度提高了，大家會主動對戴瑞伸出援手，一起支持他走過整段過渡期。如果約翰沒有在一開始就打造出坦誠溝通的文化，可能永遠都不會知道戴瑞績效滑落的真正原因。

你真的想完全理解對方嗎？

我們目前為止的假設是大家都**想要**更深入了解他人，但心裡也許還有一點矛盾。你真的想聽完某人所有的童年創傷，或他們和另一半之間的所有難題嗎？還有，隨著你知道愈多，責任是不是也愈多呢？往後你會不會需要一再答應他們的要求，或對方說什麼都要附和，也要和他們站在同樣立場？他們對於超凡關係的定義，會不會是你要**隨時**都能陪伴和傾聽？

我們的一位好友安妮和她的朋友寶拉之間就面臨上述問題。她們是多年好友。

寶拉生病了，需要每兩週回診一次。她因為病情緣故不便開車，所以請安妮固定載她往返醫院。安妮一開始非常樂意，但幾星期之後她開始感到厭惡——不只是對寶拉，還包括寶拉的兒子和媳婦。雖然他們與寶拉同住，卻用工作忙碌和照顧小孩當理由推託而不願接送。

安妮不知如何是好。她怕一旦和寶拉說開這件事，自己對寶拉兒子和媳婦的厭惡感（以及對寶拉日漸升高的厭惡感，因為是寶拉允許自己的兒子和媳婦推託責任）會跟著浮上檯面，破壞她與寶拉的關係。後來她找了其他理由推掉接送義務。儘管安妮的做法並未傷害她和寶拉的關係，但這段關係也沒能獲得深化。

假如其他人身處安妮的處境，可能會因為其他原因而不想分享自己感受。也許是不想知道太多寶拉和兒子及媳婦之間的事——萬一他們真的有什麼問題，寶拉又因此將安妮接送看診的車程當作一種偽心理諮商療程，安妮又該怎麼辦？如果實情真是如此，安妮就更難開口對寶拉說自己不想擔任這個角色了。

前兩章大部分篇幅都告訴你多揭露一些自我有哪些好處，但安妮的處境也讓我們看到有時揭露自我後反而會讓事情更加棘手或尷尬。隨著雙方關係發展，對彼此期待也會逐漸提高。雖然主動關心和回應對方需求，都是打造更穩固關係的必備步驟，但其實劃下界線也同樣重要。隨著關係發展到不同境界，可能會需要在不同重點上設定不一樣的界線。當界線不明的顧慮浮現時，你需要辨識和表明問題，並成功解決才行。說的很簡單吧？別擔心，我們在後面幾章會回過頭來做更詳細的說明。

深入學習

自我省思

1. 想像你身在班的處境。**你很想和連恩一起打造更私人的關係，因為很喜歡他這個人，也很珍惜他分析事情的能力，但希望他能夠揭露更多自我。揭露自我這件事對你來說沒什麼難的，所以希望連恩也可以多說一些自己的事，這時你會怎麼鼓勵對方呢？**

- 回想本章中描述的諸多情況，如果身處這些情境中，你會怎麼做呢？在你想像自己會有的言行之中，有沒有哪些事其實反而使你受限？
- 對於幫助他人揭露更多自我這件事，你上述的言行反映出怎樣的能力（及風格）？

2. 從你先前列出的重要人際關係中選出一個對象。你在這段關係中做過以下哪些行為，才讓你更容易理解對方？

- 藉由積極傾聽以充分理解對方。
- 按捺住當下的評判，不讓自己太早斷定對方究竟發生什麼事。
- 保持好奇心，詢問對方什麼事對他們而言是重要的。
- 用開放式問題鼓勵對方分享更多自己的事。
- 傾聽對方情緒，幫助他們充分表達（比方說，「聽起來你不像是有點不高興而已，你現在感覺到什麼了？」）。
- 同理對方——尤其是對方感受（「聽起來真的很讓人受不了」）。
- 展現出接受對方（「我可以理解你為什麼會那樣反應」）。

3. 相反地，你有沒有做出以下任何行為，阻礙對方分享自己的事，好讓你更能理解他？

- 不專心傾聽，因為你同時在想（或已經決定）要怎麼回應。
- 對話時很快就換話題，把焦點放在你自己的事或其他讓你感興趣的事。
- 認為你已經知道對方究竟發生什麼事了。
- 詢問誘導式問題，以確保他們會接受你的結論。
- 忽視對方感受，用邏輯論述說服對方。

- 批判對方的言論或行為。
- 沒有同理對方的處境。

為什麼你會傾向做出上述回應呢？

應用

在前一段所列各個問題的回答中，都反應出你對自己的認知。在上述所選的重要關係中，對方所認知的你，和你對自己的認知一樣嗎？去問問他們吧。另外也詢問：在和他們的關係中，你做了哪些事讓他們更願意揭露自我，或是使他們有所保留。

記得要提醒他們，你提出這個問題是因為想和他們建立更坦誠的關係。你要先主動揭露「你的」自我，才能鼓勵對方也這樣做，藉此深化雙方關係。這樣一來，你們的對話才是觸及私人層面的交流，而不是變成學術探討。

理解

如果你完成了上述應用練習，就會知道對方的認知和你本身認知的一致程度。但要聆聽他們的觀點，尤其是在對方的認知和你不一致時，這對你有多容易呢？

想想你先前列出的其他重要關係。現在你可以怎麼鼓勵其他重要關係中的對象，讓他們更加被你理解？

這個過程本身就存在兩難。你同時要打造一段關係，又要學習新行為——但也不希望對方感覺被你利用了，或是覺得被當成實驗品。當你試著兼顧上述要點，過程中你學到了什麼呢？另外，你有沒有問對方，他們對這件事有什麼感受呢？

5 相互影響，但保持平衡

梅笛和亞當——夫妻，情境1

大多數人在高中時期無論擁有友情關係，或愛情關係，難免會遇到關係中有一方對另一方的影響力明顯高上許多。對於什麼時候該做什麼事，較強勢的一方可能會決定安排相應的條件、時機和環境等等；至於影響力比較低的另一方，不論喜不喜歡那個計畫，通常只會熱情洋溢地回答「好啊！聽起來很棒！」剛開始兩人可能相處甚歡，但這段關係遲早會逐漸褪色，或因為我們當時只是高中年紀，最後以火爆衝突收場。畢竟，人際關係若要持久，雙方對彼此的影響力必須保持平衡且力道相當。

揭露自我、支持、信任，然後再進一步揭露自我的循環，是讓關係保持平衡的重要基礎。雙方理解彼此後，就會以此當基礎再更進一步了解對方。這方面我們兩位作者的主張，是人際關係中永遠有更深層的事等著被挖掘。比方說，我們兩位作者加起來已經結婚超過九十年了（大衛的婚姻超過五十五年，凱蘿的婚姻超過三十五年），但直到現在還是不斷發現配偶有某些以往我們不知道的事，配偶對我們也是如此。我們之所以要打造穩固深刻的人際關係，目的並不是為了倉促地揭露自我，也不是為了做而做地深化彼此關係，而是讓雙方得以察覺並考慮對方需求，並在相對平衡的狀態下讓兩人需求都得到滿足。

要讓雙方都滿意並不容易。你在本章中就會看到，關係中的兩人必須懂得如何權衡取捨，並且讓彼此影響力保持均等，才能達成前述狀態。不僅如此，縱使兩人關係在某一刻處於平衡，可是當其中一人的成就需要另一人付出重大代價才能實現的時候，兩人關係也會失衡。梅笛和亞當的例子便是如此。

梅笛和亞當——情境1

梅笛和亞當結婚十一年了，有一對兒女，女兒五歲，兒子三歲。他們剛認識時，梅笛在一家開發抗癌藥物的藥廠當業務。她很愛自己的工作，尤其是出差那部分（有時可以造訪夏威夷），而且推銷的產品具有社會價值，這點也讓她很有成就感。

儘管兩人各自的全職工作都需要付出大量心力，但他們下班後和週末都有許多話題能和彼此分享。他們也很喜歡一起做菜和玩樂。那時候兩人的關係感覺起來很平等，他們會一起做出重大決定，比如第一間房子該買在哪裡，以及何時要生第一個孩子。他們也會共同承擔生活中的其他責任，比方說，當他們終於存夠錢能夠整修廚房時，整件事從計畫到實行便由梅笛負責；而兩人外出度假時，交通部分就全部由亞當負責。每年耶誕節，他們會輪流一起去對方父母家度過，如果今年在鎮上和梅笛的父母一起過節，明年便去紐約和亞當的家人共度。即使是勞務分工，他們也都感覺能互相影響彼此的意見。

梅笛生了女兒之後仍繼續工作，但等到兒子出生後她就辭職了。在還只有一個孩子的時候，他們仍有辦法兼顧工作與家庭，但等到要照顧兩個孩子又要處理家務時，就真的忙不過來了。

幸虧梅笛和鄰居說好，兩人在特定時段輪流照顧對方的小孩，她才有餘裕能每週去當地醫院的兒童癌症中心做半天志工，讓她暫時脫離全職育兒和家務的生活，與其他成人互動交流。

亞當是軟體工程師。他熱愛這份工作，因為能持續學習和磨練他的專業能力。他的工作收入頗豐，但有時候工時很長，而且下班後常常要繼續工作，週末也是如此。

他們的關係開始出現了一些疙瘩。儘管家裡收入不錯，但亞當對用錢還是相當謹慎，有時梅笛會因此頗感挫折。她認為這可能是亞當成長過程養成的習慣，以前他的父母手頭很緊，對於每分錢都得錙銖必較。但現在她對於要為自己的每項花費找理由相當厭煩。她不認為自己奢侈，而且物品本來就會老舊，有時直接買新的代替可以讓生活便利許多。

他們平日行程很緊湊，兩人在家時兒女也都在場，因此他們沒什麼時間獨處對話，也幾乎挪不出時間與心力在晚上出門約會。晚餐後他們通常都累壞了，對話內容往往只限於孩子們的情況，以及兩人各自在白天做了什麼事。他們的親密度大不如前（情緒和身體皆然），當他們終於躺到床上，通常也筋疲力竭了，根本無法好好關心對方。

梅笛對這種生活愈來愈不滿意。她很想念先前那份工作帶來的成就感，以及和其他人之間的智性交流。她跟母親提到對現狀的不滿，得到的回答卻是：「當母親就是這麼回事。妳把兩個這麼可愛的孩子拉拔長大，就是很棒的回報了。」梅笛聽了完全沒被說服，但也不知道如何回應。「**就算社會認定這種妥協是理所當然，**」她想著：「**我就是無法適應這一切。**」

梅笛對亞當說自己很不快樂的時候，亞當卻很抗拒繼續談下去。「喂，我們當初決定要生小孩時就已經說好這樣了。」他說道：「我也很累啊，這份工作壓力很大。」

梅笛心想：「**對啦，但你那份工作會帶來成就感。**」可是她沒說出口。亞當繼續說道：「總之，等小孩開始上全天課和參加社團之類的活動後，一切就會好多了。」

但還有好幾年才會是這種狀況，就算熬到了，她最多也只能找份兼差工作。光是未來會更好這種模糊的允諾，實在很難抵銷掉她當下感受到的不滿足。「**到時我一定沒辦法再做以前那樣的工作，而且等到他們上大學，我的技能也早就過時了。**」她暗自想著，可是沒繼續說下去，不願掀起另一場爭吵。於是她離開現場去洗衣服。同一時間，亞當心裡在想著：「**她對孩子的影響力是最大的，而且比起我，她和孩子親近多了，這樣她還有什麼好抱怨的？**」

這是個沒有簡單答案的艱難情境。有部分問題來自梅笛和亞當所處的人生階段——研究顯示，夫妻一旦有了孩子，對婚姻不滿的程度會增加，而且要等到孩子離家後才會下降。然而，這不代表梅笛和亞當只能一直被卡著，他們可以開始重新找出平衡。在探討如何重新平衡之前，需要先了解他們的關係中潛藏哪些問題。他們面對的難題對我們多數人而言都相當熟悉。

建立公平感

所有人際關係中多少都存在著妥協。但如果兩人關係要長遠發展，雙方都必須得到一定程度的滿足，但也必須放棄自己一部分的需求。時間一久，兩人得到的好處都必須高於自己付出的成本。如果兩人在關係發展過程中願意讓對方更理解自己，雙方就能學到如何增加這段關係帶來的好處，並減少彼此付出的成本。

從梅笛和亞當的情況中，我們可以清楚看見好處與成本之間的消長。他們很珍惜彼此的智性陪伴，財務也頗為寬裕，他們彼此相愛，而且享受著天倫之樂。這些好處在他們婚姻初期明顯都高過成本，但後來新的成本和限制就出現了（尤其對梅笛而言），而且成本持續上升中。

人際關係運作健全的關鍵，在於兩人處於大致的衡平狀態（equity）。這種衡平會讓人感覺到「公平」。如果你相信對方在這段關係中得到的好處比你得到的更好，縱然你本身得到的好處已經高過付出的成本，最終還是會感覺自己被剝削。你不需要時時分析這段關係的成本與好處，或要求雙方每分每秒都處於平衡，重點是兩人對於好處與成本的感受長期下來要大致相等。

評估一段關係中的好處與成本，並不是理性地正負相加即可，況且這也做不到。每個人重視的事非常主觀，比方說，亞當非常重視工作所帶來的挑戰，因此「無法和妻兒放鬆吃晚餐」這項成本對他而言可以最小化。但換作另一個人，可能會非常重視家庭晚餐的時光，以致願意拿職涯升遷機會當代價，換取每天五點半下班。

社會價值、生長背景和人生經歷也都會影響一個人如何評估關係中的成本與好處。比如亞當可能生長在對性別期待較傳統的家庭，也或許和梅笛的母親一樣都受到某種社會期待影響，梅笛母親說梅笛應該要滿意現狀，亞當可能也會被這種社會期待影響判斷。

我們也會因為將自己與他人相比而受影響。梅笛可能覺得和某位好友相比，自己已經幸運得不得了，因為對方也有兩個孩子，但已經離婚，而且每天為生計苦惱。然而，梅笛如果將自己和另一位婚姻幸福、有孩子而且還做全職工作的朋友相比，她的感覺又會截然不同了。

關係中的每個人都要清楚知道自己想要什麼，對方又想要什麼，這件事非常重要。當梅笛表達自己感到不滿足，亞當輕描淡寫地回應「等小孩開始上整天課，事情就會好多了」，這句回答幾乎沒什麼同理心，而且某種程度來說，這是毫不在乎梅笛付出了多大的代價。那麼，你該怎麼做才能知道自己和對方想要什麼呢？

重新平衡：釐清匱乏，再次評估

此時情緒依然是非常有用的指引。當我們信任自己的感受，將感受當成我們真正想要事物的指標，就是好的開始。梅笛發現自己在母親這個角色中感到愈來愈**局限**，而且和亞當之間的智性激盪與親密互動也愈來愈少。亞當提到當初他們兩人都同意如今的安排，他說得確實沒錯，但這樣還是無法緩解梅笛的**挫敗感**。

很遺憾，人往往會用自己的需求和價值觀判斷別人提出的需求和抱怨「適不適當」。梅笛的母親和亞當前述的言行正是如此。但這種做法會拉開雙方的距離，也會更難理解彼此。梅笛的需求是**她自己的**，光是這樣就具備正當性了，而且她希望這份需求能被聽見和理解。

但這不代表亞當的需求就不重要。他不願探討梅笛為何感到不滿足，可能是害怕如果改變了現狀，他的需求就無法得到滿足。讓亞當說出自己想要什麼也是很重要的事。不過，關係中的兩人都有責任確保不只自己這邊的成本與好處達到平衡，對方那邊的成本與好處也要達到均衡。可惜，亞當似乎不太關心梅笛妥協得到的事物比他還差一些。

那麼亞當可以怎麼做，才能讓兩人的關係回復平衡？他可以說出他其實也很怕失去原本對自己有利的安排，並將這份恐懼暫時放一邊，先幫助梅笛探索自身的挫敗感從何而來。抱持好奇心能讓亞當更理解妻子，而梅笛也更有機會感受到獲得支持。（以上是「情緒上與對方同在」的其中兩項要素，我們在第9章會解釋詳情。）不過，我們並不認為亞當要為關係中出現的所有壓力負責，梅笛其實也有責任，我們稍後再來談這點。

當我們能開口討論彼此的需求和不滿足時，就更有機會找出適合雙方的解決方法。當然了，做起來不一定簡單。凱蘿曾經當過全職母親，同時照顧襁褓嬰兒和兩歲大的孩子，個中滋味再懂不過。她的先生安迪工作一整天回到家後，會先坐在沙發上看個報紙，讓自己放鬆一下。這時凱蘿會從廚房飛奔到客廳，開始對安迪不停抱怨托兒所名額已滿，或是兒子的耳朵又感染了。安迪是內向的人，需要有一些自己的時間和空間，因此他的回應通常只有「嗯哼」。但凱蘿的個性非常奔放外向，希望得到安迪不間斷、完整的注意力，因此安迪的反應往往會激怒她。

這種互動讓他們兩人都不好受，最後凱蘿告訴安迪，她覺得自己沒有被聽見，因此感到很受傷。安迪也分享感受，說他其實對現況也感到很挫敗又有壓力。由於他們最不希望的就是出現彼此提到的這些反應，所以兩人開始討論整個情況。他們都了解到凱蘿必須給安迪一些時間放鬆下來才行。他想要半小時。「半小時！」她喊道：「我在你回家前就開始倒數了，五分鐘如何？」最後兩人的協議是十五分鐘，這段時間能讓他們分別調整好自己原本的失調狀態。即使最終解決方法沒有讓凱蘿得到安迪毫無間斷的注意力，安迪也沒有得到他想要的放鬆時間量，但他們各自得到的也足夠了。最後，雙方也都感覺自己獲得的比放棄的還多。

當你們釐清彼此在哪些方面匱乏之後，重新找回平衡的第二步，是再次評估你們以前做的所有安排。原本感覺沒問題的協議，過一陣子後可能就有問題了。亞當和梅笛在第二個孩子出生時所做的決定對當時的他們的確有效，也運作了好幾年。但是時間一久，梅笛感受到的滿足感逐漸下降，而且她失去的事物感覺起來益發重要。

所有人際關係中的條件都會變動——新的工作機會出現、家人生病，而且人都會衰老。如果其中一人太堅持照著過往協議走，就是冒著讓自身成長和雙方關係都停滯下來的風險。最好的人際關係是兩人會不斷發現新需求、尋找不同好處、學會解決和放下過往限制，讓這段關係持續不斷地演化。當然，如果兩人成長速度和方向不同，就會產生問題，關係也因此變得緊張。這時的危險在於其中一方或雙方都想逃避衝突，導致成長終止。我們接下來會在亞當和梅笛的例子中看到，當兩人關係變得不平衡，唯一有建設性的方式是直接面對變動、理解變動所帶來的影響，並共同探索解決之道。

再次評估兩人關係中的協議，做起來並不容易，因為得出的結論往往是要做出改變，而改變又經常引起抗拒：**如果真的改變了會怎麼樣？是不是要放棄某些對我很重要的東西，或是出現某種我還沒準備好要承擔的成本？**改變也意味著不可預期性（**你要怎麼應對？**），可能還會引發罪惡感和譴責（**我們為什麼以前沒這樣做？**）先做好心理準備，這個過程不是一次討論就能解決的，過程中就算感覺很糟、很沮喪，也都在預期之內。再次評估兩人關係是一道至關重要的步驟——只不過別想得太簡單就是了。

往下深掘

亞當和梅笛為什麼會被過去的協議困住呢？單純是因為亞當不願接受過去的協議已不符現況嗎？還是因為梅笛怕引發衝突，所以態度不夠強硬而導致的？這些都是原因，但更大、更深層的原因，其實是他們面對爭議問題時，很難對彼此產生影響力。

有一點需要注意，梅笛對自己全職持家的安排感到不快樂，其實只是她和亞當逃避面對的問題之一。還有一個議題是她認為亞當太過節儉。他們面臨的困境，其實有部分是來自兩人如今的地位差異。當關係中的一方（通常是女性）辭去工作，成為全職家長時，兩人在關係中的權力平衡就會跟著改變。全職父親或母親經常會失去在財務和支出用途方面的決策地位，因此和另一方的關係會更形緊張。

絕大多數關係中都存在影響力不對等的情況，只是影響力較小的一方通常不太可能阻礙雙方誠實溝通和提出解法。然而，如果兩人之間的影響力不對等狀態十分顯著時，這段關係就會經常陷入運作不良的循環。

唉，這樣的動態就架構出一幅自我實現的預言。如果高影響力的人認定低影響力的人沒什麼貢獻可言，幹麼還要聽對方說話呢？但因為大家都會抗拒落入依賴他人的狀態（弱勢的一方就處在這個位置），所以低影響力的人這時往往會在情感上疏離。當後者抽離情

大幅差距所帶來的成本

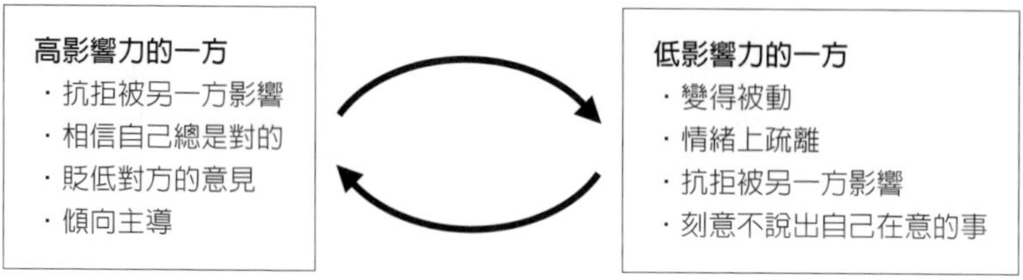

感時，在關係中能貢獻的就更少，也因此強化前者認為他們沒什麼功用的認知。

亞當和梅笛對彼此影響力的顯著不對等，是他們兩人（下意識地）共謀建構出來的。亞當沒有認真看待梅笛的擔憂，而他隨口提出的解方也讓梅笛聽了覺得受到誤解、沒有得到感謝，也很無力。不只這樣，亞當還試著提醒梅笛當初雙方談好的協議就是這樣，他的回應很唐突，也沒有充分體認梅笛想表達什麼，這些反應都能看出他不是很想被他人影響。

然而，梅笛也沒有完整表達自己究竟多不開心，還有從對話場面中退縮，離開去洗衣服的舉動也都加深了她和亞當之間的影響力不對等。梅笛沒有反駁亞當用邏輯出發的論述，讓亞當的說詞凌駕她自己的感受，而且最後還同意亞當說這一切合乎當年雙方做的協議，上述種種言行都讓梅笛喪失影響力。

這對伴侶需要先進行一個「後設」討論，也就是「可以討論為什麼我們沒辦法討論這件事嗎？」他們需要暫時擱置各自的意見，先討論是什麼阻礙了他們的溝通能力。打個比方，當你從家裡開車去上班，你的目標是準時抵達公司，但過程中也要注意車子本身是否運作正常。煞車踩起來是不是沒力？方向盤有沒有鬆掉？引擎會不會發出怪聲？如果你忽略這些狀況，沿路開得搖搖晃晃地，你可能根本到不了公司。但如果亞當持續對關係感覺良好，而梅笛持續感到失去力量，後設層級的討論就不可能發生。

要打造深層關係，其中一項至關重要的技能就是「**如何**溝通和解決問題」的認知與處理能力。這項能力不僅有助於解決當下特定問題，也會讓接下來的解決問題階段順暢許多。我們在前兩章的例子中已經見識到上述能力如何運作。在第3章，伊蓮娜很掙扎是否要對桑傑分享私人問題，直到她說出自己對「分享私人問題本身」的擔憂，對話才順利走下去。在第4章中，連恩討論工作議題時唐突地換了話題，直到他和班共同探索自己的行為背後有何意義，兩人的關係才出現進展，也是基於同樣道理。

大衛與凱蘿寫這本書的過程中曾出現很多機會，讓他們親身實踐自己講課的內容。大衛經常萌生新點子，想找凱蘿討論。通常凱蘿第一個想法是「喔不，他又來了——我們的內容已經多到要刪減了，他竟然還一直加入新東西！」這種時候她有三個選項，第一個是說「不行，我們不能那樣做」，第二個是「好，我太累了，也沒耐心了，你要加就加吧」。第三個則是她最常用的，就是盡量控制住自己的不耐，認真思考大衛的新點子。然而，選擇思考大衛的新點子，並不等於凱蘿要同時放棄用坦誠直接的態度溝通，她還是會讓大衛知道自己的惱怒，以及告訴大衛，她在回應大衛的想法時心裡做過哪些衡量。

換句話說，凱蘿其實是選擇對大衛、這本書和兩人關係更加投入。儘管她對大衛沒完沒了的建議感到愈來愈沮喪（但也很氣惱地承認大衛的想法多半都很棒），可是她依然相信再次強調對本書和兩人關係的投入是最重要的事，這才是她做決策背後的動力。當凱蘿這樣做的時候，大衛也增加了他對凱蘿、本書和兩人關係的投入。

當兩人發生衝突，如果你不對彼此關係更加投入，衝突要以好結局收場的機會就愈來愈渺茫，未來兩人也會更難對彼此付出。而且，你們會一瞬間就掉入負面強化的循環。相對地，展現自己的投入則會創造出一個正向強化循環。我們參與和投注得愈多，結果就會愈令人滿意；結果愈好，我們就會更願意投入彼此關係。

打破負面循環

從職場、手足關係到友誼都會出現影響力差異了，婚姻當然也不例外。但縱然兩人被困在運作不良的循環中，也不表示一輩子就注定受困。儘管影響力較高的一方比較容易做出改變，但梅笛和亞當各方其實都有辦法打破目前循環。雖然影響力較低的一方採取主動時會面臨很多挑戰，但還是有可能做到的。首先，梅笛要停止讓出自己的影響力。其實，人常常在不知不覺中讓出自己的影響力。

十個讓出影響力的方式

- 預設自己需求的重要性低於對方的需求。
- 不去傾聽自己的感受。
- 讓他人打斷自己的發言。
- 別人不同意自己時就退縮。
- 逃避衝突——因此不會反對他人意見，盡量讓場面和諧。
- 不給對方回饋意見，認定可能是你自己的問題。
- 很在意自己是否被喜歡或贊同，認為這些事情是最重要的。
- 把自己看法的重要性降到最低。
- 明明是自己的成就卻避免居功。
- 沒有解決方法的時候就不去點出問題。

當影響力較低的一方抱持上述任一種信念或言行時，他們就會更難提出問題，也無法抱持堅持態度讓對話繼續下去。

其中，讓人最受局限的想法就是害怕衝突——認為衝突代表彼此關係有缺陷，以及（或是）一旦爆發衝突，雙方的爭執會持續升高，最後對兩人關係造成永久傷害，甚至整段關係毀於一旦。

這些信念有部分來自於我們的生長環境和個人經歷，在社會權勢低落而被邊緣化的族群中特別明顯。比方說，女孩成長過程中被教導要「乖巧」，要學會順從，以及黑人男性經常被教導絕對不要表現出憤怒和自豪。儘管會被自己的出身環境和所屬族群影響，但我們還是可以選擇要被這些信念掌控到什麼程度。

雖然絕大多數的爭執都令人不快，而且可能會升高到更危險的層級，但其實對問題視而不見也一樣危險。問題一旦出現，通常不太會自行消失，只會繼續惡化，也愈變愈大。舉例來說，假如梅笛繼續保持沉默，她的厭惡感可能就會升高到更負面的想法：**亞當在意自己比在意我還要多。他只在意自己的職涯，根本不在意我的成長和發展。他只想把我當成管家和保姆。他的一舉一動都顯示出他就是自我中心的男人。**這就是一個負面感受沒被表達出來又持續增長的例子。梅笛也知道表達這些想法可能會引發很大的衝突，說不定會破壞婚姻。她也擔心一旦開始說出自己的不滿足，萬一過程中一時動怒，可能就會不小心說出這些想法。

梅笛的擔心並非毫無道理：如果沒處理好，這些討論確實會對兩人關係造成傷害。然而，逃避討論並非解決之道。你需要培養一組重要技能，學會用有建設性的方式提出異議和解決問題。我們會在後續幾章深入討論，一起開始吧！

深化學習

自我省思

1. 設想你自己處於亞當或梅笛的位置。**如果你是亞當：和梅笛在婚姻初期做了一項協議，你始終相信雙方都會遵守承諾，你自己也適應得很好。但現在梅笛想要改變協議內容了。如果你是梅笛：幾年前，根據當時所處的環境做了一個協議，但協議已經不適用於現在的你了。**
   - 你會有什麼感覺？
   - 你認為自己會怎麼回應？你可能會怎麼做？

2. 影響力不對等：思考看看，亞當與梅笛因為彼此間的影響力差距而落入一個關係運作不良的陷阱——梅笛擁有的顯然比較少，亞當擁有的明顯比較多。如果你是梅笛，會怎麼回應或如何做呢？如果你是亞當呢？

3. 彼此滿意：從你在第2章所列出的重要關係中選一個對象，並寫下：

- 你在這段關係中所得到的滿足（好處）來自什麼？
- 你在這段關係中感覺自己受到什麼局限（付出什麼成本）？
- 你認為對方在這段關係中會把哪些事物看成好處？
- 你認為對方在這段關係中可能會受到什麼局限（付出什麼成本）？
- 這段關係感覺起來的均等或平衡程度為何？大致比較的話，你們兩人的需求獲得滿足的程度各是多少？

根據以上對自己和這段重要關係的評估，這段關係中是否存在顯著的影響力不對等？如果是的話，你認為這種不對等從何而來？

4. 相互影響：本章也特別提到，關係中每個人有能力去影響對方這件事有多重要。針對你在上述挑出來深入探索的重要關係：

- 你相信自己對另一方的影響力有多大？

  1～2非常小／3～4有些／5非常多

- 你多願意被對方影響？

  1～2幾乎不願意／3～4有些／5非常願意

- 大致而言，你們之間的影響力關係如何？

  1～2我的影響力大多了／3～4差不多／5對方影響力大多了

如果你在最後一個問題選了1或2，你是做了什麼，以及（或是）對方做了什麼，才讓你有較大的影響力呢？如果你選了4或5，你是做了什麼，以及（或是）對方做了什麼，才讓對方有較大的影響力呢？

如果你們的關係中存在影響力差距，它帶來哪些影響？

5. 讓出影響力：本書第120頁列出了十種我們讓出影響力給他人的方式。你的的狀況有沒有符合其中任何一項？如果有，想看看為什麼會這樣。如果不做這些行為，你擔心會發生什麼事？

應用

如果你在上述選擇探索的重要關係中，發現雙方對這段關係的滿足感或影響力不對等，請和對方一起討論這件事。他們也這樣認為嗎？再討論看看該如何縮減差異。

另外要留意，在討論過程中你要使用前四章所學習到的技巧。你必須揭露自己的需求、自身的感受，以及希望透過這場對話能為彼此的關係做到什麼事。

和對方分享你傾向讓出自己影響力的方式。挑一位你生命中的重要人士，問對方是否也認為你確實會用這些方式讓出影響力。如果對方也同意你的看法，他可以怎麼幫助你？

理解

以上討論帶來哪些影響？你從過程中對自己新增了哪些認識，這段對話有沒有影響到你們的關係？經過這次互動，如果你們未來要再發起類似的討論，會變得更容易或更困難？

你們的討論其實不只關乎影響力本身，也攸關你們如何影響彼此。你們有多願意被對方影響？雙方討論所得到的結果，對於你往後的做法會有什麼改變呢？

6 不滿與怨懟

潔西卡和弟弟萊恩感情很好。他們都單身，也住在同一個城市。他們平時各自都很忙碌，但只要有空，也都很喜歡有對方作伴。潔西卡向來比較主動，會約萊恩下班後一起喝個飲料或吃飯。但這幾個月以來，潔西卡對於自己老是要主動提出邀約感到有些厭惡，以前這方面感覺比較平衡。她知道萊恩剛開始一份新工作，本來就會很忙，而且他這個年紀常常要在週末參加朋友的單身漢告別派對與婚禮，所以她也沒多說什麼。再者，每次潔西卡聯絡萊恩時，他都會答應，所以她也就維持現狀，不想小題大作。可是後來每次都是潔西卡主動邀約，讓她愈來愈不滿。最後她的不滿演變成憤怒和受傷感。

有個星期五，潔西卡打電話給萊恩，約他下班後一起看電影，但萊恩婉拒，因為手上有份報告要趕。潔西卡因此發火了。「你從來不主動聯絡我就夠過分了，現在呢，你竟然連撥個幾小時給我都做不到。我看你根本就不在意我們的關係吧！」

「我不懂妳為什麼要這樣小題大作。」萊恩很驚訝地回應：「妳什麼時候開始這麼黏人了？我們的關係之前都很輕鬆啊。妳用愧疚感威脅，我就更不想一起出去了。」

潔西卡認為自己根本就不該開啟這個話題。但如果她在內心的不滿轉變成憤怒之前就提出問題，說出類似以下的話：「嘿，萊恩，我開始有點生氣了，一直以來都是我主動約你出來，我想在問題變嚴重之前先點出這個問題。我知道你非常忙，這一點我尊重，**同時**也想和你分享，當個要一直主動聯絡對方的人真的不好受。」如果潔西卡先這樣做，也許就不會發這麼大的火了。

潔西卡做的事很多人也都做過，為了另一方好，出於仁慈，壓抑自己不將重要的回饋說出口。但這究竟是為了對方好，還是為了我們自己好呢？上述情境中，潔西卡一開始感覺到的不滿比萊恩所知的還高。讓萊恩處於一無所知的狀態，對他或這段關係能有什麼幫助呢？如果萊恩與他人互動的模式就是習慣由他人主動，那麼潔西卡不主動提出問題，對萊恩能有什麼幫助？

潔西卡讓自己困住的另一個原因，是她未能關注自己逐漸增加的挫敗感，反而低估了自己的情緒。很多人都會這樣。但有句話可說是真理：「掌控你的感受，不然感受就會掌控你。」

用人際動力學的語言來說，我們會說潔西卡剛開始感覺到的是「不滿」，也就是

「嘿，這不是嚴重的冒犯，但我感覺不舒服」的簡稱。每段關係中都會出現不滿。比方說，某人開了個玩笑，你認為對方的玩笑話有些貶損之意，你會立刻反應，還是會「保持風度」，和大家一起笑笑了之？或者你幫了某人的忙，但認為對方沒有充分體認到你的付出。你會直接開口嗎？可是對方會不會認為你小題大作？或是你主動分享自己的某些私事，不過對方聽完沒有特別反應，讓你覺得有些失望。這些都不是重大衝突，有些過了就算了，但是有些會留在你心裡，沒有好好處理的話就會演變成大問題——也就是我們說的「怨懟」。

人際關係剛發展時，雙方都會表現出最好的樣子。但隨著彼此愈來愈熟，其中一方可能不免會惹到另一方。我們都有自己理解的方式、提出問題的方法、解決問題的途徑，如果是在組織裡的話，還包括我們執行工作的模式。這些差異或許能彼此相容，也可能辦不到。這時就陷入兩難了：你想要更真實地做自己，但如果做自己會造成其他人的麻煩，這時該怎麼辦？

人際問題無法避免，這對打造和維繫人際關係來說很正常。但你會在本章看到，在問題演變成重大衝突前就先提出來，會比處理重大衝突簡單得多。比方說，我們兩位作者有次合作一個大專案時，大衛在過程中抽了些時間去探望他的孫兒。這段時間凱蘿要等大衛有空回應她的問題，才能繼續進行專案，於是凱蘿告訴大衛她對此感到沮喪。大衛聽了有點不滿，因為之前凱蘿剛開始自己的事業時，他也曾經很有耐心地等凱蘿空出時間給他們當時合作的專案。他大可以不去談自己的不滿，但他知道這樣下去會讓問題惡化。因此大衛也告訴凱蘿，她的評論讓他感到不滿。大衛開放的溝通讓雙方能用有建設性的方式解決問題：凱蘿承認自己很沒耐心，向大衛道歉，並謝謝大衛先前在凱蘿忙碌時所提供的支援。大衛告訴凱蘿她是個很棒的夥伴，凱蘿也向大衛如此表達，兩人繼續回到工作。

愈早提出不滿，雙方就愈不會被情緒牽著走。一旦不滿開始惡化，通常會演變得比原本觸發不滿的事件還嚴重，最後衍生出許多彼此糾纏不清的問題。假設另一半最近有點健忘，你對此頗感不悅。但每次你升起的不滿都很小，所以你什麼都沒說。有天他出門前說會買牛奶，回到家才發現忘了買，你們就開始吵架了，表面上是為了牛奶而吵，但其實問題不是牛奶——牛奶只是替代了逐漸升高的不滿。

大衛和太太伊娃不久前才發生過這種「轉移問題焦點」的事。大衛當時在廚房沖咖啡，正準備離開時，伊娃（帶著怒氣）說道：「你為什麼要把髒的湯匙留在流理台上？你不能把它收好嗎？」當下大衛大可以說：「不過是一根髒掉的湯匙而已，反應幹麼這麼大？反正清理都是我的事就對了。」

幸好，大衛沒這樣說，因為問題顯然不在於那根髒湯匙，而是它背後代表的事。原來伊娃剛清理完廚房，可是大衛非但沒有表示感謝，還將湯匙毫不在乎地放在流理台上，在伊娃看來這個舉動代表大衛把她當成洗碗女傭。到這時，他們才討論到真正的問題——他們究竟對彼此表達了多少（或沒有表達）感謝——於是展開了有建設性的討論。

伊蓮娜和桑傑——情境3

伊蓮娜和桑傑幾乎每週共進一次午餐，也愈來愈了解彼此。有時他們會聊個人興趣，但大多數時間都談論工作上的事和公司內的變動。這些談話給了伊蓮娜力量，她在工作上表現也很順利，讓她信心大增。現在她已經不會一直去想前公司發生的事了。

伊蓮娜善於宏觀思考，不受部門觀點限制，這點讓桑傑對她更刮目相看。因此當公司要求桑傑接掌拉美市場部門時，他便問墨西哥長大的伊蓮娜要不要來他的部門工作。桑傑看重的不只是伊蓮娜的背景和觀點，而是他不希望自己的部屬西瑟一直是七人團隊中的唯一女性。伊蓮娜對這份新職務感到相當興奮，也認為部門會議頗有收穫。他們討論的問題在她看來都很重要，她也全心全意地投入討論。桑傑打從一開始就對團隊強調，希望大家「思考要宏觀」，以及「要求彼此當責，以追求最好成果」。伊蓮娜很輕易就能做到宏觀思考，但其他成員很難做到，常常被自身的職務局限範圍。

伊蓮娜不懂為什麼桑傑沒有直接點出這個問題。類似的事發生幾次後，有次開會時又有一位同事對涉及自己工作的事務表現出防備心，她決定開口：「我們思考要再宏大一點，眼光要放在更大的目標，不能偏狹局限。」全部人安靜了一會兒，原本語帶防備的同事也點了點頭。沒人回應這句話，會議繼續進行。儘管伊蓮娜說完後大家陷入沉默，她還是覺得自己說出來是好事，而且注意到接下來的討論中，有更多人的觀點變得更宏觀了。

一週後，桑傑在他們的星期四午餐聚會上說：「既然妳現在來我部門了，我有點擔心我們單獨吃飯會讓團隊其他人覺得被排除在外。以後就邀大家一起吃午餐吧？」儘管伊蓮娜有些悵然，但她也認同桑傑對團隊成員感受的看法，因此便同意了。雖然不是所有人都會加入星期四午餐聚會，但大部分人都會出席，團隊的感情也愈來愈好。

不過，伊蓮娜也開始對部門會議裡出現的一些現象感到不舒服。儘管她很喜歡這個部門輕鬆的氣氛和打屁閒聊，但有時同事的幽默感覺就是拐著彎酸人。她心裡會想：「**我真希望大家說話可以直接點**。」但決定先不當一回事。讓她更不舒服的另一件事，是發現有時候她在會議中提了某個意見，沒人回應，但五分鐘後其他男性同事也發表相同意見後，大家就會開始認真討論，完全沒有人提到伊蓮娜是最早發表這個觀點的人。史帝夫特別常這樣做，他好像很難聽進伊蓮娜的想法，但往往在伊蓮娜說完沒多久，也說出一樣的意見。伊蓮娜尤其生氣的是，就連桑傑這麼敏銳的人似乎也比較認真看待男性同事的意見，明明相同意見伊蓮娜稍早已經提出來過了。

有天部門會議上又發生一樣的事，伊蓮娜和西瑟一起走出會議室時，她問西瑟有沒有注意到這件事。「當然有啊。」西瑟答道，聳了聳肩。她接著用有點消極的口吻說道：「但妳還能期待什麼？而且男人打斷我們說話的頻率比他們互相打斷的還高很多。世界就是這樣啊！」

伊蓮娜對這個結論不滿意，也不打算接受現況。桑傑的行為特別讓她困擾：他是部門領導人，因此伊蓮娜對他有更多期待。她以為桑傑理解性別議題，也期待他會直接點出這個失衡的會議模式。她也很猶豫要不要對部門提出這個擔憂，因為不想要其他人認為她「太敏感」。還擔心如果直接和桑傑談這問題，會讓桑傑以為她想藉著兩人友情要求得到特殊待遇。**「好吧，」**她想著：**「也不是什麼大事。就算了吧。」**

但事情並沒有這麼容易就「算了」。同樣的模式在接下來的會議中一再重複，伊蓮娜感到愈來愈不舒服。後來拉美市場團隊在高階主管面前做進度簡報，其中一位副總裁特別稱讚了他們看待事情的觀點。桑傑當時回答道：「是啊，我們也覺得這個意見非常棒。」伊蓮娜當下想著：**「這一開始是我的點子，我當時花很多力氣才說服大家接受的；如果有人公開認可這是我的想法就好了。」**他們離開會議室時，伊蓮娜走在桑傑旁邊，低聲說了自己的想法。「但我們是個團隊，」桑傑答道：「我需要大家用團隊觀點來思考。」

爲什麼我們心有不滿卻不說？

大家通常都很猶豫要不要說出不滿，因為擔心別人會認為自己臉皮很薄或小題大作。你大概也認識一些人，就算聽到最雞毛蒜皮的意見也覺得被冒犯。或是你可能認為這種事「不值得反應這麼大」。有時確實是這樣沒錯，但有時如果往下挖掘，會發現問題比你一開始想得更重要。試試看這樣做：將主詞從「我」改成「你」，像是「我不值一提」改成「你不值一提」，你還會認為原本的問題不值一提嗎？有時你可能真的這樣認為，但通常會了解到原來自己對這件事的感受竟然比預期還多。

很多人猶豫要不要說出不滿的原因，還包括擔心說出來會讓事情更糟。你的抱怨會不會引發對方報復？說出不滿會不會激發更多問題？或是你認為這段關係（或是對方本身）很脆弱，因此才憋著不說？如果這個問題出現在課堂，我們會問學生：「如果朋友因為你說的某句話感到不滿，你會希望對方告訴你嗎？」幾乎毫無例外，大家都說希望。我們會接著說：「如果希望對方能對你說出他的不滿，那當自己感到不滿時，你難道不會想要讓對方知道嗎？」

最後一個會讓人不願在一開始說出不滿的原因，是我們都會假定對方沒有惡意。我們會想：「如果他們不是故意要讓我們不高興，我何必要感到不舒服呢？」史帝夫第一次把伊蓮娜先提出來的意見當成自己的時候，也許伊蓮娜還可以用這種想法合理化，但即便如此她還是在合理化自己的不舒服。我們在下一章會深入談到，他人的「意圖」和他們行為所帶來的「影響」是兩回事。伊蓮娜不舒服是真實的——她的感受不需要透過合理化才能存在。

假如史帝夫真的沒有惡意，伊蓮娜反而能更輕易提出自己的不滿。假設某次會議中史帝夫兩次將伊蓮娜的意見當成自己的來說，而且都沒有承認伊蓮娜才是最先提出的人。當他們起身離開會議室，伊蓮娜能不能用輕鬆的口吻說：「史帝夫，謝謝你幫忙把原本我提了但沒人回答的意見再講一次。但下次你可不可以先表明這是我先提的？」史帝夫可能會這樣回答：「抱歉，我沒發現自己這樣做。」伊蓮娜就可以接著說：「我也是這樣想。」她提出不滿，對方承認自己的行為，雙方也和解了。

如果伊蓮娜只是感覺不舒服，她可以用輕鬆的口吻講這件事。但如果她等到自己更不悅的時候，才咬牙切齒地表達相同感受，史帝夫很可能就會認為伊蓮娜在攻擊他。但因為伊蓮娜一開始就說出不滿，感受會好一些，史帝夫可能也會更注意不要重蹈覆轍，以免困擾伊蓮娜。如果他之後還繼續把伊蓮娜的意見當成自己的，不承認伊蓮娜才是最先提出的人，她就有理由用更強硬的方式表達不滿了。

很多不滿的確會逐漸淡去，但你要問問自己，現在這種不滿會留在心裡嗎？會和其他問題連結嗎？會不會因為忘記買牛奶而引發兩人大吵，而不是為真正的問題而吵？

如果這種不滿開始往上述方向滋長，就可能會變成怨懟。怨懟產生的問題比不滿還嚴重，因為現在你的感受更強烈，也更有可能在心裡構築出有關對方的負面故事。伊蓮娜還沒走到這一步，但也不遠了，就算桑傑反應不如她的期望，但她在走出會議室時和桑傑提起這件事仍然是明智之舉。

當不滿逐漸滋長成怨懟，我們構築出的故事，有一部分很可能就是關於對方的**負面假設**。就拿伊蓮娜對史帝夫的不滿來說吧，她和史帝夫不熟，但史帝夫「偷走」她點子這個行為很頻繁出現（在伊蓮娜看來），因此她很有可能會開始質疑史帝夫的動機和性格。這時她很容易就會幫史帝夫做出一些敘述，比方說，**「他和強勢女性相處有問題」「他喜歡成為大家注意的焦點」**，**或是「他需要一直得到權威肯定」**。以上論點（即使沒說出口）都無法幫助伊蓮娜和這位重要同事打造正面關係。

一旦我們發展出負面故事，就會傾向**選擇性蒐集資料**，或用我們主觀想法來思考，也就是「打造支持我們觀點的論述」。但真相是不管你自認有多客觀，每個人都會受到確認偏誤（confirmation bias）的左右。當你發展出某種信念，甚至只是某種預感，你都會傾向更留意能夠支持信念或預感的事，並忽略和它們不一致的事。像伊蓮娜可能會格外注意其他人忽略她的論點，但後來又發表的見解和她一模一樣的情況，尤其是注意史帝夫有沒有這樣做。她也會受到自己暗示，格外留意她認為桑傑又忽視或淡化她對團隊貢獻的時候。她也比較不會留意到同事或桑傑聽見、承認並感謝她的意見的時候。

真的很好笑嗎？提出不滿時要如何使用幽默感？

想像一下，假如伊蓮娜已經受夠史帝夫「偷走」她的點子，不想等到開會結束後再找史帝夫談話，而是直接在會議上說：「很好的想法，史帝夫，和我五分鐘前說的一樣耶。我想我的聲音大概要像你這麼低沉，大家才能聽見喔。」就算伊蓮娜是帶著微笑，用輕快的語氣說出來，但大家會有什麼反應？當然，效果還是可能完全正面。包括史帝夫在內的所有人都笑了，他也承認伊蓮娜說得有理。他（和其他人）之後就不再犯，伊蓮娜提出的意見也都被聽見了。

幽默在這些情況中能運作，正是因為它能使人彼此連結。鋼琴家暨幽默作家維克多．波格（Victor Borge）說過：「笑聲是兩個人之間最短的距離。」分享笑話或逗趣評論，可以讓彼此更親近。幽默可以讓人心情變好，讓精神振奮。當我們閒聊打屁和打打鬧鬧，不僅能更理解彼此，也會體驗到一種特別的自由。我們的同事珍妮佛．艾克（Jennifer

Aaker）和娜歐密·巴多納（Naomi Bagdona）的研究顯示：「笑聲讓人面對壓力和壓力源時，生理上更有韌性……能促進社交連結與增加彼此信任。當人們在工作時能一起大笑時，會改善關係，彼此也會感到更受重視和信任。」在最好的情況下，伊蓮娜的笑話確實可以改善她和同事之間的關係，讓團隊更有向心力。

但相反地，如果是用消費某人的方式，或間接表達某些完全不好笑的事情，這時玩笑話就幾乎沒有正面效果。而且伊蓮娜也不會知道史帝夫怎麼看待她的玩笑。史帝夫如果覺得自己在同事面前被貶低而感到難堪，這時他的感受就比不滿還嚴重了。即使史帝夫沒生氣，但他可能單純認為是玩笑話，於是大家笑完就算了，伊蓮娜也沒有成功傳達訊息。就算史帝夫真的聽懂了，他和伊蓮娜之間的距離也會因此更遙遠，因為史帝夫會開始提防未來伊蓮娜再說出酸言酸語，伊蓮娜也會提防史帝夫挾怨報復。這種情況不太可能讓史帝夫願意展現脆弱。而且伊蓮娜的幽默評論，也可能會讓其他人認為她就和別人一樣，偏好用迂迴的方式表達不悅——但事實上，這種說話傾向正是伊蓮娜和團隊其他人溝通時感到挫敗的原因。

幽默也可能是你冒犯他人時，用來保護自己的盾牌。假如史帝夫聽到伊蓮娜這麼說，回應她：「很酸耶，現在是怎樣？」這句回答確實可能促成一場真實的對話，讓伊蓮娜直接陳述自己的感受。但萬一伊蓮娜回答：「喔，開開玩笑不行嗎？」這時她就再次貶低史帝夫了。現在不僅問題沒獲得處理，就算伊蓮娜和史帝夫之間曾經有過信任，但現在也消散殆盡。這樣做也無助於伊蓮娜在同事之間建立為人直率、值得信任的名聲。

使用幽默感來傳達訊息的問題，在於幽默本質上的模糊性。從伊蓮娜說的話，很難聽出她對史帝夫偏好重複她意見的行為有多不悅。她只是真的感到很煩，還是輕微不滿而已？史帝夫會怎麼理解和回應，也存在著模糊性。如果伊蓮娜可以在大家魚貫走出會議室時，對史帝夫表達她的擔憂，這種直接對話會是比較好的做法。如果你格外在意這段關係，更建議要這樣做。

幽默並非一定沒效，但你要對全局夠敏銳才行。你的不滿有多大呢？（記得，你的實際反應可能比剛開始認為的多）對方的幽默感如何呢？有些人很喜歡機智的回應，就算讓自己稍微被消遣也無妨，有些人則很可能會耿耿於懷。你也要考慮到彼此關係的強度。如果對方知道你接受他們，一個玩笑評論可能平安無事。最後，要考慮到環境。當以上所有因素都納入考量，幽默就能發揮功能。

比方說，大衛的朋友珍安喜歡舉辦小型的晚餐宴席。儘管珍安廚藝已經很優秀了，但還是習慣再三向客人致歉，表示菜色不如她預期的好；可能是煮過頭了，或香料不夠，或其他種種失誤。儘管她做的料理真的非常美味，在場賓客總是強烈拒絕她的道歉，但珍安還是習慣這樣做。賓客拒絕珍安道歉的行為，彷彿對珍安一點影響也沒有，她還是會嚴格批判自己。後來某次晚宴中，珍安又做了一樣的事，這時她的朋友佩姬說道：「太好吃了，珍安，我可以跟妳要食譜嗎？但我不要有自我鞭打的版本。」說完眾人哄堂大笑。這次笑聲似乎也產生作用，後來珍安的自責話語明顯減少了。

以上情況中，珍安和佩姬是好友，珍安知道佩姬喜歡且尊重她。因此珍安大概也能感覺到，佩姬並不是要貶低珍安，反而是不希望珍安繼續貶低自己。其他賓客也都是珍安的朋友，因此大家都能理解這個情況。本案例的幽默意見確實有效，也說明了適當使用的幽默會如何發揮功能。

不過，伊蓮娜無論是和史帝夫或桑傑互動，都不太適合使用幽默感。當她和桑傑一起離開會議室時，她試著提出自己不滿，但沒什麼效果，因此她的煩躁又加深了。現在她的感受已經逐漸超過不滿，所以她決定要和桑傑直接對話。挑戰在於這場對話要如何進行，才能讓他們既能解決問題，又能持續打造彼此關係。這時需要的是針對特定行為提出回饋的能力——非常重要的一項能力，我們下一章會詳談。

深化學習

自我省思

1. 想像你是伊蓮娜。**你在部門會議中提的想法被忽略，然後其他人又提出和你一模一樣的見解，你會怎麼回應？你會就這樣算了，還是說些什麼？向高階主管做完簡報後，你向桑傑反應，他卻無動於衷，你要怎麼做呢？思考你在這些情境下會有什麼具體言行。**
2. 處理不滿：思考你過去曾感受過的不滿。
   - 你會怎麼回應？你會傾向默默接受、無動於衷、抽離情緒、找機會也讓對方不滿或不悅？
3. 重要關係：你目前在這段重要關係中有感覺到任何不滿嗎？如果有，你沒有提出不滿的原因是什麼？
4. 使用幽默感：你會怎麼使用幽默？你使用幽默感時會發生什麼事？你使用幽默的方式中，有沒有會讓幽默無法發揮作用的？你有善於使用幽默感的朋友嗎？他們是怎麼讓幽默感發揮作用的？

針對上述問題3，如果你的回答，是你對這段重要關係目前懷有不滿，建議你就向對方提出來。

接下來幾週，有意識地觀察自己何時會感到不滿。你會感覺到有些不滿值得釋懷，有些則值得告訴對方嗎？你能辨認出自己做選擇的模式嗎？認出這些模式時，你準備好要採取哪些行動？

你認識的人中，有沒有誰會在你表達不滿時做出負面回應？比方說，他們會不會無動於衷、說你臉皮太薄，或抨擊你？如果這些行為會阻礙你對他們分享自己的不滿，你會怎麼提出這個問題來改善彼此關係呢？

如果你常常發揮幽默，找一些夠了解你的人問問看，你表達的幽默感是否每次都達到效果。你可以問得更具體一點，包括哪次你的幽默感有效，哪次沒效。

你認識的人中，有沒有人的幽默感會讓你不舒服？對方的幽默可能是貶低他人，或他們想藉由幽默迂迴表達某個訊息。這個問題目前不大，但隨著不滿逐漸上升，你對彼此關係就會有不確定感，也無法進一步親近對方。想想有什麼策略可以提出你的不滿，改善雙方關係，並實際執行。

理解

上述討論中，你開始移除關係中的障礙，往更深刻的關係前進。上述溝通進行得如何？你從中對自己有什麼認識，對打造關係這件事又有什麼認識呢？

注意：你的應用實驗一開始未必會有好結果。最重要的是你（和對方）從過程中有所學習，包括你在修補問題中所發展出的技巧。

7 回饋意見是成功最重要的來源

伊蓮娜決定要找桑傑當面談談，說出自己對他的回饋意見。問題在於她該怎麼表達，桑傑才不會用他們走出會議室當時的態度，而是更認真地看待伊蓮娜的擔憂。她不希望桑傑會覺得她攻擊或貶低他，更不希望桑傑認為自己在要求特殊待遇或利用彼此的友情。

伊蓮娜可以**針對具體行為給予回饋**，這樣她就能夠直接表達，但又不會讓對方不快。這項重要能力可以讓你向對方提出難題，同時對方防備心又降至最低。它不僅可用於解決人際問題，在打造深刻關係的過程中，也是重要的個人學習工具。

當你有回饋意見卻不敢提的時候，這項能力尤其重要。我們兩位作者都同意，也都熱切相信，你可以對（幾乎）所有人說（幾乎）任何事，只要你穩穩站在自己的現實圈裡。我們特地將「幾乎」兩字用括號標示，是因為我們做學術研究會盡量避免概括論述，但兩杯酒下肚後，我們還是決定拋棄這兩個字。我們都同意史丹佛同事暨捷藍航空

人際循環：三層現實

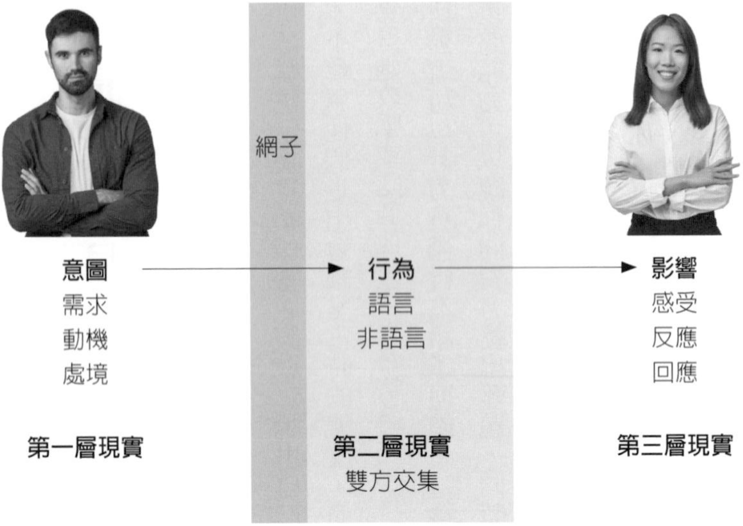

（Jetblue）董事長喬艾爾．彼得森（Joel Peterson）的說法：「回饋意見是成功最重要的來源。」

站穩自己的現實圈，比你想像得還複雜多了，因為當兩人互動時，我們自身的理解，或說體認到的現實，其實分成三個不同層次。當伊蓮娜和桑傑向高階主管簡報完，兩人走出會議室時，伊蓮娜就桑傑沒有公開肯定她對部門報告的貢獻這件事表達不悅。第一層現實是桑傑的意圖，也就是他希望大家都能「用團隊觀點思考」，這層現實只有桑傑自己知道，其中包括他自己的**需求**、**動機**、**情緒與意圖**。第二層現實是桑傑的**行為**，這層現實雙方都看得到，其中有桑傑說的話、語調、手勢、臉部表情等等。第三層現實是桑傑的行為所帶給伊蓮娜的**影響**，伊蓮娜對這層現實相當明瞭，也就是她的反應（情緒及回應）。請注意：關係中雙方在一開始只會知道上述三層現實中的兩層。桑傑不會知道自己行為對伊蓮娜造成什麼影響，伊蓮娜也不會知道桑傑的動機或意圖。

如果伊蓮娜站穩自己的現實圈，她就能用直接、非控訴的方式提出問題，讓雙方真正理解發生了什麼事。她可以指出具體行為，並分享自己對這項行為產生的反應。她不必知道桑傑的意圖是什麼。然而，當她跨越自己的現實圈，針對桑傑的動機發表陳述，那時她的回饋意見就會帶有控訴性質。我們對學生說明以上模型時會提到，請想像在第一層和第二層現實之間——也就是意圖和行為之間——有張網球場的網子。你打網球時不能跑去對方的球場上打，給回饋意見也是一樣道理。**你必須待在自己這一側的球場才行**。

爲何大多數回饋意見都沒效？

通常大家給回饋意見時，不會採用上述的回饋意見模型。他們沒有站穩自己的現實圈，反而越過網子，詮釋對方言行的背後歸因，像是「你就是不想合作」「你就是想主導我們的討論！」「我感覺你只想到自己」，以及「我感覺你根本不在意」。（現在你已經知道我們對「感覺」一詞抱持的立場了吧。但為了避免你忘記，再次提醒，以上陳述中用「感覺」連接的都不是表達感受用詞！）難怪很多回饋意見都會讓對方感到受傷和升起防備心，因為對方聽到這些話會覺得被誤解，甚至更糟的是，他們會感覺被攻擊了。

說來有些諷刺，小孩常常比成人更懂怎麼站穩自己的現實圈。凱蘿的兩個孩子分別五歲和七歲大時，有天她聽到老二對老大說：「尼克，這是你第三次選我們要玩的遊戲了，我不喜歡這樣。下一個遊戲要換我來選，不然我就不玩了。」老二還沒懂事到會歸咎他人的動機（「你就是想要控制」）或給別人貼標籤（「你很鴨霸耶」），而是很具體地指出她不喜歡尼克所做的什麼事情，並直接告訴他。多麼單純啊。後來他們就輪流決定要玩什麼遊戲……然後，再也不吵這個話題了。（哈！）

成人常常落入自以為知道對方動機和意圖的陷阱。但除非對方明確告訴我們，否則**我們只是憑感覺猜測罷了**。對方的動機是位在他們本身的現實圈，不是我們的。此外，個人動機極少會成為問題。還記得這句名言吧：「通往地獄的道路都由善意鋪成」。引發問題的是**行為**。一個人縱使抱有最良善的意圖，也會基於很多原因做出讓另一方很困擾的行為。

當給出回饋意見的人認為自己在描述對方的行為（第二層現實），但其實不是的時候，回饋意見也會走偏。行為是某種你可以指出的事物——用文字、手勢，甚至沉默，全都是行為。有個好用的測試：如果給一群人看一段人際互動的影片，他們會同意在場所有人看到的是相同行為嗎？相對地，「你在主導我們的討論」這句話所陳述的並不是可觀察到的行為，而是根據一連串行為所做出的判斷。對方到底做出哪些言行，讓你得出這種結論呢？他們是打斷別人，用更大音量蓋過別人說話嗎？或是他們貶低其他人的貢獻？或是咄咄逼人，逼他人接受自己的觀點？前述最後三種言行都是行為。

上述方法乍看有點吹毛求疵，但如果關係中的對方傾向否定你給的回饋意見，那麼當你給的回饋愈具體，對方就愈難否定。當你指出對方在哪四次場合打斷別人說話時，他們就沒辦法輕易駁斥你的回饋。當然，你是根據這些行為認為對方會主導談話，但這是「你自己」的結論。

給回饋意見的另一個問題，是你不一定知道別人的行為對自己產生什麼影響。這點之所以重要，是因為你的反應和感受——後者尤其關鍵，都落在你的「專長」區域內，形成你個人的影響力基礎。當桑傑沒有承認伊蓮娜的貢獻，伊蓮娜有何感受？**她是微微感到困擾，還是非常不悅？**她的感受又如何影響她對桑傑的態度呢？她有感覺到自己沒這麼信任對方嗎？最後，前述感受有沒有影響她在工作上提出新想法的意願，並降低她對工作的投入呢？桑傑可能會想知道這些反應，因為攸關他身為主管的效力。如果伊蓮娜能分享這些感受，她的回饋意見就更有力量。

針對具體行為給回饋的力量

針對具體行為給回饋之所以有效，有幾個原因。如果伊蓮娜能站穩自己的現實圈——也就是桑傑外在可觀察到的行為和她本人的反應，那她給的回饋意見就不會有爭議。當她說「剛才簡報時你談到那個決策，卻沒有提到我，我感覺自己沒有得到感謝」，桑傑不能說「不，妳有感覺到」，因為這樣就越過網子，踏入伊蓮娜的球場。但如果伊蓮娜要離開自己的現實圈，用類似「你不承認我的原因，是你覺得把功勞歸給別人一點也不重要，就算對方值得這份功勞你也不在意」這種話來猜測桑傑的意圖，這時桑傑就可以說「不是，這不是真的」，然後雙方就會陷入僵局。

伊蓮娜根據自己的現實圈給回饋，還有另一個優勢：桑傑更可能解釋他為什麼做出那些行為。當他們走出會議室，伊蓮娜表達自己的困擾，桑傑當時解釋道：「我希望我們可以用團隊方式行動」，伊蓮娜就知道桑傑的意圖了。這也是給回饋的人不用費心思去猜對方意圖的原因之一：對方遲早都會告訴你。

當伊蓮娜完整提出自己的問題，而不是直接放棄與桑傑溝通，這樣做其實是給桑傑的禮物。記得，桑傑只知道三層現實中的其中兩層，他並不知道自己行為對伊蓮娜帶來什麼影響——只有伊蓮娜本人知道。桑傑為了成為有力的領導人，需要知道別人是怎麼詮釋自己的言行。就像有句話說：「如果在黑暗中射箭，你就不太可能射中靶心。」伊蓮娜表達自己的不滿，等於提示桑傑，他的行為可能會產生運作不良的後果。他當下對她評論的反應是輕描淡寫帶過，但如果伊蓮娜當時能分享自己所立足的現實圈，桑傑比較可能不會這樣反應。但伊蓮娜當時的做法，就讓她後來很猶豫到底該說得多明白才好。

我們之所以強調**針對具體行為**給回饋很重要，是因為有太多回饋意見都不夠具體，不僅沒效，有時甚至會帶來破壞。如果喬的主管告訴他：「喬，你的態度很差，已經影響到你的績效了。」喬聽了一定會升起防備心，而且滿心困惑。這句話沒有提到究竟是喬的哪個行為有問題，他也無從了解該如何改善。到底喬的什麼態度有問題——是對所有事的態度嗎？他的哪項工作沒達標——是全部都沒達標嗎？難怪大家都不太敢提出回饋，也認為有必要用場面話「讓人卸下心防」。

將回饋意見聚焦在行為上，前述問題就得以避免。「喬，今天開會時我注意到你大部分時間都在講自己領域的事，沒有回應其他人提出的擔憂。如果你希望別人認真看待你的議題，你也要認真看待別人的議題才行。」這樣具體的回饋意見，喬聽了比較不會擔憂是不是自己整個人和做的每件事都被質疑。

很多人不太敢提負面回饋意見，是因為怕說出來有破壞性，並讓對方失去動力。問題其實出在「負面回饋意見」這個詞。我們兩位作者都非常不喜歡這個詞，因為我們相信所有針對行為的回饋都是正面的。即使是針對有問題的行為所提的回饋也是正面的，因為我們可以改變自己的**行為**，而針對這個行為而提的回饋，是我們的成長機會。針對會讓你感謝的具體行為，我們偏好用「肯定式」（affirmative）一詞來形容對這項行為的回饋，而針對你感到困擾的具體行為，我們則偏好用「發展式」（developmental）來形容相應的回饋。

所有回饋都是資料。從這些資訊可看出一些提出回饋意見者的端倪，也可看出一些接收回饋意見者的端倪（通常兩者兼具）。但不管怎樣都是資料，而多些資料總比少一些好。原因很簡單，知道總比不知道好吧。幾年前，有位學生下課後去找凱蘿，說在課堂上覺得凱蘿不尊重他，因為他回答問題時凱蘿邊聽邊看手錶（教室裡沒有時鐘，而且凱蘿要保留一些時間講授其他內容）。儘管凱蘿有充分理由支持自己的行為，但這位學生的回饋還是包含了重要資訊，如果對方不說出具體行為，凱蘿面對學生的擔憂可能會不知所措，或是過度擔心未來其他人會不會也有類似想法。帶著想幫助人的意圖所提的回饋，永遠都是正面的。

就算你提出的是發展式回饋意見，上述指引還是相當重要。如果你告訴我「做得好啊」，我可能當下會感到心頭一陣暖意，但這句話某種程度來說沒有意義。我到底做了什麼，讓你心懷感謝？我做了什麼，讓你受到什麼影響？我從這句話能了解到什麼，好讓我日後做事更得心應手？

往後章節中，我們依然會不時提到針對行為給回饋，因為這個模式能讓關係中的雙方都用更能展現真實自己的方式，去提出和解決問題。

如此一來，關係不只能繼續留在正軌，人際關係也會因此改善和深化。

伊蓮娜和桑傑──情境4

伊蓮娜對桑傑說，想和他「討論有關拉美市場團隊的一些議題」，桑傑欣然同意，請她當天下午到他辦公室一趟。

兩人寒暄後，伊蓮娜說道：「桑傑，我需要和你談談，我們部門現在的狀況讓我覺得愈來愈挫折。有些和其他同事有關，但有些和你有關，這部分我真的很想和你討論看看如何解決。」

桑傑聽了一臉訝異。

「別擔心，」伊蓮娜說道：「不是什麼嚴重的事，但我還是覺得困擾，而且已經影響到我做這份工作的樂趣了。」

「怎麼了？」桑傑擔憂地問道。

「我想你應該都有看到，我真的對這個部門很投入，也很努力在大家討論時提出各種建議。但我很多次發表論點的當下，大家都不說話，然後過五分鐘某個男同事說了一模一樣的意見，大家就立刻有反應了。遇到這種情況，我都覺得自己沒被別人聽見。」

「對，我確實有幾次注意到這個狀況，」桑傑答道：「我覺得很抱歉。」

「你都注意到了卻一句話都不說？這就更令人失望了。」

「呃，但我也不是學校糾察隊啊！」桑傑開始有些防備心。

「桑傑，你是領導人，是大家的模範，如果你不說些什麼，就是讓這一切正常化。但這只是問題之一而已。」

「還有其他的？」

「對。和同事之間的問題，我可以自己處理。但當我提了某項意見，幾分鐘後其他男同事又提了一模一樣的意見，你卻幾乎不表示自己的看法，這讓我更加難受和失望。」

「沒有，我不會這樣啊。」

「我們上次開會時就有兩次這種情況。」伊蓮娜說道，接著說明具體事件和細節。

桑傑想了一下。「好，我懂了。抱歉——我下次會注意的。但妳要知道，我真的很看重妳對部門的貢獻。因為妳提的想法，我們對高階主管的報告才會那麼有分量。」

「對啊，桑傑，我知道你很重視我的付出，我也絕對不會認為你想刻意忽略我的意見。你大概自己也沒注意到——所以我才想提出來。」伊蓮娜停頓了一下，繼續說道：「既然我們已經開始釐清這一切了，我還想說另一件讓我感覺失去動力的事。」

「什麼事？」

「是昨天和高階主管的會議。他們最喜歡的點子是我提的，而且當初我在部門內花了很多力氣去說服大家接受這想法，但你當時完全沒有公開認可我的貢獻。」

「但我說過，團隊行動很重要，我們所有人是一起的。」

「這點我接受，但也認為身為團隊成員，不表示我們要失去自己的主體性，或是不去肯定個別團員做出的貢獻。我這麼投入工作是有很多原因的，如果我的貢獻能被公開肯定，就會更有動力繼續投入。」

桑傑想了一想，說道：「但我不想特別偏好誰，我想要讓團隊每個人都覺得自己受到重視。」

「桑傑，我也想這樣，但我認為還有其他方法可以表現你的重視。這不是零和遊戲。你我的貢獻得到肯定，不代表其他人的貢獻就不能被認可。我認為每個人都想得到重視。你很會管理會議、確保我們都照著計畫走，讓大家聚焦目標，這些都做得很好，但我認為你身為領導人，也需要把一部分焦點放在每個人對團隊所做的貢獻上。拿我來說，針對我額外付出的心力表示感謝，就很足夠了。我沒辦法代表其他人說話，但如果整個部門只有我這樣想，我會很驚訝的，所以才要對你說這些話。」

桑傑安靜了一陣，低聲說道：「我應該懂妳在說什麼——我想我沒有在高階主管面前提到妳的功勞，是害怕別人會因為我們的交情，而認為我在偏袒妳。」

「我懂。」伊蓮娜點頭說道：「我不是要求特別待遇，我要求的只是你清楚點出團隊裡每個人的功勞。當你歸功於我，並不妨礙你給予西瑟、史帝夫或其他人該有的功勞。另外我還想說清楚的是，我給你這些回饋意見的『意圖』，是要點出你的哪些行為對我有負面影響，如果能盡早提出的話，就可以避免變成大問題。正是因為我非常在乎我們這段關係，才覺得有必要和你談談。」

桑傑點點頭表示同意。

這場在桑傑辦公室的面談中，伊蓮娜從一開始就站穩在自己的現實圈內，沒有針對桑傑的動機或意圖提出任何控訴或負面歸因。（當她說「我知道你很重視我的付出」時，確實是越過網子沒錯，但這是一個正面歸因，當我們被推測抱有正面意圖時，很少人聽了會升起防備心。而且伊蓮娜說這句話的目的，是為了區別桑傑的意圖和他行為的結果。）

伊蓮娜說了自己的感受，以及自己發生了什麼事。當她表明「不是什麼嚴重的事」，這句話讓她要提出的問題得以客觀呈現，也承認她感受到的是輕微層級的情緒：**困擾**，而不是**生氣**。接著，她談到桑傑的行為對她投入專案的程度產生了什麼影響，這部分涉及的不只是伊蓮娜本人，也牽涉桑傑可能會關注的事物。她也清楚陳述自己提出問題的意圖，是她真的很在乎彼此的關係，這也是有效回饋意見的重要元素之一。此外，伊蓮娜沒有站在與桑傑對立的角度說話，而是訴諸雙方的共同利益。她說明了桑傑哪些具體行為讓她感到困擾，而且有辦法舉出最近發生的兩個實際例子做為佐證。上述最後一點的重要之處，在於她舉的例子是最近剛發生的事。如果在事情發生後就提出回饋，這樣做的效果會特別好，因為大家對剛發生的事還記憶猶新。如果針對某人數月之前的某個行為提出意見，效力就會降低許多，因為這時大家的記憶不僅變淡，可能還與現實有出入。

由於伊蓮娜談的是桑傑所在乎的事，她可以直接表達自己的想法。很多人都認為自己這時該迂迴表達，尤其是面對權威人士的時候。但伊蓮娜傳達的資訊是關於桑傑該如何改善自己領導力，談這件事並不需要拐彎抹角。

一開始就要說清楚談論的是什麼行為。雖然兩人討論同一個行動時，還是可能得出兩種不同結論。伊蓮娜相信桑傑在會議上沒有追認同事責任（可觀察到的行為），會產生負面影響，削弱桑傑的領導權威。但桑傑可能認為自己這樣做，是在給其他人空間，讓別人可以主動為自己言行負責，而不是依賴他。那接下來怎麼辦？他們兩人都不曉得，桑傑在會議上不出聲會不會影響其他團隊成員，但現在他們知道引發問題是哪個行為，就能一起繼續挖掘這項行為所帶來的全盤影響。

另外，伊蓮娜也沒有對桑傑的意圖做任何推測，反而是桑傑主動分享為什麼自己會做那些行為。由於和桑傑目標一致，她對桑傑而言是盟友，而不是對手，也因此得以讓桑傑了解自己的行為為何會阻礙目標達成。伊蓮娜這次建立了一場雙贏談話。我們在本書許多案例中也一再提到，一個人的目標不是問題，達成目標的方式才會產生問題。因此回饋意見才會是份禮物。

伊蓮娜的陳述（談自己、感受和她的需求）無可反駁，因為都出自她的現實圈。此外，她站穩自己的現實圈，而且不攻擊桑傑，如此打造出的環境讓桑傑比較有辦法談他本人的現實圈——也就是他的需求和擔憂。還有一點要注意的，伊蓮娜先揭露自我，因為這個舉動也讓桑傑揭露了自我。如果她提出控訴性質的問題，桑傑大概就不會敞開心房了。

當心「回饋意見三明治」

很多人給回饋意見的時候，往往會用「回饋意見三明治」的方式表達，以為這樣會讓令人難受的意見變得比較容易入耳。「回饋意見三明治」的意思，是一開始先說正面的事

（讓對方卸下心防），再說負面的事，然後用正面的事結尾，好讓對方感覺好些。「喬，你做得真的很好。但是我們有個問題要談談。不過你真的是一位很寶貴的員工。」

可惜，這個做法幾乎沒用。當你用正面事情開場，對方的防備心也會提高，因為他們在等你說出那個「但是」。這時就算他們聽到好消息也會充耳不聞。

通常你使用回饋意見三明治，是擔心萬一你不放大正面說法，對方聽完會覺得自己被徹底否決。但如此一來就搞錯問題重點了。問題不在於回饋意見很嚴苛或很負面，而是它指涉的行為不夠具體，因此回饋才會沒用。此外，肯定式回饋意見在這裡變成一種手段，也因此被玷污了——它的目的不再是提供學習機會，而是操縱人心。

但是伊蓮娜告訴桑傑，他帶領團隊時有哪些事情做得好，這不也是用了回饋意見三明治嗎？說實在的，我們不這樣認為。當伊蓮娜走進桑傑辦公室時，一開始就先說讓她困擾的事，等到正式進入回饋流程才提到她很感謝桑傑的哪些行為。她試圖做的，是擴展桑傑眼中的領導人責任，讓他將適度肯定每個人獨特貢獻一事也納入考量。

打開潘朵拉之盒

桑傑和伊蓮娜上述對話感覺很有條有理，但現實世界不一定這麼簡單。我們就假設伊蓮娜說完一開始的回饋意見後，桑傑的反應是：「嗯，伊蓮娜，我很高興妳提到這件事，因為我也感到滿困擾的。我希望團隊彼此都相處融洽，但妳有時候很會批判人。」

伊蓮娜第一個想法可能是：「**我何必提這些呢？不要生事比較好吧！**」但不提真的會比較好嗎？很多人怕提出回饋意見，是擔心對方聽完反而會找自己麻煩。然而，如果真的做了讓某人感到不悅的事，你知道真相不是會好過一些嗎？你知道的話，至少有了選擇。什麼都不知道的話，你就會被蒙在鼓裡。我們認為如果桑傑知道伊蓮娜的不滿，他會好過一些，而伊蓮娜如果知道自己做了什麼事使桑傑不滿，她也會好過一些。此刻究竟會成為機會還是麻煩，就看伊蓮娜如何回應了。

伊蓮娜可能還會意識到自己升起防備心，因為她不認為自己很愛批判人。注意，桑傑這時越過網子了：他不是描述伊蓮娜的行為，而是給她貼標籤。這時伊蓮娜處於重要的抉擇點上。她可以開始吵架（「不，我沒有！」），或試著控制自己的防備心，採用我們先前說的回饋意見模式，更全面地理解桑傑在抱怨什麼。做法可能如下：

「哇，桑傑，我不是要幫自己辯護，但我真的不認為自己很愛批判人。但我一定是做了什麼，才讓你有這個印象。我做了什麼呢？」

「嗯，其他男同事的思考是不夠宏觀，但妳那時對他們說話的口氣很重。」

「好，我大概知道你為什麼會有這印象了，但其實那件事背後還有幾個問題。你說過你想要我們每個人都要求對方當責。你是真心想要我們這樣做嗎？如果是的話，有沒有其他方法可以讓我要求對方當責，但又不會感覺太批判人？」

這時雙方就有可能進入一段豐富的討論了。桑傑可以承認，他確實希望大家可以在彼此偏離原本軌道時互相提醒，但除了伊蓮娜當時的做法，他其實也想不到其他可行方法。如果桑傑真的能提出其他更有效的方法讓伊蓮娜表達原本觀點，這就是雙贏局面了。她可以增加自己的效力，桑傑也不會這麼困擾。兩方都有收穫。

伊蓮娜現在還有一個選擇。既然她想表達的已經表達完了，大可以結束對話。然而，她認為這是個深化彼此互動和重申自己意圖的機會，所以她問道：「我不知道這樣說對不對，但在我看來，當其他人在會議上只顧及自己領域時，你好像不太敢直接和他們對抗。我不知道你對衝突的感受如何，也知道自己這樣問有點冒險，但是我的本意真的是想要幫助你。」

「對我來說確實是個問題。」桑傑承認道：「事情很平靜，大家和彼此相處融洽時，我會覺得舒服很多。」

「桑傑，這我就不懂了。我們之前在會議上也有好幾次非常激烈的辯論，但你那時感覺很自在，還是我誤會了？」

「沒有，妳的感覺是對的。但我們現在講的是兩碼子事。我不想要大家互相攻擊。」

「我也不想。」伊蓮娜說道：「我點出他們問題的時候，沒有說他們是白癡，也沒有說他們能力不足。我是針對他們的行為表示意見。如果可以在工作上有不同意見，難道我們不能對他人行為也有不同意見嗎？還有，桑傑，目前在這場討論中，你會覺得被我攻擊到嗎？會這樣問，是因為其實我真的有點緊張，不曉得你會怎麼看待我說的話。還是我應該什麼都不說，或是說得迂迴一點？」

「沒有，沒有。」桑傑向她保證：「當然，聽了不是很舒服，但我沒有感覺被攻擊，也很感謝妳這麼直接。我這樣要求大家，結果沒做到的反而是我本人，妳當時這樣做其實滿好的，讓部門所有人知道要怎麼使彼此當責。」

「嗯，也希望大家認為我是很直接的人。如果我說的話你都可以接受，那也希望你對我說話很直接，只要你認為我太批判人或太嚴苛，就直接點出無妨。很高興我們能這樣對話，不只化解我的誤會，也感覺得出我們友情真的很穩固，感覺比先前又更好了。」

「對啊，我也是。」

上述情境中，伊蓮娜展現出幾項重要能力，讓她得以處理原本可能挑戰重重的場面：

- 她控制住自己一開始的防備心。伊蓮娜並不是沒感覺到防備心，而是她沒有被這個反應主宰；她有能力承認防備心的存在，但不糾結於此，繼續往前進。
- 伊蓮娜用了回饋意見模型。她（a）描述自己的現實圈（「我不這樣看我自己」），而不是幫自己解釋或辯駁；（b）承認桑傑的反應是他個人的反應；以及（c）請桑傑說明是她的哪個行為使他產生這種印象。

伊蓮娜說出「我不知道你對衝突的感受如何」時，是有可能越過了網子。她講的難道不是桑傑現實圈裡的事情嗎？其實不是，因為伊蓮娜說這是她本身的感覺，不是在陳述事實，而且鼓勵對方一起探索她的感覺是否為真。另外，比伊蓮娜說的話更重要的，是她的態度。如果真心相信自己不知道全貌，她的語調和肢體語言就會傳達出這樣的訊息。同一句話如果用不同語調呈現，可能就變成誘導式問話，暗示她已經知道答案。這樣的話就真的越過網子了。這點很細微，但真的很重要，此時用字正確是其次，真正重要的是抱持以下這個基本信念：你並不知道對方發生什麼事。伊蓮娜的做法是個很好的示範，體現如何有建設性地使用自己的感覺。她當時不太確定自己的感覺對不對，但她決定猜測看看。對桑傑發生什麼事保持好奇心，讓她不致跨越那道網。

桑傑也展現出許多能力。當他分享更多自己現實圈內的事情（害怕抱持不同意見或要求別人當責，會演變成人身攻擊），伊蓮娜也更加了解對他來說重要的是什麼。桑傑也認真傾聽伊蓮娜說話。他聽了伊蓮娜的回饋意見，也認同對彼此坦率直言的價值。此舉無疑讓伊蓮娜更加覺得自己的聲音被聽見了，也感覺自己的回饋意見更被看重了。最後，兩人在這過程中更加理解對方，也加深了他們日後其他討論的深度。結果並不糟嘛！

嘿，你越過網子了

當別人的回饋意見將行為歸因到你的內在現實，像桑傑指控伊蓮娜很會批判人，這時很難不會心生防備。第一個反應往往是反駁：「不，我並沒有。」第二個傾向則是反擊：「我會這樣是因為你先做了×××。」

當我們覺得被攻擊、誤解或貶低時，這是很正常的反應。可是一旦心生防備，情勢就會更加緊張，讓彼此無法從中學習。接受你此刻心生防備的感受，但不要順著感覺行動。改用回饋意見模型，將對方推回他們那一側的球場。伊蓮娜說以下的話時就是這樣做：

「哇，桑傑，我不是要幫自己辯護，但我真的不認為自己很愛批判人（現實1）。但我一定是做了什麼（現實2），才讓你有這個印象（現實3）。我做了什麼事呢？」

她上述的話，將原本的指控轉變為相互學習的體驗。儘管概念很簡單，實踐起來不一定簡單。史丹佛商學院中數一數二有趣且卓越的事情，就是隨著人際動力學修課學生增加，大家平日對話中也愈來愈常使用我們的球網模型。學生畢業數十年來，仍持續在生活中應用球網模型，這點給我們相當大的鼓舞。「越過網子」成為一個定義文化的詞彙。

其中一個絕佳應用例子來自一位年輕女性，她從某位年長的朋友那邊學到球網模型的概念。當時對她非常不滿的高中網球教練說：「妳的問題就是不夠投入。」她很冷靜地回答道：「你可以說明這是什麼意思嗎？我從來沒有缺席過任何練習和比賽，而且不管你要求我站在哪個位子打，我都非常開心地上場。對我來說這就是投入。但顯然我一定是做了什麼，才讓你認為我不夠投入，是什麼事？」

教練聽了，微微提高聲音說道：「妳練習時沒有穿制服！」她回答道：「喔……好，很高興我有問，不然永遠也不會知道你對投入的定義。如果說我儀容不佳和健忘，我一定會第一個表示同意。現在我懂了。明天我來練習……會穿制服。」當了解到教練不滿的源頭後，他們之間的關係出現重大轉變，她也有能力回應了。記住，有時候回饋意見被包裝得很醜——但不代表裡面沒有禮物。

由於你本身只會知道三層現實中的兩層，如果想要讓自己溝通更有效力，收到他人的回饋意見是必要步驟。你需要知道第三層現實才行——也就是你的行為所帶來的影響。我們常說：「了解一個人需要兩個人才行。」聽了伊蓮娜的回饋意見後，桑傑現在更了解自己身為領導人那一面。不過，對伊蓮娜效果不佳的行為，也許對團隊其他成員有效，因為我們的行為帶給別人的影響各有不同。

舉例來說，大衛有個習慣，他會在其他人講話時插嘴。他對凱蘿就會這樣做，但凱蘿也會在他說話時插嘴，我們對此都很習慣，還覺得這樣討論很有勁。但某天大衛在和另一位同事唐諾說話時，他發現唐諾皺了眉頭。「怎麼了？」大衛問道。

「你在我說話時插嘴。」唐諾回道。

大衛很困惑。「所以呢？」

「這很不體貼。」唐諾回答道。

大衛插嘴的習慣是好還是不好？這其實是個無用的問題。對凱蘿而言，插嘴這習慣很有用，因為她認為這個舉動代表投入當下對話，但對唐諾來說，這個習慣就不太好了，因為他認為這很不尊重人。經過這次事件，大衛對於「不同人需要不同的互動方式」這件事更警覺了。唐諾的回饋意見讓大衛知道要改善這個問題。在接下來的對話中，大衛告訴唐諾插嘴並不是刻意不尊重，現在他知道自己行為對唐諾有什麼影響了。大衛也說，他會盡量不要再插嘴，但希望能提前請求唐諾一些原諒，以免他之後又忘記這回事。有了這段對話當基礎，他們就能建立起正向的工作關係。

最後要考慮的一點，是回饋意見所透露出的端倪是包括給予者的，也包括接收者的。當某人給的回饋意見是關於對方的動機或意圖——「問題就是你每次吵架都想贏」——這句話其實暗示說話的人認為問題全都是對方造成的。然而，當給予回饋的人站穩自己的現實圈，留在自己這一側的球場——「我的體驗是，你經常幫我們的對話下結論，這樣會讓我感覺很洩氣」——這句話透露出的，是問題可能涉及雙方。

在人際動力學中，我們一再強調**回饋意見會開啟對話，而非終結對話**。一旦你分享了自己的感受，工作就開始了。你需要拆解所有問題，並自問目前狀況有多少是和你相關。想想看：當伊蓮娜直接反駁團隊成員時，桑傑很不悅——但有部分原因來自他自己不善於面對衝突。當你承擔自己在雙方意見不合中應負的責任，通常對方也會更容易去承擔他們本身的責任。你們就可以開始尋找能滿足彼此需求的解方。

要防止不滿演變成怨懟，建立一段讓雙方都能自在地給予和請求回饋意見的關係非常重要，而且這樣做也能幫助彼此用嶄新、更有效的方式發展自我。當大家真心在乎對方，而且給予回饋的意圖正是要表達自己的在乎，這時回饋意見就是一份禮物。我們和學生分享這個概念時，經常引用我們改編Hallmark賀卡上的一句話：「我太在乎你，所以才敢說出最糟的話。」即使對方在收到當下很吃驚，但如果你是真誠在乎對方，是為了讓關係更好才這樣做，回饋意見一向都是值得感謝的禮物。

深化學習

自我省思

1. 想像你身處伊蓮娜的情境。**回想事件發生的前後。你和桑傑關係很好，但他依然是你的上司。做出伊蓮娜前述言行，對你來說有多容易呢？你會和她一樣堅持嗎？她的言行有哪些對你來說容易做到，哪些反而更難？你會怎麼提出這些問題呢？**

2. 以下是你給別人回饋意見時可能遇到的困境（其中有些和我們讓出自己影響力的方式重疊），哪些可能適用於你？

- 沒有留在自己這一側的球場；將對方行為歸因於他們的動機和意圖。

- 不承認自己的感受（尤其是受傷、拒絕和難過等脆弱情緒）。
- 給回饋意見時沒有表達自己的意圖。
- 回饋意見太模糊，比方說，表達迂迴、沒有指出是哪個具體行為，或美化對方行為所帶來的影響，導致對方沒有聽出你的真意。
- 給回饋意見時只透露一部分或說得輕描淡寫，因為希望讓別人對自己留下好印象，或想要被對方尊敬。需要被對方喜歡，做別人眼中的「好人」，想取悅別人。
- 擔心自己說錯或對方否認自己說的。內心會這樣想：「**這是我自己的問題，如果我把問題丟到別人身上很自私。**」
- 擔心雙方關係會受傷害或永遠瓦解；認為要避免紛爭才能維持和諧關係。
- 害怕衝突。不確定自己有沒有管理衝突的技巧。
- 對於質疑或對抗他人感到不舒服——尤其是面對權威人物的時候。
- 擔憂對方聽完會報復你，或是也給你回饋意見。

3. 對你而言，即使別人給的回饋意見是針對你的具體行為，但收下這些意見對你有多難呢？你會……

- 升起防備心，否認這個實情、找理由、將自己行為正當化？
- 不直接回應，反而說對方才是問題成因，或指出對方犯的錯誤做為報復？

- 情緒不悅到無法接受對方意見，導致對方退縮或覺得向你提出問題一事很愧疚？
- 抽離自己的情緒，或拉開你和對方的距離？
- 敷衍對方說會接受對方的回饋意見，其實並不會照做？

應用

就你先前選出的重要人士中，有沒有讓你感到難以提出回饋意見，也難以接受對方回饋意見的人？如果沒有，從其他人際關係中找一位你認為很難互相給予回饋意見的人。在你和對方談話之前，先自我診斷一下。想看看：到底是出了什麼問題？

你會怎麼給對方回饋意見，讓對方理解這個討論其實符合彼此最佳利益？

對方做了什麼行為，它對你有什麼影響？

由於你不知道對方的現實圈（也就是他們到底發生什麼事，他們如何看待目前情況，以及／或是為什麼他們要做這些行為），你打算怎麼做來了解對方的現實圈呢？

現在你已經做完自我診斷了，去和對方見面吧，改善你們雙方給予與接收回饋意見的能力。

理解

你從上述與對方的討論中，學到哪些關於給予和接受回饋意見的事呢？你對自己增加了什麼認識？就你給予和聽取他人回饋時會遇到的困境，你對這些困境有沒有更多認識？根據你在討論中所學習到的事物，往後你想要怎麼做呢？

我們數次提出主張，如果雙方能成功處理艱難問題，關係會變得更堅實。當你在前述對話中應用本章所學，你認同我們所說的嗎？如果實際情況和我們主張的不符，你從中又學到了什麼？

8 有效應用回饋意見遇到的挑戰

回應別人給予的回饋意見時，如果大家都能像桑傑一樣就好了。確實有些人可以順利化解困境，但人生不一定總是這樣容易。當雙方都升起防備心、否定彼此說的話、堅持自己立場，甚至採取報復，爭執就會愈演愈烈。就算問題最後解決了，但找出解法的過程仍然相當困難而痛苦。

這大概是為什麼大家常常不走回饋意見模型的寬敞大道，反而選擇拐彎閃避，或是直接將情勢升高到衝突。人不會承認自己生出強烈情緒，而是忽略它們，並走回邏輯論述的老路。即使是最了解情況、立意最良好的人，也可能會忘記待在自己的現實圈內，用控訴言詞重擊對方。

儘管你可能會感覺不太舒服，我們還是鼓勵你反思看看，是什麼正阻礙你有效使用回饋意見。當然，由於人際關係是由雙方共同決定而成，責任並不全在你，但我們希望你先聚焦思考自己這部分。這樣做並非把你當壞人看，而是要強調一件事：不管怎樣，你能掌控的只有自己的行動和反應。

首先，我們有個免責聲明：回饋意見模型並不是萬能魔杖。

不論回饋意見給得多麼巧妙，絕少有問題是可以光靠一則回饋意見就解決的。假設你的某位家族成員很愛批判事情，這點讓你很不悅。光是告訴對方你不高興，不太可能解決問題。你們之間的問題應該比表面上的還多，包括過去造成和目前發生的事，在對方行為和你的反應之間交錯出現。多數人際問題都很複雜，層層交織。記住，你知道的只有**自己的**感受和需求，只看得到整件事的一部分。給回饋意見能夠開啟雙方對話，但這只是開頭而已。

阻礙情緒

回饋意見所開啟的對話如果不順利，我們就會認定說出回饋意見很危險，一開始就不該提出來。但其實我們沒有發現，我們提起的並不是真正的問題，我們沒有提起的那個才是。而我們沒說出口的那個，往往就是情緒。情緒在回饋意見模型中至關重要，因此我們不僅有必要辨識出自己的情緒，還需要向對方表達我們的情緒，而不是用以下任何一種方式正當化我們的沉默。

「我不該感覺×××情緒」

有沒有什麼感受，是你認為不論身處哪種情況，都不該出現的？「我不應該羨慕或嫉妒的。」「對別人生氣很不好。」「我真的沒有受傷。」……這些想法有些可能來自過去父母的教育，或是你的價值觀，或你想要呈現的形象。或者你擔心如果允許自己感受到這些情緒，可能會被吞噬，或隨著情緒行動。

再次提醒，你的感受程度和採取什麼行動，兩者存在重大差異。無論你想不想要，感受都會出現，對此你幾乎沒什麼選擇。但你對後者的選擇就多了。如果朋友雪倫一直告訴你該怎麼做事，讓你感覺很不高興，你不悅的對象就是雪倫。體認到這件事，你接下來就有選擇了。你可以反思**為什麼**會感覺不高興，光是由此產生的洞見，可能就足以消除大半的氣惱了。或是你可以告訴雪倫你感覺很不高興——光是說出這件事，不悅可能也會降低。或是你實在太不爽了，下一次當她又開始指導怎麼做事時，你會需要全數陳述自己有多生氣（但不是攻擊雪倫）。

感受從來都不會是「錯的」。有可能出錯的，是你表達的方式，以及你歸結的情緒起因。

「我沒辦法在這整個局勢中正當化自己的感受」

假設你和某位同事一起做專案，今天這位同事特別死板，很難聽進你的意見。你想著：「**我該讓一讓他的。我知道他今天被他的老闆削了一頓。**」但你還是覺得很不高興——而且現在開始對自己感到煩躁了，因為你沒辦法放下對同事感到很不高興這件事。

不論你是否理解對方行為背後的原因，或有合乎邏輯的解釋，雖然這些事情和感受的強度有關，但和你的感受正當性無關。你可以選擇帶著不滿繼續工作，或能告訴對方：「我知道你和老闆今天有些摩擦，但我現在對於你回應討論的方式感到很煩躁。我們現在可以怎麼做呢？」提出回饋意見通常只是對話的開端，就是這意思。

「我確定這個感受會消失的」

有些感受會消失，但有些則會留存許久。即使你選擇不要提起你不高興這件事，而且當下升起的種種感受過了一小時也真的消散了，這不代表所有感受都完全消失無蹤。它們可能只是「暫存」在其他某處，下次當雪倫又要給你建議時，這些感受會帶著更強大的力道反撲。以前有則修車廣告說道：「現在付我錢，不然就等往後付我錢。」而往後才付錢的話，修理費金額更高。為了防止問題惡化，你難道不會想現在就回應雪倫嗎？

「我的感受彼此矛盾」，或 -5 加 +5 等於零

這樣計算情緒就錯了喔！我們常常會對某個情況產生好幾種不同感受，而且感受可能彼此衝突。（記住，這也是阻礙我們分享自己感受的原因之一，我們在第3章談過。）你一方面對同事聽不進別人意見的態度感到很**煩躁**，另一方面你也很**感謝**他在壓力很大的狀態下仍然願意和你繼續做這個專案。說服自己抵銷正反兩面情緒，反而會壓抑這兩種感受，導致你完全不說出自己感受，或給了淡化版的回饋意見。

這兩種感受都是真的，所以計算情緒時，+5 加 -5 並不等於零；它們還是獨立的 +5 和 -5。與其憋著不說出感受，你要做的是兩種感受全說出口。這樣做，別人可以更理解你——因為情緒本身和情緒的強度，都是理解你這個人的重要資訊。你可能要完整表達這兩種情緒，它們才會散去。

「我氣炸了，不確定自己這時會說出什麼話」

當別人的行為讓你怒火中燒，你會怎樣呢？你實在太過生氣，就算對他們有什麼顧慮，這時也全拋到腦後了。你想著：**「我好不開心，鬼才在意他們為什麼要這樣做，我現在就是控制不住自己說什麼。」**你可不可以只告訴對方最後一句，並請對方給你二十分鐘冷靜一下，雙方再開始說話呢？這樣對方也知道你怎麼了。也許你光是說這句話，就能夠澆熄大半怒火了。但如果無法息怒，二十分鐘也足夠你冷靜下來。你想要管理自己的情緒——而不是讓情緒立刻蒸發或進一步惡化。這種情緒規範和適當的情緒表達，都是情緒智商的重要元素。丹尼爾・高曼說過，情緒智商始於自我覺察，以及在情緒升起時，擁有辨識出情緒存在的能力。過了這關，才是我們管理（不是壓抑！）情緒的能力。

憤怒是其中一種特別難管理的情緒。大多數人並不曉得，憤怒其實是第二層次的情緒。當人覺得表明受傷、抵制或羨慕等特定情緒太過露骨而不想表達，通常就會轉而表露憤怒。這種狀況在男性身上特別常見，因為在社會規範下他們不能表達自己的脆弱。從更根本、脆弱的感受轉換到憤怒的過程是如此不自覺，所以心懷不悅的當事人就不會察覺到這些深層感受。可是一旦表達出憤怒，雙方的關係可能就陷入僵硬、互相防備的局面。

我們的意思不是指表達自己的憤怒絕對不妥。我們甚至認為，允許自己去感受憤怒至關重要。如果你可以抗拒責怪和控訴他人的衝動，轉而探索自己的憤怒底下還有什麼感受，那麼辨識出自己的憤怒就是非常有用的做法。是你的情緒就是你的，如果你覺得很生氣，那你的感覺就是很生氣。你出於憤怒所做的言行，才可能是引發問題的源頭。

編故事

對於別人行為的背後原因，我們注意到自己往往會編故事。身而為人，我們對於理解自身經驗有著強烈需求。但談到回饋意見，最擾人的問題莫過於編故事這件事，特別是我們沒意識到自己正在心中編故事的時候。

當你從一開始的猜測轉為強烈直覺，再演變成確信，你創造出的故事便讓好奇心無處容身。當你編造的故事屬於「越過網子」的經典類型（「他就是想幫每件事下結論」），或是刻意挑出合乎負面敘事的資料（「他不尊重我；和我說話時，他老是盯著手機」），你編的故事就符合上述情況。這時即使你問對方問題，提問的內容很可能也是假問題，比方說，「……這不就是你老是想幫所有事下結論的原因嗎？」，這樣是無法鼓勵雙方用開放的態度討論事情。

人一旦編起故事，便很容易進一步歸因。「他就是想幫每件事下結論」很快變成「他就是很沒安全感」。「她只喜歡講自己的事」變成「她很自我中心」。歸因一旦開始（如前所述，我們會挑出能支持自己論述的資訊），我們常常進一步給對方貼標籤。「自我中心」變成「自戀」。歸因和貼標籤都會過度簡化事物，而且將事情化約到危險的程度。

這個幾乎不自覺的傾向，該拿它怎麼辦呢？你有幾個選項。一個是省思，想想你的朋友蘇西一直談論自己的傾向，以及她最近達成的成就，到底什麼地方讓你如此困擾。會不會是你認為她做了你很難做到的事，因此感到羨慕？還是你一直在等她開口問你最近過得如何？檢視你自己的思考流程時，從這裡開始很重要（也是提醒讀者，如果要增進人際能力，保持覺察是很重要的一環）。

另一個選項是利用我們說故事的傾向，發展出另一套關於對方的正面詮釋。比方說，如果對「蘇西為什麼一直講自己的事」所編造的故事包含負面動機，你可以再想一個故事，講述蘇西之所以如此的原因是出於正面動機，那就是她其實很努力要打造一段讓雙方都能自由分享與慶祝彼此成就的關係。創造另一個版本的故事，也許能在敘事中帶入足夠的不確定性，驅使你找回好奇心。

第三個選項就是直接講明你當下正在編故事。「蘇西，我發現妳常常會一直講自己做了什麼事情，進行得又多順利。這讓我滿困擾的，這樣說很抱歉，但我會忍不住開始在心裡編故事，認為妳把自己說得很好是出於缺乏安全感，但是我並不想這樣看待妳。這是我自己編的故事，對妳很不公平。妳告訴我這些成就的意圖究竟是什麼呢？」這時你承認故事是自己編的，並非無可反駁的事實。但你要先接受自己編的故事可能有誤，這個做法才有效。

解決問題階段

我們假設你已經落入先前介紹的任一種陷阱，但真的想解決這個惱人、複雜又多層次的問題。你之前已經和對方略微提到問題，但沒什麼效果，對方令人困擾的行為還是持續上演。現在問題開始和其他議題糾纏在一塊，你擔心之後會演變成重大衝突，所以決定要勇敢面對，要徹底處理問題。但要怎麼做才能避免你們的對話失控呢？

解決複雜議題一共分成四個重要階段。首先，**讓對方認真看待問題**。其次，**對方需要有意願完整分享自己發生了什麼事**。最後，你們需要決定這段關係是否需要修補，因為雙方討論問題時處於爭論狀態，很容易彼此都感到受傷，關係連帶受害。

遵循回饋意見模式，對每個階段都有助益，而在任一階段中違背模式，都可能造成破壞。不過值得慶幸的是，我們不用講求完美；就算一時脫軌，如果你能把自己抓回來，就不會變成災難。記得，**唯一能稱為錯誤的，就是拒絕從自己的錯誤中學習**。

第一階段：讓對方認真看待你的回饋意見

當對方知道你提出回饋的意圖與他們的利益一致，通常就會考量你的意見。有幾種方法可以做到這點，而且在過程中都不會把雙方排除在外。

- **「你的行為對我造成這些影響。」**當對方在乎你時，這個基礎做法就有效。比方說，「我覺得很困擾，因為這次開會時有三次我還在說話時，你就把話題岔開。」然而，如果對方不太在乎你的福祉，這個方法就沒什麼效用。他們可能敷衍帶過，更糟的是，回應你：「喔，這應該是你自己的問題！」
- **「你的行為無法達成你的目標。」**這句話的前提是對方曾說過他們的目標是什麼：「漢斯，你說過希望其他人能有話直說，但你不讓賽門繼續說下去，讓我不知道能不能說出自己的不同意見，而且其他人可能也會因此不敢說真話。」如果對方提的目標夠明顯易懂也可以：「當我感覺不到你會認真看待我的想法，我就比較不會對你保持開放，你對我的影響力也會降低。」即使你們關係不深，當你點出對方的行為無法達到他們的目標，你也可以獲得他們的注意。

- **「你的目標也許達成了，但你正在付出不必要的代價。」**當對方的行為使你困擾，可以問問你自己：「他們會不會也在付出某種代價？」「莉雅，我也想要讓會議有效率地進行，但如果我們很趕，提出的想法就沒那麼好了。」這時你不僅在幫助莉雅達成首要目標，你點出這些不良後果，也能吸引她的注意。
- **「我是不是做了什麼，才造成你現在這個行為？」**大多數人際議題都來自「人際」成因。承認你自己有一部分責任，可以讓對方比較容易接受自己的責任。「凱爾，我直接開始給解法的傾向，是不是讓你主動做事的意願降低了？」

注意：以上四種變化版回饋意見模型，都可以適用到第12章梅笛和她先生的所有關係情境。

第二階段：分享「所有」問題

假設你們雙方都有意願解決問題，也準備好進入對話了。現在的任務是探索種種問題。之所以用「種種問題」這個複數型態，是因為通常第一個提出的問題不是雙方唯一的問題，可能也不是最重大的爭議所在。前一章中，伊蓮娜一開始只分享一個問題：她在部門會議中的意見沒有被別人肯定，對此感到挫敗。隨著伊蓮娜和桑傑討論更加深入，原本的問題也擴大，包括桑傑在部門會議中也參與上述使伊蓮娜感覺挫敗的行為，而且對高階主管做簡報時沒有將伊蓮娜該有的功勞歸給她。

主動提出回饋的人所面臨的議題可能有好幾個，而且提出問題這項舉動，可能會促使對方也提出他們的擔憂。桑傑聽完伊蓮娜一開始的回饋就是這個反應：「嗯，伊蓮娜，我很高興妳提到這件事，因為我也感到滿困擾的。我希望團隊彼此都相處融洽，但妳有時候很會批判人。」伊蓮娜起先以為很簡單的，後來變得更加複雜。

伊蓮娜和桑傑上述對話很有可能失控。因為現在浮現的問題更多了，桑傑的控訴可能也會讓伊蓮娜升起防備，導致她反擊桑傑：「嗯，我那些話是不得不說，那本來是你的工作，但你沒做到。」桑傑聽了可能也升起防備，反駁伊蓮娜的控訴，然後雙方就陷入互相指責的局面。此時雙方對彼此的好奇心都消失了，目標變成要贏過對方，完全忘記針對具體行為給回饋意見這回事。

當問題很複雜又彼此糾纏，情況可能會感覺一團亂。想像眼前有片沼澤，你需要跨過它才能踏上對岸高地。首先，你小心翼翼尋找石頭落腳，避免泥巴弄髒鞋子。但走到一半時，眼前就沒有石頭可踩了，現在你面臨的選項是：「我要繼續走下去，還是該回頭？」回頭的話，你們的討論也就結束了，其中一方憤怒地離開現場，或是雙方陷入運作不良狀態，對彼此說：「我們就同意雙方不贊同彼此吧。」如果是在談政治或很大的意識形態歧異，這個回應可能還算能接受，但若是在打造穩固人際關係的情境，就不能這樣做。

說來弔詭，但雙方各自陷入防備狀態時，對話**還是**有可能繼續下去。雖然當下感覺一團糟，但你其實可以讓持續上升的情勢打住，這樣就能拆解開糾纏一團的種種問題。如果還是沒用，你可以暫時擱置爭論內容，問對方：「現在是怎麼了——為什麼我們卡住了？」這可以讓你們檢視彼此當初是怎麼踏進泥淖的，以及你們可以做什麼，往對面的高地前進。當然，如果在檢視過程中又陷入相互指責，這方法就沒效了。雙方該做的，是回頭檢視究竟是先前哪個具體行為讓對話脫軌，再分享對話脫軌時自己萌生的感受是什麼。這時也很適合再次告訴對方，你提出回饋意見的意圖是想幫助對方，並讓這段關係變得更好。接著，你們就可以回頭繼續解決議題了。

第三階段：解決

有一點很重要：了解到讓你們雙方滿意的結果其實有很多種，而不是執著在尋找「一個答案」。首先，你想要確保雙方的討論**用了彼此都滿意的方式解決原先的問題**。這類問題通常都不只一種解方。討論過程中需要抗拒的誘惑，是為了盡快結束當下艱難的對話，只要想到一個能解決問題的方式就立刻決定採用。雙方該做的，是繼續探索可能選項，直到你們發現一個能滿足雙方需求的解法。這可能需要時間，而且可能要進行好幾場對話才能達成。

其次，你希望這場討論**能改善你們解決問題的能力**。所謂能力，可能是理解你們為何一開始會遇到這個問題，但還包括檢視雙方的解決過程是如何進行的。有沒有哪些地方讓你們卡住，或解決過程的痛苦超越必要程度？你們當下的討論目標，應該是增加彼此在未來提出艱難議題的意願，而不是減少意願。

第三和第四個目標，則著重在關係本身的面向。由於你們在討論過程中分享了與問題相關的自我層面，你們**是否因此更理解彼此了？**伊蓮娜和桑傑的對話也再次達成了這一點，當伊蓮娜說到自己的互動風格時，桑傑也承認他不善面對衝突。最後，**你們的關係是否因為這次努力而改善了？**在桑傑和伊蓮娜的案例中，他們最後達成協議，未來也要盡可能對彼此有話直說。

第四階段：修補

假設你已經達成上述三階段的目標了，做得非常好。現在接招了：你可能要做點什麼來修補這段關係。這個過程可能不太容易，你們說過的話可能會讓對方受傷或後悔。這段關係對兩人的重要性是否隨著過程降低了？你們任何一方或雙方會感到不受重視嗎？

「我很抱歉」這句話通常是修補關係的重要元素，但很多人就是說不出口。有些人認為說這個「很丟臉」，有些人則擔心被不當詮釋。舉例來說，「我很抱歉」這句話可以看成你對所有傷害負起全責，即使原本只是要表達你對雙方目前所處的情境中感到抱歉。然而「我很抱歉」這句話有著強大威力。它遞出了橄欖枝給對方，可以阻止原本更緊繃的敵意對話，可以幫助人們在爭執後重新彼此連結，也可以做為一種揭露自我的方式，讓你展現脆弱和增加互惠回應的機會。好的道歉要能夠傳達出你真心感到抱歉（而不是「我很抱歉讓你有這種感覺」，這聽起來只是徒具形式的回答）。要做到這點，你必須真的發自內心感到抱歉，畢竟大多數人一聽就知道你是不是真心的。

除了道歉以外，肯定對方和這段關係也相當重要：「儘管我們現在遇到一些困難，我還是想讓你知道，我真的非常看重你，還有我們之間的關係。」真誠表達同理心，也是修補的重要一環：「我知道這場對話對你而言有多艱難，真的很謝謝你願意堅持留下來。」

最後，對話後隔天再聊一次看看，確認上述四個階段中有哪些需要重新檢視。經過這段時間沉澱，問題和解法感覺起來和你想的一樣完整嗎？有沒有其他懸而未解的問題，因為雙方前一天急著找出原本問題的解法，而在過程中被匆匆地刻意隱瞞？如果沒有，「找對方再聊一次」也釋放了在乎對方及這段關係的訊號，這個動作本身就是一種修補形式。

處理防備心

回饋意見模型的絕佳好處之一，就是能夠將雙方的防備心降到最低。如果對方給回饋時一直都待在自己那一側的網子，他們所分享的回饋就是針對你的**行為**，而不是批判你的性格。當然，你多少還是可能升起防備心，但會知道對方這樣說並不是否定你整個人。

說到這邊，就要談「升起防備心」和需要「為自己辯護」兩者的差異。如果有人控訴你，但你認為控訴內容不精確，去糾正對方算是升起防備心的行為嗎？如果有人誤解你，自己更精確地解釋來龍去脈，算是升起防備心嗎？如果你被攻擊了，幫自己辯護難道不適當嗎？

問題可能不是升起防備心，而是這樣做的副作用。當你升起防備心，這種心態會阻礙你聆聽回饋意見的能力，而就算你聽了，你可能會急著幫自己解釋，或太快駁斥對方的回饋。當你認為對方的回饋意見誇大不實，這時防備心會讓你無法深入探索，說不定對方說的某些面向是有效的。當你將回饋意見斥為完全錯誤，你的防備心就會阻擋你產生想探索對方為何萌生這種感覺的想法。所以，你要怎麼既接受自己的防備心，又不受這些後果所限制呢？

將防備心想像成一個連續體。在連續體的一端，你的情緒高漲到再也無法聽進對方說什麼（我們或多或少經歷過，不是嗎？）。在情緒沸騰的當下，最好的做法就是暫時不要說出自己的回饋意見。「抱歉，但我太不開心了。我沒辦法繼續聽下去。我需要點時間消化你說的話，然後我們再回來討論。」

但往往當你升起防備心時，情緒其實沒那麼極端。你還是聽得進去對方說的話，也有辦法應對。這時就承認自己的感受，控制住想駁斥的傾向。盡力理解對方說的話看看。先擱置你「要做正確的一方」的需求。眼前最重要的議題，是對方正在給你的回饋意見——而不是為你的自我認同或小我辯護。

如果對方聽了你的回饋後升起防備心，該怎麼辦？上述情況此時依然適用。如果你發現對方完全被情緒淹沒，你可以說：「我有點擔心。如果我是你，現在我可能會感覺承受不住，你現在是處於這個狀況嗎？如果我們先休息一下，晚點再回來談，會不會好一點？」不過，雙方休息完一定要重啟討論。如果對方當下的反應這麼激烈，其中一定有什麼重要的事。

但比較常見的情況是，有人聽了回饋意見的反應沒有上述這麼激烈，但會用防備態度回應。他們會說：「等等，我沒有每次都這樣做啊」，或是「我這樣做是因為X和Y」。那時給回饋的一方往往傾向退縮（「噢，其實也不是什麼嚴重的事啦」），因為他們預設對方已經拒絕學習。然而，退縮不但不會解決任何問題，這個預設也可能是錯的。為什麼不換個假設，假定他們的反應其實代表正在消化資訊呢？他們可能還沒辦法同時既保有自己的觀點，又接受你的回饋意見，但還是有在聽。

想想看，如果對方聽了回饋意見卻**完全不**抵抗，會是什麼樣子。假如你給了同事很重要的回饋，對方很冷靜地聽完，用理智的語氣回答：「非常謝謝你。我從來沒聽過別人這樣說。我會接受你的意見，立刻做出改變。」你聽了真的會相信他們嗎？這聽起來不是很像左耳進、右耳出嗎？

當對方是勉為其難地消化意見時，你要試著看見其中價值，不要因此退縮，而是要加入他們。如果他們說：「等一下，我沒有每次都這樣做」，你可以回答：「沒錯，你沒有每次，但你在這次和上次都有做〔舉出包含具體行為的事件〕，讓我很困擾／這樣做無法達到你的目標／這樣做對你的代價很大。」如果你認為這是一段重要的關係，而且對方的行為確實造成妨礙，就要不厭其煩地重申上述回應，為了你們的關係堅持下去！

不論你是給回饋的一方，或是聽取的一方，防備心通常表示回饋意見本身有幾分真實，因此值得深入探索。我們有位治療師朋友曾經說過：「狗屎會黏在那邊，一定是有什麼東西可以讓它黏著。」我們發現這句話通常都是真的。如果有人抨擊你（而且非常嚴厲），你聽了卻沒有共鳴，這時縱然升起了防備心，過不久也就消散了。但如果你的防備心沒有消退，通常表示對方控訴有部分是真的。對方說的可能是你自己也知道但不想承認的，或是你知道是真的但認為對方太誇大，但不管是哪種情況，你都會很在意。當你了解這點，就能選擇如何回應。你能承認，聽了很不舒服的那個意見或多或少是真的嗎？如果願意承認，你對聽取回饋意見的抗拒就會降低，說不定還能從中學到一些事。

學習能力

在本書開頭曾提過，多年來廣泛的教學、教練及顧問經驗讓我們了解到，關係發展與個人成長的關鍵在於個人的學習能力。不管在工作上擔任什麼職位，這項能力對你的職涯能否成功也至關緊要。我們一再看到，抗拒學習不僅會阻礙當事人的事業成功，沒有能力足以處理人際問題（而不是欠缺技術專業）更是會限制職涯發展。

個人和關係中的學習通常是交錯進行的，桑傑和伊蓮娜也在對話中發現這點。當伊蓮娜給桑傑回饋意見，說她需要桑傑肯定她對部門的貢獻，這時桑傑就了解到自己某些個人行為帶來什麼負面影響。但隨著對話進行下去，他們也討論到希望彼此用什麼方式互動。伊蓮娜問桑傑，她給桑傑回饋意見的方式，會不會讓他感覺被攻擊，以及她是否不該說話這樣直接。當桑傑說他希望伊蓮娜繼續直率下去，兩人的互動就更輕鬆自在了。

像桑傑這樣收到他人回饋意見，可以增進你的個人發展，因為可以從他人口中得知自己哪部分做得好、哪個環節可以再改善。那麼，為什麼有人會抗拒聆聽回饋意見呢？有些人是因為心智模型所致，比如認定對方的意圖並非幫助你，而是想貶低你（他是想讓自己看起來高人一等）。也可能是對方表達方式太難令人信服，導致你聽不下去。或是對方的回饋意見越過了網子，或帶有批判。儘管你還是可能有所學習，但未來不會想再主動尋求對方的回饋了。

另外也想看看，會不會你的內在有什麼正在阻礙自己的學習。你需要保持自身某種形象，而且不願接受可能損及這般形象的回饋意見嗎？還是接受回饋，對你來說等於承認自己失敗或不足？我們有時會聽到別人這樣說：「我很愛學習；但就是不想讓任何人知道我其實已在學習。」我們知道保持不敗形象這件事很誘人，但代價真的很高。

接受別人給的回饋意見，也不代表你要立刻著手改變。回饋意見是一種資訊，一種讓你拓展選項的資料，你可以決定要怎麼處置它。我們某位同事說過：「就像衣服一樣——你可以試穿，看看合不合身。」這項回饋可能是某人建議你改變一些重要的預設想法和行為，比方說，你有逃避衝突的傾向。但你就是會害怕如果真的正視衝突，會說出讓自己事後懊悔的話。

還有一個選項，是先從輕微的回饋意見開始，並且找能夠讓你感到安全的人和場合來進行實驗。假如你想要讓自己說話更直接，不要總是逃避衝突，你可能會想要找一位好朋友實驗看看。你這位朋友有個習性，就是在活動前一刻才突然取消計畫，這個行為惹得你很不高興。向他提出這個問題時，你可能需要先告知對方正在練習說話更直接。這樣做類似從你的舒適圈往外跨出一五%的範圍，很適合做為開端。和這個選項呈鮮明對比的例子，大概是直接去找上司，說你快被她頻頻修改的工作優先順序逼瘋了。

我們說了很多次，回饋意見是份禮物——但別人給予禮物時，也不代表你一定要使用它。也許現在不是最適合採取行動的時間點。將回饋意見視為可以擴展你未來選擇的資料，而不是要求你非改變不可——這樣一想，傾聽和思考就會容易一些。

深化學習

自我省思

1. 壓抑情緒：你會傾向用以下任一種方式壓抑情緒嗎？
- 「我不該有某些情緒的。」
- 「在這個場合下，我實在沒理由出現這個感受。」
- 「我確定這個感受會過去的。」
- 「我的感受彼此矛盾。」（+5加-5等於零）
- 「我太生氣了，無法保證自己這時能不說錯話。」

你還會用上述以外的其他方式阻礙自己察覺和（或）表達感受嗎？會的話，為什麼你會有這些傾向？

2. 編造故事：你曾編造故事來解釋他人的現實圈嗎？或是憑直覺對現實下結論？你在什麼情況下比較容易發生這些狀況呢？
3. 解決問題的四階段：你在下述四個階段中，可能會做出什麼事，妨礙雙方有效解決問題？

- 讓對方認真看待你的回饋意見。
- 分享「所有問題」。
- 解決。
- 修補。

4. 防備心

- 你的防備心：你有多常升起防備心？什麼樣的情況會讓你容易升起防備心呢？當你感覺自己有防備心，會怎麼處理它？
- 對方的防備心：當對方升起防備心，你會怎麼回應？

應用

在自我省思段落中，你列出了一些自己會做的行為。但其他人又怎麼看待你呢？從先前提到的重要關係中選一個對象，問問對方對你上述自我認知的看法。

順利的話，前述自我省思和（或）找重要關係對象討論，會激發出一些值得你探索的發展面向。比方說：「我想要更開放地聽取回饋意見，不要這麼有防備心。」

選出一、兩個你想改變的領域，並設立幾個目標。如果有人支持你做這件事，改變會變得簡單一點，也更可能達成。從人際圈中找一位對象，請他們幫你達成這些學習目標。

理解

根據上述所讀、省思與實際嘗試所得到的結果，你在「有效使用回饋意見」遇到的挑戰中學到了什麼？你對自己又增加了哪些認識呢？

未來你想要怎麼運用這次學到的事？注意，現在你正在打造自己的工具包。不只是針對你在本書一開始列出的重要關係，未來你在任何人際關係中遇到本章所述情況，隨時都能使用這套工具。你和其他人練習得愈多，從「實作」過程汲取更多精華，你學到的也就愈多。

9 人眞的能改變嗎？

菲爾和瑞秋——父女，情境1、2、3

在前面幾章中，看著書中幾個角色逐漸發現自己有些帶來困擾的行為，繼而學習用不同方法做事。伊蓮娜學到展現脆弱原來需要力量。桑傑學到逃避衝突其實有代價。連恩學到談話到一半忽然突兀地轉移話題，會拉開雙方距離。這些都是重要的教訓，但針對一些更根本、經過多年不斷強化的行為，又該怎麼辦呢？再直接、表達得再好的回饋意見，真的能改變這種長期行為模式嗎？

我們相信人是能夠改變的，過程可能很困難，需要不斷堅持，但如果我們沒有持續看到改變，也沒辦法在我們這行待上幾十年。人們一開始可能會覺得困難重重，並不想在某個時刻改變自己，但這和無法改變是兩回事。

知名組織理論家暨麻省理工教授理查・貝克哈德（Richard Beckhard）曾經提出一個有趣的公式，列出人在什麼條件最有可能做出改變：R<D×V×F。R是指「抗拒改變」（resistance to change）。為了讓改變發生，其他三項變因的結果必須大於抗拒。D指的是「不滿足」（dissatisfaction），意思是你需要察覺到自己目前行為所付出的代價。V則是「願景」（vision），意思是你需要看見新行為帶來的好處，並相信改變後的結果值得你付出努力，而F則是「第一步」（first steps），意思是你相信自己能先學會一些新技巧，藉由這些技巧讓改變過程容易一些。

菲爾和瑞秋的故事，就是一場探索：實現這個公式和改變長年以來的行為模式，有多艱難。

菲爾和瑞秋——情境1

菲爾和他的女兒瑞秋都是醫師，在同一家醫院工作，瑞秋也正在經營自己的小型診所。父女感情一直很好，兩人都愛好籃球（兩人大學時都曾待過校隊），也都是執業醫師，因此有很多話可聊。

不過，瑞秋發現他們的關係從她青春期以來就沒什麼變化。父親總是很用心地栽培她——他是瑞秋最大的支持者、啦啦隊，也是她事業上的主要諮詢者。瑞秋的女兒艾瑪還小時，曾表達對籃球有興趣，菲爾便開始擔任艾瑪的非正式教練，也重新燃起自己對籃球的熱情。但可惜的是，菲爾傾向給予的多半是建議——給艾瑪，也給瑞秋。瑞秋還在打籃球校隊和就讀醫學院時，覺得這些建議很有用，但後來她就愈來愈不覺得實用了。

他們除了運動和醫學之外其實沒太多話題可聊，瑞秋希望自己能多了解一些父親的內心世界。母親還在世時，瑞秋可以從她那邊得知父親的感受如何，但幾乎從來沒有直接從父親口中得知過。當瑞秋告訴父親**自己的**生活近況，他傾向的回答方式都是用父親的角度給建議，而不是揭露自己的內在感受。

自從母親去年過世，瑞秋至少每兩週就邀菲爾到她家，和她先生、孩子共進晚餐，或週末一起出門走走。在醫院上班時，如果兩人時間對得上，她也盡量主動找菲爾一起吃早餐或午餐。

有天菲爾和瑞秋相約在醫院的自助餐廳共進午餐，他們像往常一樣抱怨醫院伙食很糟糕，聊了醫院的辦公室政治，還提到一些手邊遇到的有趣病例。接著菲爾又開始用他的標準模式提問題。

「妳決定怎樣擴大診所規模，還有找朋友一起合夥？」

瑞秋感到自己胃裡一陣熟悉的緊縮。她心想，**又來了**。她花了好幾個月考慮究竟要不要擴大自己的一人營業診所，以及邀請多年好友兼醫院同事納迪雅加入。

「我還在考慮。」她說道：「我之前說過，這麼做有很多優點沒錯，但也有一些缺點，所以我還在評估。」

「嗯！」菲爾說道：「如果妳不把握這個機會趕快網羅納迪雅，我認為妳一定是瘋了。她是很棒的醫師，況且妳們從醫學院時期就是朋友了，所以一定相處得來。妳知道，她那種人可不是像樹上的果子隨摘隨有。」

「爸，問題和她是不是好醫師或我們是否處得來無關。事情比這些更複雜。」

「什麼事情這麼複雜？」

瑞秋再次思索要怎麼解釋目前問題出在財務和後勤變得有些複雜，但她決定不要說下去。菲爾安靜地繼續啜飲可樂和吃午餐，等瑞秋回應。

過了一分鐘，瑞秋終於說道：「爸，我們之前都講過了，講很多次了，我真的不想再重頭講一次。」

「行啊，妳該做的就是直接行動，不要再想了。」

瑞秋內心升起一陣怒意。她被父親的建議給激怒了，而且覺得自己的擔憂被駁斥。她也對自己很喪氣：她又一次讓兩人話題導向自己的執業生涯，菲爾對這方面總是有意見，而且相當堅持自己的意見。由於他們已經出現這種互動很多次，因此瑞秋的不滿已經升高了；她簡直惱火了。

她也感到很困擾，因為菲爾沒有發覺她對這些建議相當冷淡。儘管之前已經很溫和地講過幾次，但他還是依然故我。**她心想，我不想要直接攻擊，因為他一定會往心裡去。但不能再這樣下去，我已經四十三歲了。天啊！這種對話和我十八歲時的對話沒兩樣。一定有什麼方法可以改變現狀吧！他老是把我苦惱的問題過度簡化，理所當然地告訴我該怎麼做，真不知道我還可以忍耐多久不回嘴。**

當時午休快結束了，他們下午也都要看診，因此她決定先放過這回。「爸，這個建議不實用，我們不要再談了吧。」

菲爾看起來有些受傷，說道：「老天，我只是想幫忙啊。」

「嗯，但沒幫到。」瑞秋回嘴道。說完，她控制住衝動，又告訴父親：「艾瑪這星期六下午要和球隊還有新教練一起練球。你何不過來一起吃午餐，然後我們可以一起去看他們練球？」

菲爾神情輕鬆了些，點點頭。「聽起來不錯，那星期六中午見了。」

他們起身收拾餐盤，然後走回各自的診間。

即使瑞秋整個下午都排滿了門診，但心思還是不時飄回午餐時的對話。**她想著，他一**

直不懂，真的非常惱人。但也許我要求太多了，他這輩子一直都是這樣說話。也許這就是所謂的本性難移吧！

她也想起不久前和朋友富子的對話，富子當時說：「我和我爸也有一樣問題。但妳想想，菲爾已經六十八歲了，還能期待什麼？而且他一直以來就有點耳背了。自從我開始接受我爸就是這樣，我們之間的關係就好多了。我個人認為，妳如果可以放下想改變他的念頭，接受他就是很愛給別人建議，妳會好過一點。」瑞秋心想，富子說不定是對的。也許她該放棄，不要強求菲爾改掉這個習慣。但她怎麼想都無法完全說服自己。

星期六午餐時，艾瑪活力四射地聊到她的中學校隊和新教練。

「他怎樣？」菲爾問道。

「不是他，是『**她**』喔，外公。」艾瑪回答道：「我認為她滿好的，但其他女同學都沒有認真看待她，所以教練現在管不太動大家。因為這樣我們還沒認真練過幾次。」

菲爾皺了眉頭。「這樣下去，妳還沒回過神來賽季就結束了。妳要再認真一點練球啊，艾瑪。」

瑞秋感覺自己的胃又緊縮起來。「爸，她已經很認真了！艾瑪，趕快去換衣服，我們過幾分鐘就要出發了。」

艾瑪離開後，菲爾轉向瑞秋，說道：「妳應該直接去找教練，讓她知道如果她不趕快整頓好球隊，她就完蛋了。」

「爸，拜託你。她才剛開始帶這支球隊而已。」

「我告訴妳啦，」菲爾說道：「愈早處理這個問題愈好。我看妳打球這麼多年，一看就知道是什麼狀況。再這樣下去艾瑪對籃球的熱愛就要被澆熄了。」

「不要再說了！你這樣讓我感覺自己沒做好母親的工作。前幾天你也讓我感覺自己是個不專業的醫師，沒辦法決定要不要和人合夥開業。我現在愈來愈火了。」

菲爾很訝異，低頭看著地板，沒有回話。接著他帶點防備地回答道：「我只是想幫忙而已。我真心為妳的最佳利益著想，也一點都不想讓妳喪氣或發火。如果妳希望我不要過問，我就完全不要管妳開業的事。」

「爸，這不是辦法。我不想要你完全不管我的事業。但像那樣討論開業，對我真的沒用了。我們終究是要出來開業沒錯，但需要更多時間好好談談。現在這種狀況對我們兩人一點幫助都沒有。」

他們三人上了車，艾瑪一路上興奮地吱吱喳喳，但瑞秋和菲爾都沉默不語。瑞秋困惑地想：**我要怎麼做，他才會用不同方式回應？他真的能改變嗎？**

瑞秋遇到的困境並不罕見。你大概也曾經告訴過某些人，他們的行為讓你很困擾，但他們聽完還是一再重複，好像完全沒有自覺。其他人可能會聳聳肩說道：「他就是這樣，本性如此啊。」但我們會主張並非如此。性格和行為兩者其實有很大差異。性格確實非常難改變——如果你的個性外向，不論你多努力，你都不太可能變成內向的人。但這不表示你沒辦法讓自己說話時留一些餘地給其他人發言，這是一種行為。沒有人生下來就帶著不體貼人或自我中心的基因。菲爾真的是因為天生基因如此，才會動不動就給別人建議嗎？呃，我們不這樣想。

但這也不表示經年累月的習慣很容易修正。然而，一個人會不斷重複某個行為，到了幾乎無法改變的程度，這件事本身就很值得深究。以菲爾的案例來說，他給建議已經給了幾十年了，而且以前瑞秋確實認為他的建議很有用，所以會強化這個行為的價值。此外，菲爾是名醫師，他的例行工作本來就包括給病人建議，社會期待也一向如此。醫療環境中特別強調理性，因此醫護人員需要時時管控好自己的情緒。所以，菲爾不會對女兒揭露多少自身感受，本來就不意外。

當一個人像菲爾這樣一再做出習慣行為時，其他人會逐漸適應，習慣行為也因此被強化。很難想像病人、周邊護士或實習醫師會抱怨菲爾給建議的習慣，或者要求他和人互動時要揭露更多自我。另外，他的太太可能出於體貼，總是站在菲爾和孩子之間擔任溝通橋梁，讓菲爾更加習慣對自己的情緒隻字不提。儘管給建議是菲爾身為內科醫師的強項，但如果做得太過頭，像他對瑞秋那樣，就變成他的弱點了。既然這是一個經由學習而來的行為，真的無法修正嗎？

凱蘿的原生家庭也呈現類似模式。她的父親話很少，個性堅強而寡言，是他那個世代的典型男性。雖然父親沒有兒子，但凱蘿在很多方面都扮演了兒子的角色。而且他們有很多共同點——熱愛競爭、實際、非常努力。凱蘿和父親一向很親近，也記得兩人之間許多溫暖的對話，父親在對話中並不吝於展現自己的脆弱，尤其是講到戰場上的事。儘管凱蘿一直都知道父親還有很多話沒說出口，但從來沒有要求他多說一些。因此，當凱蘿的繼母（父親成為鰥夫後再婚的對象）最近告訴她，父親生前最大的遺憾之一，就是沒有更多時間陪伴凱蘿和她妹妹的成長。她聽了頗為難過。她從來沒想過父親會這樣想，因為也沒探問過。現在她會忍不住想，如果當年逼自己走出舒適圈，拉近和父親之間的距離，不知道會發生什麼事。她還會知道多少父親的事？父親又會多了解她多少？他們的關係又會變得多深刻？

當你對某人的特定行為太快下結論，認定「這個人就是這樣，以後也不會變」，你可能對他就失之偏頗。試著去理解所有形塑出這個行為模式的因素看看。要求菲爾揭露自己的情緒，對他來說可不是輕鬆小事——他的模式已經被過度強化了，驟然改變可能會讓他變得很笨拙——但這不表示瑞秋不應該開口，或是應該認定改變是不可能的。菲爾的行為可能只是被強化太久了。

想想看，你從事哪些運動時有「錯誤習慣」。比方說，假設你剛開始打網球時反拍很弱，於是會左右手交互持拍，這樣就能一直用正拍打球。當教練要求要打反拍時，你剛開始可能就會打得很糟。**我原本的方式明明就打得很順，為什麼還要改？**菲爾的感覺可能就像這樣。

即使瑞秋理解父親的行為模式已根深柢固，但她可能也會忍不住全怪罪菲爾。瑞秋也許就會想，**他為什麼就是不懂？他真的這麼遲鈍嗎？**但難道她不該為僵局負一部分責任嗎？沒錯，她確實表達了自己的感受（透過言詞、語調和肢體訊號），也指出菲爾令她困擾的行為，但她表達的方式是沒好氣地回嘴，而不是對菲爾表現同理心，也沒有給出能完整描述情況的詳細回饋意見。她當下短促的回答，也許可歸因於時間不夠（在醫院午餐那次和去看籃球隊練習之前），但也可能是因為她內心有些衝突。

瑞秋對菲爾沒完沒了的建議感到愈來愈喪氣，但她也完全不想傷害菲爾的感情。菲爾的妻子去世後，他的生活一定非常難受，這點瑞秋深深理解。她不想讓菲爾感覺雪上加霜。瑞秋常想著：**我好愛他，但他快逼瘋我了**。此時，瑞秋的內心感覺很糾結，因此她表達出的感受既混亂又含糊不明。

另一個問題是，菲爾聽了瑞秋的要求，以為自己完全不能再給任何建議。通常你想要一個人修正某種行為時，不會要求這麼極端的做法。我們有位同事說過，把這件事想成調降電話音量比較貼切，而不是像關掉開關那樣。說不定有些時候給建議也是很實用的做法？另外，了解到菲爾真心需要也希望自己對別人有幫助，並且讓他知道有別的方法可以替代，這樣他也可以滿足自己原本需求，這麼做會不會也有幫助呢？

菲爾和瑞秋——情境2

籃球練習結束後，瑞秋回想她和菲爾最近幾次不怎麼愉快的午餐對話，發覺如果不好好討論整件事，他們未來的關係可能岌岌可危。她知道自己沒有表現出應有的開放態度，於是決定下次要貫徹這點，讓菲爾知道他的行為到底對她、彼此關係造成什麼具體影響。

她向菲爾提議下週末一起去健行，順便好好談談。她還不確定問題究竟是什麼，但菲爾也答應了。那個星期六他們約在步道起點碰面。開始健行後，瑞秋說道：「爸，謝謝你答應來走走和聊一聊。我知道你對這方面沒什麼興趣，但還是來了，很感謝你。」菲爾聳了聳肩，沒說什麼。瑞秋便繼續說道：「接下來要說的話，對我來說真的很難受。」

「有什麼難受的？妳直接說啊。」

「我怕要說的話會讓你感覺受傷，我不想那樣，」她說道：「但我怕如果不告訴你，反而破壞我們的關係。」

「妳什麼時候變得這麼感情用事了？妳到底想說什麼？」

瑞秋決定先忽略菲爾說的第一句話：「我想表達的是，你只要一給我建議，我就會愈來愈火大。不管我跟你說過多少次這個行為會讓我很火，好像都沒用，你就是會一直給。我現在有點不知道該怎麼做才能解決這問題。也很擔心如果我們沒辦法好好處理，問題就會愈來愈大。」

「什麼問題？」菲爾停下腳步，站在原地問道。

瑞秋一臉不可置信。「**真的假的？**你剛剛那樣說是真不知道嗎？問題就是，每次我們互動，到了最後你都要給我建議，這件事快把我逼瘋了。之前也對你說過那些建議對我沒幫助，你卻都沒在聽，只管一直給。現在還有個更大的問題，就是不論我多常提到這個問題，你好像都不把它當成問題！」

菲爾看起來非常受傷。「妳是叫我別再給建議嗎？但這是在要求我不要做自己，變成別人，只要我不變成那個人，我們的關係就注定完蛋了。我想我一定是個很差勁的父親。」

兩人繼續前進，瑞秋感覺到眼淚在眼眶中打轉。菲爾也沒再說什麼。瑞秋心想，**也許富子是對的**。接著她停了下來，菲爾也跟著停住腳步。她決定再試一次。

「不是這樣，爸，你不是一個差勁的父親。但當你像剛剛那樣回答我時，真的會把我逼瘋。我們一直待在這種自虐模式的話，就沒辦法真正解決問題，這個問題比你給人建議的行為還更嚴重。」

他們繼續前進，兩人陷入一片不太舒服的沉默，最後瑞秋開了口：「爸，我們要談談該怎麼一起解決這些問題。我要先說，我真的不是要求你改變個性。現在有問題的是你的行動、行為。這都是你可以掌控的。」

給了回饋意見卻碰壁的時候

瑞秋有兩個目標，第一個是不要退縮，第二個則是針對菲爾給人意見的行為，以及他聽到瑞秋想討論這項行為時的反應，她需要找出更好的回應方式。但實行下去卻沒有聽起來那麼容易。即使她在健行途中已經表達得比以往都還直接，但依舊沒什麼作用，而且菲爾的反應讓她更加氣餒。這時她很可能會直接放棄或失控發飆。

從班和連恩，再到伊蓮娜和桑傑，這些搭檔在給予和接受回饋意見的過程中都抱持一種要共同進入對話、解決問題的責任感，因此回饋意見才能發揮作用。儘管瑞秋給了回饋意見，而且也都待在她那一側的網內，但菲爾並不願意加入。菲爾的反應甚至讓瑞秋更難說下去。

菲爾展現出受傷的感受，使對方產生愧疚感。他也從對話中抽離，幾乎沒說什麼話，而且將話題從兩人無法好好討論事情，轉回他給人意見的行為。菲爾設下的障礙其實不罕見，除了菲爾的回應，我們也常常看到其他類型的障礙。（我們在談防備心那一章提過其中幾種。）

- 否認

「沒有，我不會那樣，你自己想像出來的吧。」

- 防備心

「我沒有經常那樣做啊。這次是例外，而且其他人也會這樣做。」

- 解釋／理由

「我這樣做的原因是……」「我會這樣是因為你做了……」

- 報復

「嗯，你某些行為也很有問題。我就是要對你做一次同樣行為，你才會懂。」

- 責怪

「你提這個問題的方式錯了。」「是你自己沒處理好在先。」

- 貶低對方

「我對你很失望。」「我以為你可以表現得比剛才更好的。」

- 質疑對方動機

「你現在提這個問題，是想要主導我們對話嗎？」

當一個人設下前述障礙，他就聽不到訊息真義了，給回饋意見的人也通常會因此退縮（瑞秋也一度考慮這樣做），或是以後盡量不再提意見。

有些情況下表達抗拒是合理的，但如果當事人已經習慣用抗拒應對，阻礙自己接受回饋意見，就會演變成問題。

與其放棄或進一步逼迫對方，此刻你可能需要將回饋意見的焦點先移轉到其他事情。假設你有位員工，稱他為山姆吧，你想針對他的某項行為給回饋。他有個習慣，就是說要做某件事情之後又沒有真的執行。但每次你對他提到這件事，他都有不同藉口。山姆找藉口的行為模式，阻礙他自己聆聽回饋意見的能力，也阻礙了你給予回饋的意願。

這時，你的回饋意見可以移轉到找藉口這個行為模式。「山姆，你有個習慣，就是每次我想要談談你『答應要做某件事但又沒做』這個問題，你都有藉口，這讓我很困擾。」

但如果你說完，他又有別的藉口，該怎麼辦？看似使人惱怒的無限迴圈，其實反而是機會。你可以在行為發生當下立刻指出來：「山姆，你現在做的就是我剛才說的事。」

上述情況與瑞秋遇到的狀況類似。菲爾不是第一次沒聽懂自己給意見的行為出了什麼問題，瑞秋講了一次又一次，但菲爾都沒有認真回應。他們兩人合力解決問題的能力已經不對勁了，瑞秋必須先處理它才行。

菲爾和瑞秋——情境3

「爸，」瑞秋哀求道：「說話啊。」

「我沒什麼要說的。」

瑞秋開始啜泣。「爸，不可能，你一定有很多感覺，我想要聽你說出口——因為我也想要在你面前自由分享我的感受。」

兩人之間陷入長長的寂靜。菲爾似乎聽懂了，但還是沉默不語。

瑞秋繼續說道：「我現在要再試一次。我一定要你聽進去不可。如果我沒有這麼愛你，沒這麼在乎我們的關係，就不會這樣做。我們可以坐在那塊石頭上再談一次嗎？」

菲爾停了下來，看看瑞秋。他點點頭，跟著她走向一塊大而平坦、俯瞰山谷的石塊。下午的陽光穿透樹林照射進來。

「拜託，爸。這對我真的很重要，而且我真心相信這對我們兩人都很重要。」

「好吧。妳再跟我說一次我給建議這件事，哪一點讓妳很火。」

「爸，你給建議這件事並不是大問題。」

「這我就不懂了。我現在願意來談我給妳建議這個習慣，現在妳又不想談了。天啊，妳到底想要我做什麼？」

瑞秋有些猶豫，不確定要不要繼續說。通常她都回答「沒事」，然後他們會繼續往前走。但現在她也發現，以前自己的做法也是問題的一部分。她心想，**如果我現在不說，就永遠也不會說了**。

「更深層的大問題，就是我常常覺得每次給你回饋意見，或是我在跟你說自己遇到的問題時，你都沒有認真聽我說話，或是沒有認可我。」

菲爾望向他們腳下的山谷，沒說話。

「爸，我說這些真的很難受，你不說話只會讓我更難受而已。」

「我已經盡力了。妳遇到問題的時候，我就提供解方。我知道妳不喜歡，雖然我還真不知道什麼時候開始給人建議變成錯的事情。」

「爸，又來了，現在，我們兩個之間又發生同樣問題了。」

菲爾有點惱火地說道：「妳到底在說什麼啊？」

「我很感謝你願意談自己給建議的習慣，真的。我也確實想好好談這件事。但我剛剛告訴你了，除此之外還有個更關鍵的問題，但你並沒有承認這點。我們現在的對話模式，就是我想要和你談的問題。我又一次覺得自己沒有被認真聽見，而且感覺被你駁斥了。」

她將雙臂環繞菲爾，繼續說道：「拜託，爸，我愛你，這些事對我真的很重要。」

菲爾看起來還是很難受，但態度軟化了些。「好吧，我大概懂了，妳想要我更常傾聽妳，雖然我真的認為自己在聆聽。」

「是啊，爸，但問題不是你有沒有在聽，而是我有沒有感覺自己被認真聽見。這兩件事真的不一樣。」

「嗯，我倒是從來沒想過這點。所以該跟妳說我有認真聽嗎？這一點我做得到。」

「這樣是有用，但我說的不是只有這樣。我的『被認真聽見』，意思是你真的嘗試理解我嗎？上週有幾次我說自己有點火大。當時你不但沒有認可我說的，我也沒聽到你表示在意我的感受，或者想要更進一步了解我到底怎麼了。如果不試著理解彼此，就沒辦法解決我們的其他問題。」

「但我就是認真聽才會給妳解方啊。這是我對妳表達自己理解和在乎的方式。」

「爸，我不需要你的解方。如果你努力理解我，我也試著理解你，自然而然就會有解方了。」

「這對我太難了，」菲爾說道：「我很習慣給人答案，而不是提問題。提問題是妳媽擅長的。」他說完沉默了好一會，才繼續說道：「但我大概有點理解妳說什麼了。」

瑞秋微笑了。「這麼久以來，這是我第一次覺得你認真在聽我說話。」

他們開始繼續往前走，並且開始回頭討論菲爾給建議這件事，瑞秋感覺到菲爾正在努力克制像以前那樣給別人答案的衝動，他似乎真的在嘗試理解為什麼之前瑞秋會對他們的互動那樣惱怒。

回到貝克哈特的R（抗拒）小於D×V×F公式，瑞秋讓她的父親更加理解到，當他的行為造成瑞秋不快樂（D，即不滿足），他會因此付出什麼代價，並幫助他理解其實存在更好的狀態（呈現V——願景，也就是如果做出改變，未來可能會是什麼模樣），並進一步讓他知道該如何實現願景（也就是F——第一步）。

與對方情緒相遇

瑞秋想要菲爾知道他給人建議的行為有多困擾她，以及當談到對自己重要的事情時，菲爾能用別種方式回應——她並不希望菲爾再也不開口。她也想要一種我們稱為「情緒相遇感」的反應。當你面對僵局時，這種與他人連結的方式格外重要，因為雙方的情緒和衝突都正高漲，當下很難理解對方。

「與他人情緒相遇」這件事可以往兩種方向思考，一種是對方需要感受到什麼，一種是你需要做什麼。當人們感覺自己與對方情緒相遇，他們會覺得被認真聽見、理解、看見、接受，而不是被批判。要做到這點，需要懂得聽出弦外之音，以及聽出話中隱藏的意思。瑞秋和菲爾互動時，後者的回應並沒有讓她有以上感受，一直到情節最後才開始出現。菲爾不一定非要同意瑞秋的意見不可，或非得認為她的要求「對」或「正確」，才能讓瑞秋感覺情緒相遇。他需要做的（後來也終於做了），是傳達出他理解瑞秋當下的感受，以及理解從她的角度來看，她為何會出現那種感受。

有好幾種行為能讓對方感受到情緒相遇（這是**「做」**的部分），包括：

- 積極傾聽，讓說話的人確定你理解他們。這種確定感有一部分非關語言，像是與對方眼神交會和點頭。傾聽能讓對話慢下來，這點很重要。這樣做的關鍵在於，對方因此有足夠餘裕停留在他們自己的感受中，而不是你急著用言語逼對方跳出當下感受，或是用你自己的感受去駁斥對方的感覺。

- 用你的話重述或認可對方的感受。聽到對方說的話後再重述一次，可以很有力地向對方傳達你正認真聽他說話，而且也可以即時確認你理解的是否正確。
- 積極同理——比方說，可以告訴對方「這聽起來真的很糟」，或單純陪伴對方，並積極傾聽，讓他們先待在自己的感受裡。如果你的感受與對方不同，你可能要暫時擱置自己的。
- 傳達你的在乎。再次強調，你可以用語言表達，但也可以用非語言表達，像瑞秋用雙臂環繞她父親那樣。
- 暫停批判，保持好奇，主動提問。這意味著問對方開放式問題，以及認真試著理解對方發生什麼事。

當然，上述所有行為都同時派上用場的情況很少見。然而，要與對方情緒相遇，上述行為很可能會需要用到一個以上。當你全心和對方同在時，通常可以察覺到什麼才是適當的回應。有時只需要真心地說「這真的太可怕了」，就足夠了。當瑞秋的父親停下腳步，認真理解瑞秋說的話，他僅僅回答「但我大概有點理解妳說什麼了」，瑞秋便感覺到父親和她的情緒相遇了。

當我們情緒高漲時，暫時擱置自己的感受，讓自己能充分聽進對方的話，可能要求太高了。我可能必須在一開始就先承認，當下要完全與你的感受同在，對我來說實在太難了。這樣的坦誠後，接下來的重點就是，等自己情緒沒那麼激昂時，再重啟雙方的對話。我們說的與對方情緒相遇，也不是一種逃避意見不合與衝突的方法。這只是在他人情緒高漲時，一種回應對方的方式。而且透過這樣做，我們能夠在非常個人的層次上彼此連結。

一次一個對話

儘管堅持下去非常不容易，瑞秋最後還是有了重大進展。她其實大可以直接放棄和父親對話，認定他就是無法用她想要的方式聆聽她說話。

也許是當他承認「這對我實在太難了」，瑞秋才真正了解她所要求的是很大的行為改變。然而，這麼根深柢固的習慣行為，極少能透過一次對話就完全改善，就算像瑞秋和菲爾這麼成功的對話也一樣。不過他們至少已經開始了；現在菲爾理解瑞秋到底怎麼了，也學到一些新的互動方式。我們幾乎可以確定，他接下來還是會不小心就掉回熟悉的行為模式。但重點是瑞秋沒有放棄改變。

這是個「前進兩步退一步」的過程，重要的是瑞秋要持續認可菲爾的進步，就像後來告訴菲爾的，她終於被認真聽見了。我們常常只把焦點放在別人做錯的事情上，而忘記正面強化的效果有多大。

記住，有時直線反而是兩點之間最遙遠的距離。兩人一開始討論的是某個主題，但接著又出現另一個顯然更需要先處理的議題。這種事發生時，先稍微暫停對話，後退一步。思考剛才討論中，有沒有什麼需要面對的障礙呢？就像瑞秋和她父親健行時一樣，先擱置首要主題，**看看你們現在和彼此說話的方式**。也要注意你當下的感受，說出來！解決更深層的議題不只對解決手邊問題有幫助，更有助於雙方未來能解決其他問題，並讓雙方產生更深刻、更穩固的關係。

深化學習

自我省思

1. 想像你在瑞秋的處境。**儘管你對父親感到喪氣，但並不想傷害他。你認為自己會怎麼處理這個情況呢？你會放棄嗎？瑞秋用的眾多方法中，你會嘗試哪些？不會嘗試的又是哪些？**

   現在想像你在菲爾的處境。**你極為看重和女兒的關係，不想要失去你們共享的親密感。但你對自己目前互動的方式感到很自在，瑞秋想要的狀態對你而言很困難。你會怎麼處理這個情況？你會說和做什麼？**

2. 過時的協議：有沒有哪些（前面你列出的重要對象，或是和其他人的）關係是你很在乎，但你們互動的方式似乎還停留在過去？

3. 你的貢獻：你會不會像瑞秋一樣，做了什麼事，讓上述關係難以出現改變？
   - 假定「他們就是這樣，本性難移」。
   - 你給的回饋意見（針對具體行為、該行為對你產生什麼影響，以及你的需求是什麼）不夠清楚。

- 低估改變的難度。
- 欠缺堅持和耐心。
- 忽略不用D×V×F公式（不滿足×願景×第一步）。
- 只希望對方改變來滿足你的需求，卻不在意對方想要什麼。

應用

根據上述省思與對方進行對話，看看你們能不能重新定義彼此關係，讓雙方都從關係中受益。

理解

對話進行得如何？你學到了什麼（對你自己的認識，以及關於影響對方這件事）。

回顧這次對話，如果重來，有什麼事情是你會想要用不同方式去做或說的？

10 掌控你的情緒，不然情緒就會掌控你

米亞和艾尼雅——老朋友，情境1

說不定你很熟悉這種場景：你和父母，或是另一半、朋友、子女正準備共進晚餐，氣氛非常愉快——但似乎沒來由的，你們的對話忽然急轉直下。幾句無害的評論先是引來反駁，接著又出現控訴，然後情況愈演愈烈。突然間，你們開始互相指責和翻舊帳，你完全不懂為什麼會走到這個局面。好像有股怒氣在你毫無察覺的情況下愈積愈多，忽然失控，最終全面爆發。

儘管我們無法對所有情況以一蓋全，但「情緒管理不當」在上述場面中極可能發揮重要作用。「管理不當」有很多類型，可能是壓抑感受，情緒愈積愈多，最終導致爆炸。也可能是你一直刻意麻痺情緒，導致你幾乎沒察覺到情緒一直都在。

前幾章中，我們談到許多導致你推開情緒的理由。本章要談的，則是這樣做會付出什麼代價，以及當情緒被推開時，不僅製造火爆場面，雙方互動也會陷入僵局。你愈了解自己的情緒，就愈不會被情緒所掌控，你也有更多選項可以讓自己的表達更具建設性。

米亞和艾尼雅——情境1

艾尼雅和米亞是大學室友也是閨密，她們見證對方的歷屆男友、職涯選擇，並陪伴彼此步入成年人生。即使畢業了，而且兩人住得很遠，她們也保持著親密與信任的關係。她們會定期通電話，有空時也會拜訪彼此。還出席了雙方的婚禮，而隨著她們的孩子陸續出生，兩人也會分享各自家庭生活的酸甜苦辣。

後來米亞和她先生傑克舉家搬遷到費城，和艾尼雅、她的先生克里斯多福同一個城市。儘管米亞和艾尼雅很希望兩家人能融洽相處，但兩人的先生並不對盤。因此她們自己只好盡可能定期相約吃晚餐，但因為有了孩子又有全職工作，兩人能一起吃飯的時間遠比她們希望的少。

她們還是很愛和彼此在一起，但也發覺到過往的親密感不再。她們沒把話說開，但對彼此分享的事情比以前少了。**米亞心想，也許是因為我現在有了傑克和其他朋友吧。早年我可能需要這種親密感，但現在需求比較少了。況且孩子就占據了我所有時間。也可能是傑克和我的經濟狀況比艾尼雅和克里斯多福好，他們可能因此覺得怪怪的。**米亞決定先擱置這些想法，仍然很期待稍後要和艾尼雅共進晚餐。

她們約在兩人最喜歡的法式餐館碰面。根據往例，她們吃飯時都先聊彼此近況，這次也不例外。正餐快吃完時，艾尼雅感嘆道：「我隨時都好累。不管把睡眠和運動時間壓縮得多短，我都還是趕不上每件事的進度，好像一事無成似的。」

米亞點了點頭：「我懂妳的意思。我也是手忙腳亂的，工作升遷、小孩，還有新家裝修的事。真希望我每天都能多個五小時出來！」

儘管知道米亞毫無惡意，但艾尼雅感到微微的厭惡，因此艾尼雅回答道：「對啊，我知道妳最近事情也很多。但至少妳是因為很多好事發生才這麼累，哪像我是被困在一成不變的工作裡，和孩子共處時又有一半時間覺得自己是糟糕的媽媽。」

「妳在說什麼啊？妳是很棒的媽媽啊！」

「妳這樣說真好，但我不這樣想。上週我原本要陪伊凡去戶外教學，但臨時有事不得不缺席。我上司又在最後一刻要求修改我們做的報告。伊凡當時好失望。」艾尼雅的眼眶開始含淚：「抱歉，我不知道自己是在激動什麼；我想大概只是累了，或是沒發現這些事情對我有這麼大的影響。」

「也許妳是該換工作的時候了。」

「這話是什麼意思？」艾尼雅問道。

「就是我已經聽妳抱怨好一陣子了，」米亞說道：「看來妳該找找看有沒有更適合的工作。」

艾尼雅聽了很失望，又有點惱火地說：「米亞，妳說得可簡單。妳生活的每件事都很美好。但我們家需要我這份收入，而且現在這份工作薪水很好。」

兩人陷入沉默，直到侍者來詢問需要不要甜點，她們才又開口回覆不用甜點。

「我只是想幫忙而已，艾尼雅。但我覺得不管說什麼好像都會惹到妳。妳為什麼這麼敏感？」

「有時候對別人發生什麼事敏感一點是好的。」艾尼雅答道。

「這又是什麼意思？」

艾尼雅深深嘆了口氣。「我真的很累了。我對妳分享了很私人的事，結果妳告訴我要去找新工作。米亞，我知道妳的用意很好，但我說這一切有多辛苦時，妳的話讓我感覺妳很像沒有認真聽。」艾尼雅回想過去許多次和米亞講完話後，自己反而愈來愈沒安全感。米亞總是什麼都有答案的樣子。艾尼雅暗自想著：**米亞難道不會有遇到困難的時候嗎？**

「妳怎麼會這樣說？我當然知道妳現在很辛苦！」米亞反駁道：「妳怎麼會認為我不知道？」

「我就是認為妳不知道。」艾尼雅答道：「而且，妳說那些升遷和蓋新房子的事，我聽完感覺就又更差了。我知道自己不該這樣說，因為我真的希望妳一切都順順利利的。」

「所以我不該和妳分享自己生活中的事，只要聽妳講自己的問題就好？老天，跟妳說話像踩地雷一樣。我不知道說什麼才不會讓事情愈來愈糟。」米亞心想，**又來了，艾尼雅真的太敏感了。和她說話像在蛋殼上走路似的。**「也許我們該回去了。」

艾尼雅付了她那一半的餐錢，黯然說道：「同意。」

「嗯，今晚能暫時脫離傑克和小孩們一下還真棒呢。」她們走向各自的車子時，米亞嘲諷地說道。

「很晚了，」艾尼雅說道：「我現在比剛剛到餐廳時還要累。我要回家了，抱歉。」

「我也是。」米亞說道。

她們上了各自的車，對彼此感到憤怒又厭惡。

釋放情緒：到底怎麼了？

簡而言之，米亞和艾尼雅違反了前幾章提到的所有原則。

1. 放任不滿滋長：她們各自都有很多問題。艾尼雅極少對米亞提到自己的問題，她感到困擾。而艾尼雅分享自己的困難時，米亞並沒有特別表現出同理，而是給建議，因此艾尼雅認為米亞幾乎不理解她的處境。米亞在工作上的滿足感和富裕家境，也讓艾尼雅感到嫉妒。

米亞也在壓抑自己的不滿。她很厭倦艾尼雅一直抱怨自己的工作卻（在米亞看來）又不做出改變，老是一副受害者的樣子。她想要幫艾尼雅的忙，但認為艾尼雅過度敏感，因此覺得挫敗。米亞也希望能分享更多有關自己工作和新家的事，但又察覺到艾尼雅在嫉妒她，所以也覺得自己被壓抑了。

上述任一個問題都不嚴重，米亞和艾尼雅之前沒向對方提起自己的問題，大概也是因為這樣——只不過，她們如果早點提出來，問題會比較好解決。當問題逐漸累積，最後就會產生破壞效果。

2. 她們沒有說出自己的感受：儘管她們陳述了一些「我感覺」（I feel）開頭的句子，

用法卻是「感覺像」（I feel like），它表達的是想法，並不是情緒。同時，她們的語氣和用字遣詞都傳達出一些沒有明說出口的強烈情緒。

3. 她們互推責任：如果艾尼雅和米亞進各自家門後，先生問「晚餐吃得如何」，她們一定會說自己想溝通的事情多麼合理，對方的反應又多不適當。當艾尼雅告訴米亞「妳的話讓我感覺妳很像沒認真聽」和「妳生活的每件事都很美好」，這兩句話都是未說出口的諸多情緒所演變成的攻擊。這時雙方都開始覺得自己是對的，並且責怪對方。當米亞問艾尼雅「妳為什麼這麼敏感？」她問的其實不是問題，而是包裝成問題的控訴。

   互推責任的戲碼幾乎沒有建設性可言。因為這種行為不會衍生出自我省思，雙方也無法開放心胸去探索彼此關係出了什麼問題，更遑論會想要解決問題。互推責任只會使對方關閉心門，製造防備心，而且通常導致互相怪罪。

4. 她們沒有嘗試去理解對方：由於兩人都相信自己才是對的、對方表現真的很差勁，以及認為自己知道對方的動機，這時她們已經沒什麼誘因向對方提問了。當艾尼雅提到自己錯過兒子的戶外教學並開始哽咽，這時是進一步理解彼此的最佳時機。如果米亞給出感受層次的回應，用帶有同理心的態度回答：「艾尼雅，我很擔心妳，妳怎麼了？」如果這樣回答，整個對話的方向或許就改變了。

然而，米亞卻選擇給出合乎邏輯的推薦做法（「也許妳是該換工作的時候了」），艾尼雅聽了便關閉心房，而且感到愈來愈脆弱。米亞的回答讓她錯失一次理解艾尼雅的機會，再加上她也累積了許多不滿，導致無法對摯友表現出她通常會展現的同理心。

後續的對話中，她們更加自以為是，防備心也愈來愈強，因此難以生出好奇心，理解對方到底怎麼了。艾尼雅在對話中一度問道：「這話是什麼意思？」後來米亞也問道：「這又是什麼意思？」但她們問話的語調都傾向防備或攻擊，而不是打從心底對彼此感興趣。

上述晚餐意外結束。而兩位好友的情緒管理也不算特別好，她們在過程中的感受其實很可能引發更嚴重的傷害，導致兩人關係再也回不來。這也是為什麼我們強烈認為你必須掌控自己的情緒，不然情緒就會反過來掌控你。「掌控」的意思不是壓抑，她們兩位在晚餐過程中做的就叫壓抑。掌控和管理情緒，意思是要**表達**情緒，但要用有建設性的方式去表達它們。

發現與掌控情緒

近五十年前，大衛剛開始在史丹佛進行T小組，當學生被問到自己的感受時經常回答

「我不知道」。接下來的歲月中，情緒智商和其他因素的研究，使得社會對於情緒表達的接受度也日漸增加，當事人對自己情緒毫無覺察的狀況也大幅減少了。但大部分人還是傾向先用頭腦應對，試著用邏輯理解發生的事，然後才注意到自己或他人的感受。這個習慣很難打破。我們兩人在這領域已經工作幾十年了，即便如此，有時我們還是要停下來問自己：「現在我的感受是什麼？」

以凱蘿為例，她壓下自己的感受，也就是麻痺感覺，從她還很小的時候就開始了。她的母親脾氣很差，凱蘿童年最早的回憶就是母親在家裡咆哮、尖叫、摔門，她則躲在家中某個角落，避開母親的偵測雷達。凱蘿逐漸變得非常害怕憤怒，認為這是很不好的情緒，最好都不要感覺到它。她後來必須很努力才能察覺到自己在生氣，以及學習如何適當地表達憤怒。正如知名學者暨作家布芮尼・布朗（Brené Brown）說的，我們沒辦法選擇性地麻痺情緒，因為「當我們麻痺憤怒、難過和害怕時，也同時麻痺了感恩、愛和歡樂。」

職場對於情緒表達這股訴求向來不太支持。數十年來，多數機構都強調要將感受阻隔於職場之外。一九七五年，凱蘿被一家列入《財星》前五百大的公司雇用，成為該公司第一個擔任非行政職的女性。她在公司學到的第一件事，就是如果想在事業上成功，尤其身為那個年代的女性，她必須表現得像男性一樣——也就是野心勃勃、強勢、大膽，更重要的，是要冷靜、理智，並且不帶情緒。感受沒有存在的餘地。她做得很熟練，而且確實對自己的職涯很有幫助。然而，當升上更高職位，跳槽到另一家公司，成為該公司高階經理的時候，原本的理智模式反而限縮了她的發展。

當時她正在做一筆五千萬美元的業務行銷案。有次和團隊到外地開度假會議，她在會議上熱情洋溢地談到如果大家同心協力，可以達成哪些遠大的目標。說到這裡，她激動到幾乎無法言語。台下眾人相當驚訝，陷入一片寂靜。有位經理（男性，喔對了，在場其他人全是男性）對她說道：「哇，原來妳也是個人啊。」凱蘿聽到他這樣說，當場哭了起來：「難道你覺得我不是人嗎？」

於是她取消原定的所有行程，宣布當天最重要的就是大家一起談談這件事。這場談話成為她職涯中數一數二誠懇、真實、有收穫的商務對話，她談到自己究竟是怎樣的人、最在乎什麼，其他經理也輪番分享自己究竟是怎樣的人，以及最在乎的是什麼事。希望、難過、失望、挫敗和在乎，種種感受從眾人談話中傾瀉而出。他們因此發現，原來一直以來都讓一半的自己停擺，但那一半可能反而是最重要的自己。他們談得愈多，彼此之間的理解就愈充分。

那次度假會議後，他們部門轉變成一支勢不可擋的團隊。凱蘿至今都知道，當年那七位男性都願意全心追隨她。上述情況如果在上任第一年內發生，那時她的可信度和自信都還不夠，結果大概也不會像後來那麼好。

情緒不只在職場上沒有正當性，我們大部分的教育體系偏重邏輯與理性，而且社會化歷程的初期也是如此。「你不該生氣。」「你不該因為別人給了負面回饋就感覺受傷，他們只是想幫你而已。」「你不該對剛出生的弟弟發脾氣。」（儘管大家對你的注意力現在都被弟弟搶走了！）各種「不該」，常常阻礙我們發現自己**當下**的感受。

即使是用意最良好的父母，也會對他們的子女發出帶有負面感受的信號。大衛的兒子傑弗瑞四歲時，有次大衛帶他去附近公園玩耍。當時傑弗瑞從溜滑梯溜下來，後腦勺撞到滑道的下緣，便開始大哭。大衛衝過去扶他起來後說：「傑弗瑞，你不會痛啦。」結果大衛剛說完就得到報應了。傑弗瑞兩頰帶淚地反駁他：「你怎麼會知道我的感覺？我才知道自己有什麼感覺。」

大衛並不是有意識地否定傑弗瑞的感受，他只是沒有誠實面對自己的感受。當時更精確（也更能支持對方）的話應該是：「你覺得很痛，這件事讓我覺得很糟。」

即使人們真的表達出自己的感受，也往往低估了感受的強度。我們如果將情緒量化成「10分制量表」，強度從非常輕微到極端不等，不少人是等到情緒已經突破量表上的7，才會注意到或說出這股情緒。當然，強度低的感受不一定值得表達出來，但強度中等的感受呢？有時我們在T小組中會聽到某人說：「我對這個意見感到**有點**不舒服。」我們聽了便會舉起手，用拇指和食指比出一段間距，幽默地問：「只有一點嗎？」學生通常會笑出來，並說：「其實不只。」在這之後，對話就更精確而豐富了。

身體反應（好比胃部一陣翻騰、心跳速度稍微改變、頸部微微刺麻、喉嚨緊繃或手心潮濕）是得知我們情緒的重要線索。這些反應將我們從麻木中喚醒，有助於了解當下狀況的嚴重性。但我們常常會忽略身體反應——儘管研究指出人忽略身體反應，會對健康、快樂和人際關係品質產生負面影響。我們也會經由語氣尖銳度和輕蔑的臉部表情「洩漏」自己的情緒，因此讓當下對話更加運作不良，就像米亞和艾尼雅那樣。她們在爭執的當下，雙方很可能都沒完整地察覺自己有何感受。

米亞和艾尼雅當時還可以怎麼做？

這兩位朋友陷入了艱難處境。她們身處公共場合，兩人已精疲力盡，又壓抑了許多對彼此的不滿感受。也許她們最好的做法就是結束那場聚會，將傷害降至最低。儘管如此，我們剛剛也提到，假如她們用餐時的對話選擇往另一個方向，可能會衍生出更多選擇。

「我只是想幫忙，艾尼雅。但我覺得不管說什麼好像都會惹到妳。妳為什麼這麼敏感？」我們就從米亞這句話開始談吧。至少有三個選項可選擇，都源自第7章提到的「人際循環」、待在你這一側的球場，以及不要越過網子等概念。

選項一：只說自己的感受

我們假設艾尼雅用揭露自我的方式回答上面那句話：「米亞，我覺得真的很受傷，一部分是因為妳剛剛說的話，但我們整個對話也讓我有這種感覺。」雖然我們之前主張，主動展現脆弱的一面可以打破雙方之間的障礙，這時期待艾尼雅願意主動展現脆弱就要求太多了，因為她原本已經覺得被貶低，現在又被控訴是個過度敏感的人。但如果她能表達出自己的痛苦，說不定米亞也會展現自己的脆弱，並且帶著同理心和歉意回答：「我很抱歉。我不想傷害妳，那我可以怎麼做呢？」

又或者，米亞也可以當那個不要越過網子，堅守自己感受的人，以此打破雙方僵局。她也許會發現自己說錯話，回答：「喔，剛剛那樣說真的太糟糕了，我很抱歉。」或是「我覺得今天晚上我回話的方式很糟。但聽到妳不快樂，我真的覺得很難受。我的生活也不是每件事都那麼美好。」

如果這樣就太好了。但我們還是要再檢驗一下現實可行性。米亞才剛指控艾尼雅過度敏感，而且艾尼雅的抱怨讓她聽了愈來愈惱火，這時米亞的態度一百八十度轉變的機率有多大？這時期待米亞揭露自己感受是合理的嗎？大概不合理。

然而，米亞和艾尼雅還有一個方法，既不需突兀地從憤怒切換到慈悲，又能和對方分享自身感受。我們先前提過，憤怒是第二層級的情緒，通常底下還藏有其他更脆弱的感受。如果米亞或艾尼雅其中一人察覺到這點，她們能不能停下來自問：「我現在為什麼這麼不悅？我為什麼這麼生氣？」若能如此，接下來她們的反應也許就是：「我發現自己現在這麼不悅和生氣，原因在於我也感覺受傷／被貶低／無助……。」

由她們其中一人主動開放展現自己的情緒，大概是打破緊張情勢的最快做法。但兩人衝突正烈時，這樣做的難度很高。因此，儘管選項一直存在，但執行起來相當不容易。

選項二：發現與克服自尊陷阱

米亞和艾尼雅爭執過程中，其實有好幾個自尊陷阱原本可以避開的，比方說，對方不道歉的話自己也不道歉、認為承認受傷是種懦弱，以及把過錯全怪罪給對方，讓自己感受好一點。

驕傲虛榮的心態，不僅會讓你在對話中抱持強硬姿態，也會讓對話走向趨於失控。通常只要你發現自尊心正在從中作梗就夠了，而且比起選項一，承認虛榮心作祟可能比較容易。她們能不能即時發現上述任何一種自尊陷阱，或其他導致心態自以為是的言行舉止，並勇於向對方承認呢？

選項三：處理當下發生的事，並聚焦在未來

我們之前討論過，當雙方關係陷入僵局，有時很需要後退一步並提問：「現在是怎麼了？我們能走出來嗎？」米亞或艾尼雅當下其實都做得到，也就是留意不讓對話演變成互相推卸責任。

其實她們有幾種方法可用，讓對話不會演變成雙方互推責任，其中一種就是談談自己從這段關係中想得到什麼。米亞和艾尼雅的感情不若以往親密了，她們也都很想念過去更私人、充滿關懷的互動，以及兩人的親密感。這時她們其中一人可以說：「今天晚上的對話和我們以前的不一樣了。以前我覺得我們真的很在乎彼此，很親密，我很懷念這種感覺。我很希望能再回到那樣的關係。妳呢？」

如果她們其中一人能開放心態接受這樣的提議，並可以避開指控對方破壞過往親密的陷阱，兩人就有機會能辨識出自己在這段關係中到底想要什麼。這時，她們就有可能開始解決一些先前累積的不滿。

另外，上述三個選項並非互斥，而是有可能彼此疊加。後退一步觀察當下發生的事，並各自提醒自己到底想從這段關係中得到什麼，想念這段關係的哪部分，都可能帶領她們進一步探問及揭露自我感受。最重要的是，當你察覺到自己當下的實際感受，下一步就有更多選擇。

上述三個選項都需要先展現自己的脆弱，而當你感覺受傷和被誤解時，要做到這樣更是困難。不過，就像俗話說的：沒有風險，就沒有報酬。

艾尼雅和米亞在前述衝突中，顯然都沒有採用以上任何一種做法。但這不表示為時已晚。她們是陷入僵局沒錯，兩人之間停滯下來，但這種停滯是可以打破的。下一章我們會探索該怎麼做。

深入學習

自我省思

1. 想像你在艾尼雅的處境。**在前述對話的各個關鍵點，你可能會怎樣回應呢？**接著，再想像你在米雅的處境，以及上述各情況中可能會怎樣回應。不要給出你自認應該要有的回答，而是身在那個處境中可能會有什麼反應。

2. 關係卡住：回想過去你和其他人起爭執，雙方關係「卡住」的時候。你的自尊心在過程中是否阻礙了溝通？如果有，你有沒有發現自尊心阻礙溝通的共通模式？思考以下敘述對你來說是否為真：

- 我很難在別人向我道歉之前就先向對方道歉。
- 我很難說出「我很抱歉」。
- 我很難承認自己錯了。
- 我習慣認為自己通常是對的；我很難理解對方的立場。
- 我必須讓對方知道，比起我，他們對問題應該負更多責任。
- 我會試著找歸罪對方的理由。
- 我很難說出自己感到受傷。
- 我被其他人傷害時，很難放下厭惡感。
- 我傾向把別人給我的負面意見回饋或批評看成人身攻擊，而且會因此升起高度防備心。
- 當我認為對方錯了的時候，會變得自以為是。

以上是我們通常用來保護自己的方式。在上述你所選出符合自身狀態的敘述中，假如不做出這些反應，你害怕接下來會發生什麼事呢？

3. 停滯：米亞和艾尼雅因為先前提到的四個主要原因，導致關係停滯下來。你在上一段落回想了過去與人爭執，雙方關係卡住的情況。在爭執發生前，你們是否出現符合以下敘述的情形？

- 雙方的不滿持續累積。
- 沒有告訴對方自己的感受（卻用邏輯思維吵架，或指控對方）。
- 互相推卸責任。
- 沒有試著理解對方。

應用

先前你列出的重要關係中，你曾經和其中哪個人經歷過關係卡住的時刻？從中選出一個。前面「自我省思」段落第二個問題所列出的敘述，哪些會發生在你或對方身上？找對方一起討論，看看你們能否想出一些方法，避免未來再次卡住。

目前你的人際關係中（前述所列的重要關係，或與其他人的關係），有沒有懸而未解的爭執？想想你要怎麼打破停滯，決定好了就去試試看吧。

理解

你們的談話進行得如何？你對自己增加了什麼認識，對這種打破停滯的對話又有了什麼新認識呢？如果你們下次又卡住了，你們答應彼此會做什麼，好打破僵局呢？就你從本章所學到的，有什麼方法會特別想試看看？

11 打破停滯

米亞和艾尼雅——情境2、3

我們先回顧一下第3章提到的「攀登華盛頓山脈」隱喻。米亞和艾尼雅以為抵達陡壁前的攀爬過程會很輕鬆，結果天氣驟變，開始下暴風雨，淋得她們一身濕。她們現在面臨整趟登山旅程中最難的一段。她們該試著攀爬陡壁嗎？會很困難，而且岩石又濕又滑。還是她們該調頭回去？如果她們繼續爬，可能會受傷，但如果成功抵達草原，過程中遭遇的挑戰會讓她們的成就更有意義，看到的風景也會更令人心滿意足。

話雖如此，它也可能並不值得費這麼多力氣。或許雙方該直接撤退。她們現在面臨重大決定，而究竟會如何前進，完全看雙方對彼此有多投入、處理這樣艱難情況的能力，以及兩人的關係是否重要到值得冒下產生更多衝突的風險。

雖然艾尼雅可能覺得自己卡住了，但她其實還是有不少選擇。她可以放棄這段長期關係。她也可以等，看米亞會不會先有動作；但如果她只是等待，就放棄了後續進展的掌控權。她也可以主動聯絡米亞。但如果這樣做，她該對米亞說什麼？如果分享自己的感受，米亞會不會又貼標籤，說她太敏感？萬一艾尼雅說出她認為是米亞自己引發這次吵架呢？事情不會更糟嗎？艾尼雅有很多選擇，但每個選項都有潛在代價。

米亞和艾尼雅——情境2

那晚，艾尼雅開車回家時一直想著晚餐時和米亞的對話，愈想愈不開心。當她把車開到家門口並停好時，忍不住哭了起來。先生克里斯多福在門口迎接她。當艾尼雅告訴他當晚發生的事，愈說心情愈差。最後她下了結論：「也許該放掉這段友情了。現在這段關係帶來的麻煩比價值還多。」

「妳真的想放棄一段超過二十五年的友情嗎？」克里斯多福問道：「妳們一起走過了很多事情。」

「這個嘛，前提是她真的看重這段關係。況且今晚的災難大部分是她的錯，應該由她主動跨出第一步才對。」

克里斯多福安靜了一下，接著說道：「妳真的想要放掉那麼多主控權，讓她可以全權掌控結果嗎？」

「我不知道，」艾尼雅答道：「只知道我現在累死了，想趕快上床好好睡一覺。」

隔天艾尼雅開車去上班途中，思索著昨晚克里斯多福說的話。她和米亞真的一起走過了很多事情，好想念過去兩人的親近感。其實這份失落正是她不開心的主要原因。她覺得很難過，又覺得被掏空，也想知道米亞是不是有同樣感覺。她心想，**關係確實會結束沒錯，但米亞真的想要這樣嗎？**

她考慮主動聯絡米亞，但發生那晚的事之後，她不知道要怎麼開口。她想到米亞那句「妳為什麼這麼敏感？」，還是會感到一陣熱辣辣的痛，她不想要再說出什麼讓米亞加深那種印象的話。她想直接打電話，但決定還是不要。她心想，**我不知道自己能不能控制說出口的話，尤其是如果她又貶低我的話……**後來她決定寄電子郵件給米亞，這樣可以講得周延一些。

當晚，艾尼雅發信給米亞：「我不知道妳怎麼想，但我還是對那天晚餐的事感覺很糟。我們當朋友很多年了，一直把對方當作很重要的人。我不知道妳感覺怎樣，但我想要再碰一次面，好好聊聊我們能怎麼做。但這次不要約晚餐了，我想我們需要更私密的地點，時間也需要比上次匆忙的晚餐更充裕一些。」

隔天米亞回信了：「很開心收到妳的信；下週六中午約在社區花園的涼亭如何，那邊隨時都空著，方便嗎？」

米亞這麼快就回信，讓艾尼雅放鬆許多，但她的回信沒有透露太多情緒，因此不知道她是不是也和艾尼雅一樣心情很差。艾尼雅心想，**我會不會又變成那個比較需要關愛的人？**但這次是自己先開口的，因此她回信道：「可以啊，聽起來滿好的。那到時見囉。」

社區花園離艾尼雅家很近，星期六那天她選擇走過去。她很感激米亞選了一個對她很方便的地點，但也很緊張，擔心兩人碰面不是個好主意。她心想，**這次又會發生什麼事呢？我們真的會有進展嗎，還是只會愈來愈糟？**

米亞已經在涼亭裡等了。而且正如米亞所料，涼亭裡沒有其他人。這天的天氣很棒，溫度剛好，小涼亭裡很舒適又溫馨。米亞主動抱了艾尼雅一下，然後坐下，也示意艾尼雅坐下來。「所以，」米亞說：「妳在想什麼？」

「我本來希望妳和我都在想同一件事的。」

米亞嘆了口氣後說：「妳**到底**怎麼了？」

艾尼雅感覺自己的防備心立刻上來。「我怎麼了？**妳**才怎麼了吧！妳怎麼會這麼不敏感？我覺得妳好像根本不在意我們的關係。」

米亞說道：「就算我不會對每件小事都發脾氣，沒有和妳一樣的反應，這不代表我不敏感或我不在意啊！」

「等一下，」艾尼雅說道：「我們不要再這樣了。」

「對！」米亞同意道：「不要再這樣了。」

她們沉默地坐著片刻，接著米亞問道：「艾尼雅，妳怎麼了？」

「問題就是這個。」艾尼雅說道：「為什麼都是我的問題？妳不是也很在意我們的關係嗎？」

「我從來沒有說都是妳的問題啊！」米亞的防備心有些上升，但她的語氣隨即軟了下來。「我只是很擔心，我太在乎我們的友情了，現在覺得很無助。」

「能聽妳這樣說真的很好，」艾尼雅說道：「但這是我第一次知道原來妳會對我們的關係感到煩惱。我真的不知道妳有多在乎我們的友情。妳跟我一樣很想念以前的親密和親近感嗎？」

「當然會啊，還不夠明顯嗎？我要怎樣做才能表現得更明白？」

「其實真的不明顯，」艾尼雅說道：「拿我們昨天的電子郵件來說吧。我冒險說出我對那頓晚餐感覺很糟，以及那次事件對我們的關係可能有什麼影響，而妳的回應卻是『很高興收到妳的信』。光就那封信來說，我完全看不出妳的感受是不是和我一樣。」

「但我真的不懂——我到底為什麼要把那些說出來？」

「因為說出來會有幫助，」艾尼雅說道：「我又不會讀心術。妳看，妳把我貼上很依賴人的標籤，又說我會對每件小事擔心兮兮，這就讓我處於被貶低的狀態，好像我是什麼問題人物，這種標籤讓我很沒安全感。沒錯，我當然會有需求，但妳難道就沒有需求嗎？我們這段關係難道不是平等的嗎？」

米亞停頓了一下，理解剛剛艾尼雅說的話，然後語氣變得比較柔和：「好吧……我大概懂了，很抱歉。對，我剛剛也心情很差，如果我剛剛能表達得更明白就好了。」

兩人安靜了一會兒，身體終於稍微放鬆下來。接著米亞用更柔和的語氣問道：「我還有做過其他會把妳推開的事嗎？」

「嗯，其實真的有。」艾尼雅說道：「最近妳生活各方面都過得很順利，但我還是很辛苦，這讓我和妳共處時覺得很難受。」

「所以我不能說自己生活中發生什麼好事嗎？難道我們的關係只能做到這樣？妳想要我刻意不談自己和我生活中重要的事？這對我有點不公平吧。」

「不是，當然不是這樣。」艾尼雅說道：「如果我們想要親近的關係，當然要能夠自在談論我們生活中所有面向的事。妳說我太敏感，但另一方面，妳到現在還是沒說妳可以體會我聽到妳講述種種新屋裝潢細節時，可能會升起怎樣的感受。這難道不會有點太不敏感嗎？」

米亞聽了，眼眶開始泛淚：「我很抱歉，但我唯一能分享所有成就的人只有妳而已。」

「我也想要當那個分享妳成就的人。」艾尼雅柔聲說道。她停了一下，又問道：「怎麼了？為什麼哭呢？」

米亞聽了，眼淚更是停不下來。「妳知道我過去的背景，以前我班上同學個個家裡都很有錢，雖然我們家也不窮，但我相較之下有的就是比他們少。能夠過這麼成功的生活感覺真的好棒，我也不想炫耀什麼，但除了妳，這一切我還能跟誰說？」

「喔米亞，我是**真心**想要跟妳一起慶祝這一切。」艾尼雅主動去握米亞的手。「相信我，我真的很為妳開心，也想要當那個能讓妳想說什麼就說什麼的人。」說完，艾尼雅安靜了一陣子，讓剛才的話語有餘裕沉澱下來，也讓米亞哭完。

「但是，」艾尼雅等米亞哭完後繼續說道：「我要承認有時候當我們聊完，我會因為自己生活過得很不順利而感覺更差。我很常覺得自己擁有的好少，尤其是和我最要好的朋友在一起時，這種感覺真的很痛苦。」

「那我可以怎麼做呢？」米亞問道。

「我知道妳想幫忙，」艾尼雅說道：「但當我分享自己生活中的事，妳會給我一些很隨意的建議，像是『也許妳該找看看新工作了』，如果我的回應不是很正面，妳就說我太敏感。現在我坐在這裡，就很擔心妳下一句話要說什麼，就算沒說出口，我也會很擔心妳又認為我太敏感。」

「聽妳這樣說，我很難受，」米亞說道：「但我懂妳的意思。這不是我想要和妳相處的方式。我完全不知道妳這麼難受。很抱歉我之前說妳太敏感，而且妳說得對——我之前真的不夠敏感。」

「很謝謝妳這樣說，」艾尼雅說道：「對我很有幫助。我現在好多了，跟那天晚餐時比起來，現在我更被理解了。如果我們不熟的話，雖然會覺得很難受，那也就算了，但對象是妳，我對自己竟然會嫉妒妳這件事覺得很痛苦，而且我不知道該怎麼處理這感覺。」

「我也不太知道要怎麼處理，」米亞承認道：「但我很高興我們現在能坦誠地講這件事。我有信心我們可以做到的。」

有驚無險

米亞和艾尼雅終於打破停滯了，但過程有驚無險。那次晚餐聚會對她們任一人可能都是壓垮駱駝的最後一根稻草。又或者事後艾尼雅可能會什麼也沒做，像她一開始想的那樣，等米亞主動聯絡她。米亞收到艾尼雅的信後，可能也不會馬上回信，艾尼雅可能等著等著就放棄了。最後，她們在涼亭的對話起先又指控對方不夠敏感和過度敏感，那一刻也可能終結她們的友情。

這種爭執場面中，當事人常常會因為害怕提出會讓雙方愈吵愈凶的問題，而導致兩人關係卡住。另一個傾向是將衝突過度簡化為非黑即白，認定對方完全是錯的，自己則完全沒有責任。這種過度簡化會限縮和解的可能方案，讓雙方或其中一方猶豫要不要走下去。在這種狀況下，你們已經停止傾聽彼此了，這時候要一起討論出有建設性的解決方法會更加困難。

當你感到受傷、覺得和自己很在乎的人之間距離很遠，這時最需要的是感覺到自己被認真傾聽，被完全理解——也就是我們先前提到的，「感覺情緒相遇」的兩大重點面向。不過要做到這點，你們需要先理解自己的需求和感受，並且大聲說出來。沒有人會讀心術。當你們都說出口後，這時才能一起進入解決問題和修補關係的階段。

米亞和艾尼雅都面臨一連串的重大抉擇。每遇到一個抉擇點，她們都可以選擇要面對問題和彼此，或者轉身離去。她們晚餐聚會後便面臨了這個抉擇。幸好，艾尼雅選擇面對米亞。儘管艾尼雅感覺很受傷，但她還是願意主動冒風險，主動寫信給米亞，告知對方自己對於當天晚餐發生的事感覺很糟，以及兩人的關係對自己而言很重要。艾尼雅展現出更多的脆弱面，這種情況下通常兩人會進入相互展現脆弱的狀態。但米亞的回信並未展現自己的脆弱，此時她便失去了與艾尼雅進一步連結的機會。

她們在涼亭剛開始談話時，又遇到另一個抉擇點。她們又開始互相指責，艾尼雅說米亞太不敏感，米亞則反擊說至少她不會像艾尼雅一樣「對每件小事發脾氣」。此刻雙方踩在一個爆炸點上，這也是很多人不願意談論人際難題的主要原因。

大家會怕你來我往的回擊演變成傷害性更大的指控，關係會惡化到雙方再也無法挽回。艾尼雅在上述時點，完全有可能直接起身，說道：「我受夠了——妳這是什麼朋友啊。」而米亞聽到之後，肯定也只會反唇相譏。

然而，關鍵在於她們兩人也都可以選擇停止反擊，避免讓情勢愈演愈烈。當艾尼雅說出「等一下，我們不要再這樣了」的時候，這句話讓雙方都踩下煞車。

幸好，米亞的回應也很正面。但這時她們還沒完全走出森林。當雙方處於爭執狀態，很可能代表這段關係有好幾個問題在交互影響，只是彼此都沒注意到。當憤怒等強烈情緒失控的時候，就像火上加油，火勢一發不可收拾。然而，如果好好管理和理解這些強烈情緒，它們反而能幫助我們了解，**自己感受到的情緒愈多，就更有可能是某些更深層的事物正在運作**。

當艾尼雅問米亞：「妳不是也很在意我們的關係嗎？」這句話打破了兩人之間的停

滯，米亞終於也有機會揭露自己的感受。「我只是很擔心，我太在乎我們的友情了，現在覺得很無助。」米亞這時稍微展現了脆弱的一面，艾尼雅便能接著分享其他也讓自己感到困擾的問題。在這之後，雙方便重新對彼此生出好奇心，也跟著開始理解對方行動與反應背後的原因。她們也因此做好更充足的準備，能夠指出彼此關係中的核心問題，比如嫉妒，以及她們需要彼此提供怎樣的支持。

艾尼雅還有另一個舉動，成功扭轉了對話方向。她除了克制地只分享自己的感受，不越界表達，她更將重點放在米亞某些令她格外困擾的行為。她沒有繼續對米亞不夠敏感這件事做人身攻擊，而是指出米亞回信的口氣、給人建議的習慣，以及不願意揭露自己感受，這些行為都對兩人關係帶來問題。記住，如果意見回饋能聚焦在具體行為，而且給予回饋的人能謹守自己的現實圈，表達內容就能更精準，對方也更能聽得進去。

艾尼雅和米亞打破停滯的方法並非完美，但也沒關係。處理艱難的人際議題，並不一定要在完全正確的時點，使用完全正確的言詞。艾尼雅和米亞其實也有機會早一點分享感受（以及更仔細地聽出對方未說出口的感受）。她們也有可能更早注意到自己的表達越過網子。她們犯了錯，但都即時控制住自己。

這次對話中最珍貴的一課，是堅持下去的重要性。她們在過程中隨時都有可能轉身離開對方，如果真的做了，關係就會傷得更重。撐著不走，面對彼此，這些都需要耐心、自我管理，以及多磨上幾回的意願。但就像米亞和艾尼雅後來發現的，她們付出的努力完全值得。

米亞和艾尼雅——情境3

米亞回顧了童年片段後，艾尼雅想了一下。「我是稍微知道妳成長過程遇到的事。」艾尼雅說道：「但就算在大學時期，我們也沒有聊得很深。聽起來那時發生的事比我想的還多。」

這時米亞終於敞開心房。「對啊，每次回想我都覺得那所學校的文化很可怕。所有學生都穿設計師名牌的衣服，到法國坎城度假，家住豪宅莊園。大家時時刻刻都在和別人比較自己的社經地位。我根本不在他們的圈子裡。我穿的是寄售商店買的衣服，也從沒踏出密西西比州的西部，而且住在一間很小的公寓裡。我從來沒有邀請其他同學到家裡，而且把所有精力都用來隱藏自己的格格不入。」

「米亞，我完全不知道妳那時過得這麼辛苦。」艾尼雅回答道：「我不敢相信我們當朋友這麼久了，我卻對這一切知道得這麼少。呃，我真的很抱歉。」

米亞感激地點了點頭，繼續說道：「去年我回去參加第二十五屆的高中同學會，第一次覺得我和其他人平起平坐，好像我終於走到這一天了。大致說來，我的工作比他們都好，但當我聽到他們講自己在漢普頓的房子或可以俯瞰中央公園的公寓，談個沒完沒了，那時我完全不想告訴他們任何我生活中發生的好事。我討厭那副炫耀德性，認為那樣非常沒品味，而且也無法忍受這種用財富衡量一個人值不值得當朋友的想法。」米亞停頓了一下再繼續說：「因為我不想像他們那樣炫耀，也不想讓任何人聽了以後萌生我過去有的那種卑微感，於是我變得不想和任何人討論我生活中發生的好事，除了跟妳和傑克。」米亞說著又哭了起來。

隨著艾尼雅對米亞的理解更全面，她感覺自己的心也變柔軟了。她輕輕地搖頭，說道：「多諷刺啊，我對妳的感覺竟然就是妳對高中同學的感覺。我很高興我們終於開始談這件事了！」

「聽了很難過，但這是真的。」米亞低聲說道：「多諷刺啊，竟然對妳做同樣的事，我實在很抱歉。」

她們都感到更放鬆了，繼續聊了一陣子其他兒時回憶。然後艾尼雅提議一起在公園散步。她們邊走，艾尼雅邊說起自己對目前工作感到很卡，以及為何她希望即將發生的高層變動能夠帶來改變，這樣她就不用離職。這次米亞邊聽邊點頭，表示自己的支持，讓艾尼雅可以自在發洩。

她們繼續走著，聊了更多對彼此的需求，也再次互相重申對這段友情的投入。艾尼雅向米亞保證，自己真心願意聽米亞暢言自己的人生成就，米亞也答應盡量不要反射動作似地給艾尼雅建議，只要單純傾聽就好。

負起責任

本章處理的（其實是這整本書都在處理的）是兩則相關聯的陳述：**幾乎所有情況中，我們都握有選擇。還有，對方的回應會如何讓你握有的某些選擇較容易或較難做到。**

米亞和艾尼雅各自原本都有機會預防這起衝突，或是可以早點走出衝突，不需靠另一方就能做到。我們兩人其實一次又一次地，看到許多學生、同事、客戶和朋友放棄了自己的行動自由。同時，人們確實會相互影響，如果我們想要有更深化的人際關係，就需要察覺到自己當下的言行會如何使他人自由，或是使對方受限，而他人對我們的影響也是如此。記住，別人可以**影響**我們，但我們不需要被他們**掌控**。

「恰如其分地負起責任，不多也不少」這個議題，是上述兩個觀念的交集點。前述災難性的晚餐過程中，米亞和艾尼雅都沒有對當時發生的事負起責任——她們都認為是對方的錯。當她們再次碰面，揭露各自的感受與擔憂，過程中她們開始對自己的言行負責，並且讓另一方知道，對方的行動會讓自己更容易或更難展現出最好的樣子。

當對方因自己的言行而有所反應，這時拒絕負任何責任是有危險的。如果米亞說：「妳要對自己負責，不應該因為我說了貶低妳的言論就受我影響」，她就是在逃避雙方處於關係中這個現實。而相對地，背負太多責任也是一種危險，如果米亞說：「喔，都是我的錯」，這時艾尼雅就變成一名無助的受害者。不過，她們最後終於走到這一步，承認以下兩個陳述同時有效：**我有選擇，而我也正在受你影響**。

還有一點要注意的是，有時候與他人分享我們遇到的問題，會比分享我們的成就還容易。當我們分享值得慶祝的成就，反而會覺得脆弱，因為會怕對方認為我們「太自滿」。不過，當你的好友生活一切順利，這時樂意傾聽他們的成就，並真心為他們感到開心，也是我們做為好朋友的意義之一。米亞對艾尼雅的期望便是如此。

當米亞和艾尼雅之間的停滯終於被打破，她們的對話便引領兩人進一步走向解決問題及修補關係。她們分享了彼此的早年經驗——說明了自己特定反應或需求的原因。這段友誼中的諸多議題也因此浮現。很多人一開始只分享感覺比較安全、也比較淺層的情緒，但如此一來，最重要的問題就難以出現在對話中。過程中你需要保持耐心，雙方各自發生的狀況才能真正浮現。米亞和艾尼雅也是達成了一連串協議，讓彼此得以更做自己、更得到對方支持，之後才能看見雙方關係中諸多問題。

如果她們共進晚餐時，米亞能帶著同理心問艾尼雅「妳看起來心情不好，怎麼了」，或是當艾尼雅說「米亞，妳知道嗎，我認為妳的建議沒什麼用」，米亞能回答「抱歉」，並轉移話題，也許她們就能度過愉快的一晚。這樣即時處理不滿，又能避免吵架，晚餐就會開心多了……不過，如果當初她們這樣做，就不會產生衝突，那些讓她們關係更加緊密的問題就沒機會浮現了。

儘管面對衝突會感到壓力，甚至覺得危險，但它本身也有好處。衝突可以很直接地讓關係中的意圖浮現。衝突也可以帶出情緒，而情緒又能讓你知道對方現在是什麼狀態。在米亞和艾尼雅的情況中，若干事件層層累積，最後因為衝突而浮出檯面，她們才能共同解決問題。她們會因為爭執而感到痛苦，但爭執也迫使雙方辨識出這段友情中，各自最珍視的事物是什麼。她們解決問題的能力，不只帶來有建設性的解決方法，也讓她們重新確認對彼此和對這段友情的投入。她們有能力將原本負面的互動轉化出正面結果。要如何用建設性的方式處理衝突，是個很複雜的議題，下一章我們會仔細說明細節。

深化學習

自我省思

1. 想像你在艾尼雅的處境，然後再想像你在米亞的處境。**回顧她們對彼此分享的事，對你來說揭露這些事有多簡單／困難？你可能會在前述情境中的哪些節點上卡住？再想想如果卡住了，你會怎麼處理那個狀況。**
2. 居於弱勢方：如果你覺得自己居於弱勢，這時要主動採取行動是有難度的。再想像一次，如果你在艾尼雅的處境，對你來說展現脆弱有多困難？你有沒有經歷過與他人衝突過程中居於弱勢，而自己做的就是等待對方下一步行動？在這種情況中，你做了什麼？從對前述問題的回答中，你對自己增加了哪些理解？
3. 重要關係：回想你列出的重要關係中，曾讓你感覺居於弱勢的具體事件。是什麼樣的事件？你當時的回應是什麼？
4. 居於強勢方：有沒有可能你做了什麼，導致你的某位重要關係對象感覺他居於弱勢，或是導致對方很難對你展現脆弱？

應用

在上述第三和第四個問題，也許你已經發現自己在某段重要關係中曾感覺居於弱勢，或讓對方感覺居於弱勢。找這名對象談談，討論你們可以做出哪些改變。

理解

你從上述關於展現脆弱的討論中學到什麼？經過這些討論，你們對彼此展現脆弱的意願增加了嗎？就所學到的，你要怎麼做，對方才能更展現自己的脆弱？對你來說，在這段關係中展現脆弱有多簡單？

12 有建設性地利用衝突

梅笛和亞當——情境2、3、4

米亞和艾尼雅的爭執導致幾個核心議題浮現——艾尼雅覺得自己沒被聽見，米亞則覺得自己被局限，以及雙方都覺得彼此不如以前那麼親近了。而當了解到當前問題的根源時，她們也都樂意改變自己和對方的互動方式。她們遇到的問題並不簡單，但是仍然有法可解。

不過，很多衝突都沒有簡單解方。假設你要靠父母幫忙照顧你的小孩，你的父母很樂意，但他們的管教方式比你想要的還嚴格。對此你很不開心，但又怕直接說，他們就不願意再幫你帶小孩了，你沒他們幫忙不行。乍看之下，你和父母的需求互斥：你想要免費的托育服務，但希望管教方式柔和一點，而他們則想要嚴格管教。此外，如果他們聽到你這樣說，反而指控你利用他們的慷慨，該怎麼辦？或者，如果過程中喚起你小時候被他們嚴格管教而留下的未解感受，該怎麼辦？一不小心，你就會戳到滿滿一蜂窩的問題。

面對這些類型的衝突，當事人都需要全力以赴，因為剛開始一定很艱難，之後才會變簡單。對第5章提到的梅笛和亞當來說，工作與育兒這些容易引發爭執的議題尤其如此。

梅笛和亞當——情境2

梅笛和亞當討論了他們之間相異的意見後，當下結果令人很不滿意。幾週後，梅笛有天和她的朋友特蕾莎共進午餐。特蕾莎最近終於解決自家的育兒問題，能夠重返她原本的全職工作。「是可以做到的，」她說道：「只是不便宜而已。」梅笛問了特蕾莎是怎麼和她先生討論定案的。「不容易啊，」特蕾莎說道：「我們協商了一陣子，當中包括他同意要主動負擔更多家務。總之，我們還是達成協議了。」

當晚，亞當在梅笛哄孩子們睡覺後才回到家。他曾提前打電話給她，表示有好消息要宣布，所以梅笛延後自己吃晚餐的時間，這樣他們兩人可以邊吃邊聊。她覺得又餓又累，心情又差。同時，她也一直回想中午和特蕾莎的對話內容。

亞當進門時臉上掛著大大的笑容，對梅笛說道：「我有件非常棒的消息要告訴妳——等等吃飯時說！」他們坐下來後，亞當非常自豪地宣布，公司派給他一個新案子，做得好的話會有很多功勞。他透過這個案子可以學到很多新東西，而且有更好的機會晉升到自己渴望的職位。梅笛聽著，但沒說太多。亞當也談到接下這個案子後他要另外負起的種種責任，其中一個代價是「有陣子下班後和週末也需要工作，但這些辛苦都值得」。

梅笛嘆了口氣，低聲說道：「很好啊。」

「就這樣？」亞當問道。

「嗯，亞當，」梅笛說道：「我們之前談了好幾個月都還沒結果的那些事，因為這件事又變得更糟了。為了小孩和家務，我要負起的責任已經比之前還多，這已經讓我夠不快樂了，現在你竟然告訴我，之後有空的時間還會變得更少。不管你現在為這件事感到多開心，我一想到自己之後要面臨的一切，還真的興奮不起來。」

「又要講這個？」

「對，又要講這個！」梅笛說道：「而且這次話題不會再默默消失了。」

他們盯著對方看了一會兒，梅笛繼續說道：「我今天和特蕾莎一起吃午餐，她提到自己找到一家很棒的日間托育，所以現在可以回去做全職工作了。我們也可以研究看看，這樣可以幫我省下更多時間，尤其是之後你平日和週末經常要在公司加班的話，這會有很大幫助。」

「但我們負擔不起啊。」亞當說道：「日托的成本太驚人了。我們現在還花不起那個錢，廚房整修已經差不多耗光我們的存款了。」

「嗯，這樣的話，也許你該考慮拒絕接那個案子。」

「這不合理啊，」亞當說：「我們家會因為接了這個案子愈來愈好耶。」

梅笛猶豫著要不要起身收拾碗盤，再靜靜地捧著碗盤走去廚房，但決定不能這樣。她說道：「亞當，我實在興奮不起來，因為現在我只覺得很討厭。這次我不會再默默退讓，我受夠了！一定要做些改變才行，我們兩個需要談談。你的職涯現在是用我個人換來的，已經傷害到我們的關係了。」

「這話是什麼意思？」

「你看，你現在什麼都有了。你有一份讓自己相當期待、充滿樂趣和挑戰的工作，以及每個人都想要擁有的人際互動。可是我呢？每天得和一個三歲、一個五歲大的孩子關在家裡。」

「但這不是很有意義嗎？」

「當然啊，某種程度來說是啊，」梅笛說道：「但你想要交換嗎？如果你整天都在買生活用品、清理廚房，還有陪小朋友玩，雖然他們是很可愛沒錯，但你會完全沒有機會和其他人談話，也沒有任何大人的智性交流，換作是你，你感覺如何？你真的會想要嗎？」

「等等，」亞當說道：「妳不能把我當成壞人，我們當初都**同意**這個安排——我會有一陣子負責賺錢，妳則是照顧小孩和家裡。如果父母都要上班，兩人壓力實在太大了——我們當初是一起做這些決定的。」

「我知道，我很抱歉，」梅笛說道：「但我不想再遵守這個決定了。我們當初做決定時，我不知道壞處會這麼嚴重。」

「我真的不知道該怎麼幫妳，親愛的。我愛妳啊。」

「我知道你愛我——但那個不是重點。重點是我開始認為我們表達愛的方式不一樣。說真的，我很想要支持你，為你的成就歡呼，我一直都很支持你的發展，也想要繼續這樣支持你下去。但是我需要你也同樣支持我的發展。但我現在感覺不到。我擔心你只顧著開心我可以繼續照顧小孩和家裡，可是這沒辦法讓我快樂和成長，而且我現在很多時候都覺得很不快樂。」

「所以妳想要我放棄這個新案子嗎？」

「不是，當然不是。我想要支持你，也給予所有你應得的讚賞，但是也需要你可以支持我。」

「這下我真的不知道該怎麼做了。每次我們談到這一點，妳常常就直接走掉。然後我就覺得有點無助。」

「真的嗎？這倒是讓我很驚訝。」梅笛說道：「我從來沒想過你會覺得無助。我以為你根本不在乎我的感受，或是只在乎自己是對的。」

「嗯，妳說對了，我是真的很在乎要當對的那一方。」亞當羞赧地笑笑：「但我也很在乎妳。妳是我太太，還有我的人生伴侶。」

「你也說對了，我之前談到這些事情確實會直接走掉，但不是因為你沒辦法幫上忙。我走掉是因為害怕衝突，也害怕如果衝突發生，對我們的關係意味著什麼。但我想自己更害怕的，是如果我一直走掉，不知道最後會發生什麼。」

「妳在怕什麼？」亞當柔和地問道。

「我們剛結婚時，彼此關係很平等。我們會一起做重大決定，也會幫助彼此成長。我很害怕我們已經不會再這樣做了。我害怕你會敷衍我，或說些讓我感覺更差的話，比如提醒我當母親這件事多有成就感，或是小孩長大後會和我比較親近。我也發現，如果不表明我愈來愈討厭這一切，就是我的錯了。雖然現在感覺很難受，但我想如果我們要處理現在面臨的問題，我的第一步就是不要跑掉。」

梅笛如何找回自己的力量？

當雙方都逃避面對重要問題，像梅笛和亞當那樣，他們的關係往往會卡住，無法用有建設性的方式解決問題。梅笛面臨兩個和亞當有關的問題：首先是他們對育兒的不同看法，第二個問題則是雙方權力不平衡，導致梅笛認定自己無法影響亞當的看法，並妨礙他們處理第一個問題。

梅笛害怕如果更強烈地說出自己的感受和擔憂，可能會導致兩人衝突。但是當她不再被自己的恐懼所掌控，兩人之間的權力差距便開始縮小。她對自己母親所讚揚的、社會固有定義的性別角色提出質疑，也質疑她和亞當先前決定的協議是否依然有效，因為當初她並不了解協議帶來的所有後果。她站定自己的立場，沒有像以前一樣轉身離開。另外，梅笛在過程中也用了基本回饋意見模型的四種變化版。

1. **你的行為就是這樣影響我的**。她談了自己的不快樂和厭惡感。
2. **你的行為沒有達到我的目標**。她告訴亞當，她對亞當可能接下的新案子並不如他本人這麼高興，她沒辦法對這件事感到興奮和支持。
3. **你的行為也許可以達到你的目標，但我付出的代價很大**。她承認亞當接下這案子可以讓他的職涯大有進展，但對兩人關係和平等、公平婚姻這個共同目標，則會付出高昂代價。

4. **我是不是做了什麼事情，造成你做出這項行為？**她主動承認自己轉身離開不管和逃避衝突的行為，也是目前問題的原因之一。

如果梅笛在對話一開始就做出越過網子的指控，事情發展就完全不同了。想像看看，如果她對亞當說「我覺得你只在乎自己」「我覺得你把成功看得比我的快樂和我們的婚姻還重要」「你只想利用我生孩子和幫你打掃家裡」「你就是典型的自我中心、剝削他人的大男人」。亞當不太可能承認上述任何指控有道理，而且聽了一定會升起防備心。提出指控的人也許會因為壓抑已久的憤怒得到發洩而感覺良好，但是這樣做只會將對方推得愈來愈遠。

我們一直強調，權力的其中一個主要來源，來自你對自身情緒的覺知。梅笛對亞當新接下的工作機會感到厭惡，這份情緒幫助她發現原來兩人之間的情況已經糟到何等程度。對自己的情緒有覺知，能讓你的選擇更深思熟慮。如果她這時又用理智壓下感受（**我應該對照顧小孩感到開心的——小孩成長只有一次——對全家來說這很合理，亞當這時就該盡力追求自己的獲利潛能，我應該真心為他開心的**），她就不會提出對他們婚姻真正重要的議題，也不會得到亞當的全心關注。

此刻的重點，並非讓亞當接受送小孩到付費日托的提議，這時下決定還太早。重點應該放在讓亞當了解問題的嚴重性，開始認真地和梅笛討論解方。畢竟只有梅笛自己的觀點還不夠，亞當也需要加入解決問題的過程才行。只是在開始解決問題之前，他們有些前置作業要先做好。

為了讓婚姻問題浮現，雙方都必須有意願堅持留在對話現場，雖然一開始可能會引起更多衝突。激烈的意見不合會產生強烈的情緒，那種狀況下你會更難聽進對方說的擔憂，而且會掀起更多攻防戰，引發更激烈的衝突。然而，就像我們在米亞和艾尼雅的案例看到的，同樣強度的情緒也代表某個問題的重要性，如果處理得當，雙方就會更有意願挽起袖子，一起解決問題。

梅笛和亞當終於有了進展，但他們還沒進入解決問題的階段。但這也不代表他們陷入大麻煩。現在問題都明朗了，梅笛也很顯然沒打算後退。

梅笛和亞當——情境3

亞當認真聽完梅笛說的話。「聽了很難受，」他說道：「但我很高興我們開始談這個問題。」

梅笛的肢體放鬆了些。「謝謝，你這樣說對我幫助很大。」

他們安靜地坐著一會兒，感受自己身處的狀態。接著梅笛說道：「我們需要重新再做一次對兩人生活最重大的決定，以及重新定義該怎麼支持彼此。」

「對啊，」亞當說道：「所以……要怎麼做？」

「我提了一些我認為真的有幫助的建議——另外還有找托育服務。但是你立刻拒絕，說太貴了。」

「是**真的**很貴啊！」

「等一下！托育是很貴，但你憑什麼說它**太貴**？你是決定東西**太貴**的絕對權威嗎？」

「我是每個月檢查家裡每一筆開支的人，」亞當說道：「我沒看到妳這樣做啊。」

「這話就讓我生氣了。」梅笛說道，她的音量開始提高：「通常講到這邊，我就會離開我們的對話，但這次我不會再這樣做了。亞當，我真的很無言，你的意思是我根本不在意家裡花了多少錢？你明明相當清楚，我真的很節儉。拿廚房整修來說好了，會花時間搜尋更便宜方案的人就是我！你這樣說，我真的感覺很受傷！」

「我很抱歉，」亞當帶著防備說道：「但我真的**非常**擔心錢的事。」

「拜託，難道你認為我不擔心嗎？我只是要求一些日托服務，這樣我才不會整天都忙著照顧小孩和做家事。」

亞當兩手環抱胸前。「嗯，把他們放到日托中心也不是辦法。妳也知道我們周圍朋友怎麼說的——小孩去了日托之後老是在生病。就算妳去上班，也要趕著去接小孩，沒辦法做完手邊工作，但還是要付錢給白天照顧他們的人，那時候我們的壓力可就大了。很沒道理啊。妳有其他想法嗎？」

「又來了，我不喜歡我們現在的狀態！我提出想法，然後你就否決。如果你不喜歡我的提案，那你自己想個解法。小孩和家庭是我們兩個人的責任，他們也是你的孩子，這問題是**我們兩個人**的，不是**我自己的**問題。」

亞當沒回答。

梅笛問道：「你在想什麼？」

「沒什麼。」

「你怎麼可能沒想什麼？你一定有在想些什麼。」

「嗯，我在想這對妳這麼重要的話，那妳要自己賺夠多錢，才能在繳完稅後還有錢可以付托育服務。」

「等一下，亞當。這個解法完全稱不上公平吧。如果我一開始沒辦法賺到夠多錢付托育服務，怎麼辦？好像托育服務完全是我個人責任，不是我們兩個人的責任。以前那個會關心我的你到底去哪裡了？你現在聽起來好像我在要求你買什麼奢侈品似的。」

亞當總算聽進去了，最後他說道：「這樣我們當初同意的事就都被推翻了，現在所有事情都亂了套，我不知道怎麼辦。」

「我現在請你做的是想方案，而不是直接拒絕我的方案。你認為我們該怎麼做？」

亞當又安靜了下來。接著他說道：「我不想再談這個話題了。」

「我也不愛談這個啊。但我很確定如果你拒絕討論的話，情況一定不會變好，而且我太在乎我們兩個人的關係了，不能就這樣放過不討論。」

「我們的討論已經陷入死結了，也沒有進展。」亞當雙手還是環抱胸前。他的眼神朝下，不再說話。

「我不認為逃避會有什麼幫助。」梅笛說道：「我們試看看堅持下去，留在這裡，直到有進展為止。我們有太多次都是講到一半就沒辦法再談下去，我怕如果又來一次，真的不知道我們會變成怎樣。」

他們沉默不語，隔著餐桌坐在彼此面前，兩人都不太曉得要說什麼好。

爲什麼衝突這麼可怕？

乍看之下，梅笛和亞當的互動似乎愈來愈糟。這就是為什麼很多人會害怕衝突——火爆、情緒化、你來我往的爭論、指控、緊張情勢，雙方對其他事情根深柢固的立場也被牽連進來。衝突當然會令人不舒服和帶來混亂，有時甚至會嚇壞人。當人際衝突來到高潮，我們會害怕對雙方關係造成不可挽回的傷害。但這時結束對話，只會讓我們最害怕的事情更有可能發生：永久陷入死結。此外，這時結束對話也對我們的學習幾乎毫無幫助。

儘管任一方或雙方在衝突當下都很容易把對方說的話當成人身攻擊，但還是有辦法避免情勢失控。當亞當說梅笛花錢很隨便時，梅笛大可以試圖壓抑自己的感受（像以前那樣），或是走另一個極端，當場發飆，用報復言詞反擊亞當。然而，梅笛做的是提高自己的聲音，表示她對亞當說的話感到生氣。她表達得很清楚，用字遣詞和語氣都沒有偏離當下情境。她這樣做奏效了，不過我們也要再提醒一次，沒有什麼做法永遠「正確」。儘管亞當說梅笛對家中開支不在意，這個說法讓她火冒三丈，但她還是用**事實**回應亞當：「你明明相當清楚，我很節儉。拿廚房整修來說好了，會花時間搜尋更便宜方案的人就是我。」接著梅笛分享自己的感受，而不是攻擊亞當。（「你這樣說，我真的感覺很受傷！」）梅笛在這些陳述中，都展現了如何在表達時謹守自己的感受界線，以及舉出自己的實際言行。

當梅笛告訴亞當她很生氣也很受傷，而不是給亞當貼標籤，比如「吝嗇鬼」，梅笛就成功站穩在自己網子這一側。她做了這個選擇，就更可能避免衝突升高，也能夠將對話導向問題解決階段。

亞當有一度說出「我們的討論已經陷入死結了，也沒有進展」，企圖拒絕和梅笛溝通下去。那時他雙手環抱胸前，眼神往下看，一句話也不說。心理學家約翰·高特曼（John Gottman）的研究指出，築高牆設法阻撓別人說下去，會讓對方火冒三丈。然而，亞當起初拒絕溝通的動作被梅笛攔了下來，當時梅笛說：「我不認為逃避會有什麼幫助。我們試看看堅持下去，留在這裡，直到有進展為止。」注意，梅笛並未退讓，也沒有用類似「媽的，你別想一句話也不說」這種話逼迫亞當，如果她這樣說，亞當應該會感覺自己退無可退。梅笛反而是重申自己的意圖，並指出她真的很在乎兩人關係。她停留在與亞當相當的情緒層級，表達的也是她可掌握的事實。

梅笛和亞當——情境4

兩人僵持一段時間後，梅笛最後打破沉默，發自內心好奇地問道：「錢和托育服務的事，到底為什麼會讓你這麼糾結？」

亞當沉默了一會兒，思索著要從何說起。「我大概是一直想到瑞德吧。」他說道，瑞德是亞當大學時期最要好的朋友。「我們畢業後，他找到的工作薪水比我那時的高。但他花錢的速度簡直像錢把他的口袋燒出個洞似的。他老是要買最新最豪華的車不可，我們兩個還在租房子的時候，他就已經買了很大一棟房子，為此背了很多債。他的老婆也很愛花錢，兩人度假也都是走很奢華的路線——你還記得他們老是去斐濟和新加坡嗎？所以我們從來沒和他們一起度假過。後來他就破產了，什麼都沒了，甚至連婚姻也告吹。這件事放在我心上很久，而且完全嚇到我了。我不想要我們家變成那樣。」

梅笛聽到這裡，眼角開始泛淚。「我知道他們離婚的事，但從來都不知道來龍去脈，也不曉得對你的影響這麼深。亞當，這件事對你來說一定非常重要，很感謝你願意和我分享。我想，理解這塊拼圖應該可以幫我們釐清方向。我可以理解你對金錢的擔憂，也很支持你的想法。但我們和瑞德家完全不一樣，而且托育服務不會讓我們破產。我非常願意支持你，但也需要你支持我。」

亞當點點頭，他們又一次陷入沉默，但這次兩人都在思索剛才對話的內容，彼此的眼神也有交集。

梅笛又一次打破沉默。「你知道如果我不愛你，就不會在這麼累的時候還堅持要談這些事情。這是我對你和我們婚姻的承諾。」

「我也是。我太專心忙自己的事了，完全沒發現出了什麼狀況。妳比之前聽起來都還生氣，厭惡感也更強烈。但妳的失望、難過、害怕，我這次都聽進去了。」

「我們倆都累壞了，」梅笛說道：「也許我們該先去睡覺，讓剛剛談的內容沉澱一晚，明天再回來繼續討論。明天是星期六，應該會比較容易撥出時間。我媽說白天她要帶小孩去動物園。」

「嗯，聽起來滿好的。」

＊＊＊

當亞當企圖拒絕溝通，梅笛用同理心和好奇心回應，而不是進一步逼迫他，真是令人慶幸的發展（「錢和托育服務的事，到底為什麼會讓你這麼糾結？」）。她擴大了對話格局，而且沒有讓原本問題失焦。她邀請亞當分享更多內心想法，也給亞當足夠餘裕表達。

亞當和梅笛的對話也展現出我們先前描述的，解決問題的階段並非線性，也不是非黑即白。尤其是問題很複雜或尖銳的時候，即使問題還沒解決，也要主動在過程中修補關係。梅笛的好奇心是真心的，表達出她的在乎和擔心。她也能夠直接表達自身需求和擔憂，同時又和亞當保持連結，這些都有助於議題浮上檯面，以及在過程中修補兩人關係。

修補動作愈早開始，成果就愈豐碩。如果梅笛用輕蔑的態度回應或轉身走開，讓兩人氣氛更緊繃，或是亞當關閉心房不再溝通，都會對這段關係帶來更大傷害。但他們並未如此，而是繼續與對方堅持下去，直到兩人都多少感覺到自己被聽見，情緒相遇，並能夠再一次向對方承諾投入為止。

他們停下來休息，這件事也相當重要。當你精疲力盡或情緒太滿，沒辦法再談下去，暫時中斷對話是很合理的做法。不過，拒絕處理當下情況，和空出時間與空間讓想法及感受得以沉澱，兩者迥然不同，其中的差異相當重要。當你情緒極度高漲，幾乎不可能做到自我省思。另外，亞當和梅笛彼此約定好一個時間重新回來討論，這一步也相當重要。這個做法能夠避免拖延，如果問題一直懸而未解，下次出現問題重返對話時，引起的怒氣可能會比這次強烈更多。

一九六〇年代的個人成長思潮中，有句格言是這樣說的：「別讓太陽比爭執早下山。」我們兩位作者都非常不同意這個說法。休息可以讓雙方當事人得到必要的新觀點，而「趕快結束」的欲望則會導致倉促做出協議，隔天再想到只會讓人感覺很不好。

他們在討論過程中短暫休息了幾次，這也是很有用的方式。衝突的其中一個問題在於雙方你來我往，速度快到當下沒辦法思考其他更好的做法。儘管梅笛和亞當的沉默乍看像是陷入僵局，但其實兩人安靜下來後，梅笛才能走出爭執心態，轉換成對亞當的好奇。短暫休息不一定是一種逃避，也可能是個機會，讓你得以評估自身感受，以及自己升起的情緒是否暗示著還有更深層的問題。

當這對夫妻沉默對坐，感到喪氣是很自然的，因此他們會想**做點什麼**來改變現狀。但有句話是我們兩位作者都很喜歡的：「不要一直做事，先好好坐著。」我們在人際動力學課堂上則會說：「信任這個過程。」這句話意思是：「這一刻我可能不知道到底發生什麼事，也不知道要怎麼解決，但如果我們可以在這裡堅持下去，表達自己的感受，事情就會慢慢變清楚，我們最後也會想出辦法。」

當梅笛說「如果你拒絕討論的話，情況一定不會變好」，以及「我們試看看堅持下去，留在這裡，直到有進展為止」，她的立場就是這樣。

梅笛和亞當在上述過程中，逐漸重新定義他們的遊戲規則：

1. 不能跑開——我們要堅持留在這裡，直到解決問題為止。

2. 我們兩人都有責任想出可能方案。

3. 我們兩人都要一起承擔和接受所發生的成本。

不過，儘管亞當和梅笛做了這些協議，他們尚未正式踏進解決問題的範圍。但是他們從起先企圖證明對方才是錯的，到開始理解自己和對方到底看重什麼，已經頗有進展了。雖然他們要談的事情還有很多，卻已經成功轉了個大彎，往解決問題的方向前進。他們此刻還沒走到超凡關係的境界，但已經打下基礎，有望抵達目標。

深化學習

自我省思

1. 想像你在梅笛的處境。**她非常需要改善現況，但又不能危及婚姻，此刻進退兩難。你回顧一下她所說的話和所嘗試的行為，想想看，要是你會怎麼處理？其中哪些言語或行為，對你來說做起來特別困難呢？**

2. 有效的做法：梅笛克服對衝突的恐懼之後，開始可以有建設性地運用衝突。她做到的包括：

- 堅持下去，不退讓。
- 不做人身攻擊，以免氣氛更緊繃。
- 承擔自己對現有問題的責任，沒有全歸咎給亞當。
- 使用回饋意見模型及其變化版，而非指控亞當。
- 時時察覺自己的情緒，並有效利用情緒。
- 亞當對她的開支方式做出負面歸因時，她沒有升起防備心，而是提出事實反駁。
- 擴展他們討論的解方範圍。
- 確保雙方討論切題，而且沒有中途離場。
- 對亞當保持好奇，並詢問他怎麼了。
- 同意亞當的目標，但清楚表明不同意亞當達成目標的方式。

當你為了重要議題而身處衝突情境，情緒又很強烈時，會傾向使用上述哪些做法呢？哪些對你比較簡單？哪些則比較困難？

3. 重要關係：在你先前列出的重要關係裡，有哪位懂得善用衝突？他們在衝突時做了什麼具體言行？相反地，有哪位是特別不善處理衝突的？他們在衝突時做了什麼？

應用

如果你的重要關係中有某位善於運用衝突的人，可以問問對方是怎麼在心情不好或被攻擊的情況下做到的。

如果你的重要關係中某人是特別不善處理衝突，找對方討論看看以後要怎麼改善。

理解

與上述善用衝突的對象討論後，你對衝突管理、自己的優勢與限制學到了什麼？為了自己的進一步發展，接下來你要採取哪些行動？

如果你和上述特別不善處理衝突的人談過了，這次討論對你們的關係有何影響？當你主動提出一個可能讓關係緊繃的問題，過程中你學到什麼可以在未來與其他人有類似對話時派上用場？

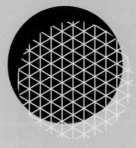

第二部

///

峰頂難題

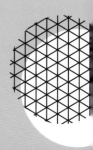

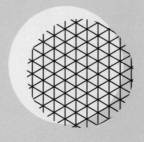

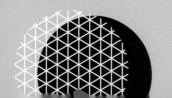

草原上

你和同伴剛才成功攀越陡壁了。你們爬得很盡興，但也耗了許多力氣，因此決定坐在一片舒適的草原上休息一陣子。山脈峰頂矗立在前方，但你們身處一片可人的風景中，草地又柔軟極了。

現在你們坐在草原上，手中握有更多選擇。留在原地，細細體會抵達的成就感？不要離開草原，沿著山脈邊緣走，找間溫暖小屋休息？攻頂？華盛頓山脈的峰頂出現了烏雲，但你們之前已經遭遇過風雨，也很喜歡那場挑戰。等烏雲散去，峰頂的景色會壯麗得無與倫比，而且你也覺得身上裝備可以應付任何壞天氣。

不過，你還不用急著現在做決定……

你在先前章節中已經習得一套無價的能力——尤其是如果你採納了各章「深化學習」單元的提議，並應用在實際生活上。你已經學會如何建立良好關係，以及進一步發展成強壯、穩固、彼此都頗有收穫的人際關係。你也了解到自己有辦法離開輕鬆相處的階段，走上最難攀登的路線，並且平安度過。（如果你想回顧第一部提到的種種能力，可以在第391

頁的【附錄B】找到。）

這套能力能用在所有類型的人際關係，從不熟的人到親密好友，從家庭、朋友到職場同儕、下屬，甚至對你的上司都適用。人際動力學這堂課能在史丹佛和其他名列前茅的商學院開設超過半世紀，可不是偶然。大家做生意的對象是人，因此正確地培養這套能力，運用在職場，是在專業職涯上成功的決定因素。

就算你讀到這裡，沒繼續讀下去，收穫也相當豐富了。不過在接下來最後幾章中，我們會看到本書提到的五組人際關係如何在關係的連續體中往「超凡」的方向移動。有些人抵達了，有些則沒有。每組人際關係都面臨各自的關鍵難題，他們有的使用了（或沒有使用）前述能力，因此影響雙方能否將關係從堅實、運作良好的階段帶往超凡，後者是如此深刻，身處其中的感覺簡直有如魔法。

這五組人際關係都有重大進展。他們對彼此的理解逐漸加深，也訂立了規則，給予雙方提出問題的權利，學會如何表達需求但又將責怪降至最低。各組也在不同程度上投入有效解決問題的過程裡。現在，要做什麼才能將關係帶往超凡階段，而他們又怎麼知道自己已經抵達超凡？你我每個人又怎麼知道自己已經抵達超凡呢？

超凡關係的發生並沒有確切時點，某種程度上甚至很主觀。但當你不需要再隱藏自己任何攸關這段關係的重要面向，對方也是如此，那一刻你就知道這段關係進入超凡階段了。如果對方狀況或你自身狀況讓你感到不確定或困惑，你可以輕易地說出口，兩人好好談談發生什麼事。你們已經可以處理關係中的重大問題，即使過程很可怕，雙方也還是能談下去。

但即便如此，超凡階段並不是終點，它本身也是個連續體。每個人都可以再多揭露一些，再多支持一些，再多挑戰一些，持續進入新的成長領域。你會了解到深化連結的種種微妙差異，你的「觸角」也會被調整得更加敏銳。

很多時候，人與人之間是在一次次重複、不斷深化的經歷中，以自然有機的方式進入超凡關係。這種關係可能建立在多年的家庭成員、朋友或工作來往對象之間，他們縱然有差異和意見不合，也都能順利解決，不會影響彼此日益增加的親近感。他們之間沒有發生過重大難解的衝突，也沒有棘手問題。當其中一方感到不滿，從來不會壓抑在心，更重要的是，雙方都知道要在問題還小時就著手解決。關係中的兩方都承諾幫助彼此學習，只要是他們認為對另一方有益的，都會勇敢地說出來。他們在關係早期就習慣對彼此說真話、衝突時也懷抱善意，而且一路走來都延續著這些習慣。**數量上的**成果累積久了，就成為**質量上的**改變。

另一方面，有些關係之所以進入超凡，是因為雙方曾經在關鍵點上做出重要抉擇，我們在接下來三章會看到。第13章中，我們會回到梅笛和亞當的案例，檢視要怎麼做才能解決爭執不斷的議題。第14章則描述了伊蓮娜和桑傑遇到的某個考驗，這次他們要學習的是「劃下界線」非但不會傷害對方，反而有助於關係發展。第15章中，我們會探索米亞和艾尼雅的兩難，這次她們要學習的，是當其中一方對某種事有迫切需求，但這項需求反倒引發另一方的傷痛問題，此時該如何處理。

並非每段深刻關係都能走入超凡。第16章中，我們會看到許多這種情況的例子，並探索各自的背後原因。我們也會檢視超凡關係中存在的難題。重點在於：超凡關係是可能達到的，但過程中需要更多考量。

最後，關係發展並非一條直線。最後一章中，會看到我們兩位作者之間發生了什麼事，導致彼此的超凡關係一度被摧毀。文中會詳加描述當初兩人關係為何會變調，後來我們如何走出來，以及這次事件如何幫助彼此更加親近。

儘管不一定要走過危機才能進入超凡關係，但接下來五章的重點都是探討人際關係中的危機。因為我們沒辦法走入超凡的原因，通常就是基於恐懼而不願面對關係危機。回到登山的比喻，我們假設這是你和同伴首次攀登這座山。儘管你們都很想攻頂，但峰頂目前被層層烏雲圍繞，風也開始愈颳愈強勁。很多人是一路平穩地攀登到超凡階段，但有些人際關係需要先面對重大挑戰才能走入超凡。希望最後這幾章能鼓勵你勇敢面對挑戰。

13 解決爭執不斷的問題

梅笛和亞當——情境5、6

兩個人坐下來合力解決問題，想出的解方通常會比一個人苦思出來的好上太多。他們思考的選項範圍會更寬廣，能看出對方想法的缺點，並從對方的作風中獲益。也許兩人討論後，其中一方對於風險會比較釋懷，而另一方則變得更謹慎。或是其中一方聚焦在兩人已達成的成就，另一方則著重在尚未解決的問題。他們需要彼此，才能達成平衡，但雙方要先學會有建設性地運用自己的偏好，兩人關係才能找到平衡。

梅笛和亞當——情境5

亞當和梅笛坦誠說出問題後，隔天一早梅笛的母親來接孩子出遊，他們離開後，兩人就一起坐在廚房桌前喝咖啡。

「我一直在想我們昨晚的對話，想了很多，」亞當說道：「我想要妳知道，妳的話我認真聽進去了。妳說對了，我太專注在工作和自己的需求，沒有像以前那樣關心妳發生什麼事。這部分我很抱歉。」

梅笛雙眼濕潤：「謝謝你這樣說。」

「好，我們先來回顧一下昨天說的。」亞當說道，他把梅笛說的問題用他的理解方式逐項重述，梅笛也用自己的理解方式重述亞當昨晚提的問題。「那我們現在要怎麼做？」亞當說。

「我昨晚睡著後還繼續想這些事，現在有幾個點子。」梅笛說道：「威尼克他們家是請珍妮的娘家媽媽過去和他們一起住。雖然你和我媽處得不錯，但我們應該都不太想這樣做。」亞當點頭表示同意：「我們也可以找寄宿的互惠生，但我們家其實也不夠大，況且我們也想有隱私空間。」

「我也想過這個，但沒再考慮下去，原因就是你說的。」

梅笛繼續說道：「第三個選項是好好研究一下我們每月開支，看看還能省下多少錢來支付托育費。這部分如果能順利進行，我就可以開始規畫自己的選項，像是找份兼職工作或做更多志工服務。」

「但我們現在多餘的錢都是直接存進儲備金，如果可以繼續存安全儲備金，我會比較有安全感。」

「我也會，但我們不能什麼都要。你也說過，接了這個新案子後很可能會加薪，而且之後你升遷的機會變大了，如果真的升上去，到時也會再加薪。我們現在的作為，不都是在投資未來，好得到更高報酬嗎？」

亞當聽完想了一想，最後說道：「好吧，我懂妳的意思了。」

「然後呢？」梅笛說道：「我太了解你了。你現在擔心什麼？」

亞當笑出聲。「對，妳真的太了解我了。但我不太確定要怎麼說。邏輯上我同意妳說的『投資未來』的做法，但沒有被真心說服。我不太曉得為什麼。」他又想了一下，說道：「我想其中一個讓我很困擾的原因，就是我一直覺得當初戴瑞克出生後，我們已經協議好了，妳就留在家裡照顧小孩。但現在妳想打破這個協議。」

「是這樣嗎？」梅笛問道。她察覺到自己升起防備心，但忍住反駁衝動，以免氣氛再度緊繃。「我倒是沒想過這會成為問題。沒錯，我們是做了協議，我也知道自己想變更現狀這點，對你來說很不安。但萬事終究會改變的。為什麼改變對你來說這麼難接受？」

「我知道事情都會改變，但問題就在這裡。現在有這麼多該死的變動因素，我就是想要穩定下來，對我們之間和協議都是。原本我對生活已經有一套期待，現在卻又變成另一套，這點讓我真的很難接受。」

「等一下，」梅笛插話道：「我們生活中還是有很多事情都在穩定的狀態啊——像是我們的婚姻，還有對孩子們的投入啊。再說，如果你要談遵守協議，那我們當初支持彼此成長的協議呢？——你就願意放掉這個嗎？你說的這個協議到底為什麼這麼重要？」

亞當又想了想。「我知道，邏輯上我也完全同意妳說的。我想應該是當初我們協議其中一人待在家，這部分對我來說很重要。我可能太傳統或想太多了，但我看到很多熟識的家庭，夫妻兩人都做全職工作，整個家庭因此壓力大到喘不過來。我真的很希望我們家可以有更多餘裕，妳懂嗎？我不想要把養育小孩這樣沉重的工作外包太多給別人——對我而言，我們其中一人要負責養育小孩，這件事真的對我很重要。我覺得很丟臉——覺得自己說這些是性別歧視，因為我不願意為了養育小孩而放棄自己的工作。但我又**承諾**要幫助妳成長，讓妳過得快樂。我沒辦法替自己的感受找到正當理由，但就是有這種感覺。」

梅笛聽了放鬆下來。「謝謝你和我分享這些。我也多少猜到是這個原因，但聽你親口承認還是差很多。親愛的，我一直都會待在孩子們身邊，就算有托育服務來分擔也一樣。

我也了解你有多看重遵守承諾這件事，所以我們最後做決定時要很謹慎，把承諾和『工作協議』分開來看。但現在看起來，找托育服務是最好的做法，你可以先接受這個想法，我們再繼續探索看看嗎？」

亞當點頭表示同意。「好。把這件事說出來也讓我感覺好多了。我們就試試看吧！」

梅笛感激地笑了笑。「謝謝。但我們做決定之前還需要很多資訊。我需要研究看看兼職工作的可行性，還要了解托育服務的選項。先從我們的預算開始看吧，說不定有什麼地方是可以省下的。好嗎？」

亞當緩緩點了點頭，表示同意。「不管我們決定怎樣做，就先當成嘗試做一陣子，看結果如何再說。」

梅笛和亞當在解決問題的第一回合做得很好。他們避開了一些相當常見的陷阱：

• 太快下結論：衝突會讓人壓力很大，想趕快解決衝突的欲望會驅使雙方對第一個提出的方案太快點頭。複雜問題的可行解方通常會不只一個，而且常常涉及雙方會出現強烈反應的問題。幸好，梅笛和亞當並未掉入「太快下結論」的陷阱。他們在過程中盡可能地**聚焦在「用雙方滿意的解決方式化解問題」**。

- 非黑即白的思維：如果上述案例往極端方向走，可能會是：「我們要不就花錢送小孩去全天候托育，要不就維持現狀。」但是梅笛一開始提了幾個不同的選擇，因此得以避免極端化。就集思廣益這件事而言，梅笛扛下大部分的苦勞——如果他們一起認真地腦力激盪，也許可以想出更多方案，比如思考看看梅笛的母親有無可能一星期過來幾天幫他們照顧小孩。
- 對解決方法爭論不休，而未能聚焦在彼此的根本需求：當雙方太早把焦點放在各個解方的優缺點，而不是後退一步，辨識出問題本質，就會發生這種爭論。花錢找托育服務，確實是個解方沒錯，但不會是唯一的解法，因為梅笛更根本的需求是尋求智性上的挑戰，以及與其他成人的互動。
- 把意見當做事實看待：亞當一度落入這個陷阱，認定他們沒有多餘預算可用在育兒服務，即使他還沒仔細檢視過家裡支出。同樣地，在談到新的工作機會時，他提到未來週間晚上和週末可能需要加班，但這話有幾分真實呢？他和主管確認過了嗎？還是那只是他的假設？
- 誤將「嘗試」當成最終決定：此刻感覺對的，未來不一定如此，就像梅笛當初做了協議後，發現自己對結果並不滿意。「試驗期協議」是指先實行某個決定一段時間，在過程中蒐集更多資料。試驗期協議的功能，在於測試協議本身運作起來的狀況，讓雙方有餘裕做修正，確認之後再做最終決定。

- 低估個人需求：事實和邏輯都很重要，它們可以指出什麼是可行的做法。但我們先前也強調過，在雙方需求中找出平衡也一樣重要。亞當承認自己某些不確定感並不合乎邏輯，這點做得很好，但縱使不合邏輯，也都還是他的感受。如果他沒有說出口，不論什麼解決方法都會變得不夠完整，也不太可能持久運作。
- 未將個人作風納入考量：每個人都有自己的習慣、需求和癖好。亞當對協議的看法某種程度上比較死板，所以梅笛在闡述試驗期決定和最終決定兩者區別時，便刻意將亞當這部分疑慮納入考量。
- 指導對方如何執行：針對決定本身，會存在不同選項（及偏好），而針對執行方式，也會存在不同選項（及偏好）。亞當不該告訴梅笛該怎麼規畫她的工作選項，梅笛也不該告訴亞當如何對他的主管提出工作與生活如何平衡的問題。他們可以共同決定要做**什麼事**，但不需要幫對方決定**要怎麼**做事。

梅笛和亞當——情境6

接下來那週的星期三晚上，亞當和梅笛哄小孩入睡後，兩人坐在沙發上喝點小酒。

「我得承認一件事，」亞當說道：「雖然我同意上星期六我們談的事情，但心裡還是有點疑慮。」

梅笛一臉擔憂。「你該不會要重新討論整件事吧？」

「別擔心啦！」亞當笑著回答。「妳應該會想聽我接下來說的事情。因為我需要找個人談談整件事，所以我今天就找了德魯一起吃午餐。」

「什麼？你把私人問題跟別人說？」

「等等，」亞當說道：「沒關係的，妳知道我和德魯本來就很熟——我不是隨便找個人宣洩全部事情。德魯跟我說了他和自己兒子之間的問題，而我也需要找人談談我們上週的決定，把事情想通。因為我自己想只會陷入無限迴圈。別擔心啦——我沒有把妳說成壞人。而且德魯完全站在妳這邊，對我不假辭色。」亞當說到這裡，便笑了出來：「真是個好朋友！」

「他說了什麼？」

「和妳說的差不多。其實他算是把我罵了一頓，說我只想到自己，為妳想得太少。他甚至還說我配不上妳。」亞當淡然地說道：「所以我反省了一番。」

「嗯，你有好好思考這個問題的意願，」梅笛微笑著說道：「這就代表你非常配得上我了！」

「我之所以找人談談，並不是不同意妳說的，但聽到別人的觀點讓我放心許多。德魯也談到他和太太如何面對與解決彼此之間的某些問題。聽完，我也沒這麼孤單了。」

梅笛點點頭。「我從來不認為我們需要對外表現出一副完美夫妻的樣子。」他們倆沉默了一會兒，她繼續說道：「我自己也想了很久，為什麼工作對我而言這麼重要。我想要成人之間的互動，還想要持續成長，這一點我們先前也談過了。但除此之外還有其他原因。你還記得我媽大學時結婚，然後就休學了嗎？她那時必須出門工作，才能支持我爸讀完工學院。她一直沒拿到大學文憑，因此只能做行政庶務——這並不是很有成就感的工作。但是在我和其他兄弟相繼出生後，就連這樣的工作，她也沒辦法兼顧，必須辭職來照顧我們。她從來沒有自己的職涯，我知道她一直覺得有些懊悔。」梅笛說到這裡便哭了起來：「我很怕自己最後會和她一樣。」

亞當放下酒杯，雙手環抱梅笛。

梅笛稍微平靜下來後，繼續說道：「我說這些的同時，也發現心裡有些其他事情沒說出來。我爸很愛我媽，但我不確定他是不是真心尊重我媽的所有面向。當然了，他很敬重我媽扶養我們這些孩子長大，還把家裡打理得很好，但那和我說的尊重不一樣。我想，其實自己是在擔心我們之間也會發生這種狀況。」

亞當認真思考剛才梅笛說的話，安靜了一會兒。「我很不想承認，」最後他說道：「但我懂為什麼妳會擔心這個。我非常感謝妳對孩子們做的一切，但……對啊，以後我能和妳說的話可能就沒這麼多了。我不知道這和妳說的尊重是不是同一回事，但我懂妳為什麼會有這個想法。」他停頓了一下，兩人都陷入思索。亞當接著說道：「好，我懂這問題為什麼這麼重要了——對妳、對我來說都很重要。」

到了週末，亞當和梅笛仔仔細細地看過家裡開支項目，兩人同意另外撥出一筆預算給托育服務，這樣梅笛就能空出一段時間做別的事。「這段空檔應該夠我去做份兼職工作了。」她說道：「但我不想立刻被這個做法綁住，我們先運作看看再決定吧——也許我需要更多時間，也可能不用這麼多時間。」他們反覆討論一陣子後，決定先嘗試六個月看看。

「我再確認一次——這對我們都還是個實驗，對吧？」亞當問道。

梅笛點點頭。「當然。謝謝你同意試試看。」

隨著雙方對話進展，原本討論的框架也逐漸改變了，他們談的不再是「梅笛的問題」，而是他們夫妻需要合力解決的共同問題。這時他們已經準備好探索不同解法，包括彼此激盪出更多選項，以及形塑出共同解決問題的流程。他們最後成功訂出一個暫時解方，解決托育問題。

當其中一方或雙方對某些主題堅持不退讓，可能是當事人過往某些問題正在影響當下討論。這時雙方需要充足的時間與空間，讓問題可以在對話中浮現，並讓彼此深入探索。一旦發現對方可能受到過往經歷影響，就能避免自己太早給對方貼標籤。亞當和梅笛都遇到這種狀況。梅笛大可認定先生是個吝嗇鬼，但她決定往後退一步，進入探問的領域，詢問亞當：「錢和托育服務的事，到底為什麼會讓你這麼糾結？」

提問題這個舉動很重要，而亞當給了一個歷經自我省思而得出的回答，這樣做的意願也同樣重要。他們如果沒有先打造出彼此支持與投入的氛圍，就沒辦法得出這般結果。亞當分享自己大學時期朋友的遭遇，說的並不是什麼輕鬆的話題，因為很可能會被對方用邏輯駁斥。（「噢，亞當，但那是瑞德啊——我們不可能會像他們那樣的！」）亞當願意展現自己的脆弱，並揭露過往產生的作用力，他這份意願讓梅笛隨後能更容易地揭露自我。梅笛最後說出自己成長過程中發生的事，以及隨之而來的恐懼，他們的對話因此變得更順利，彼此也更加親近。

解決問題的過程有如拼圖，而當你將拼圖一片片放入正確位置，也要注意不同的時間架構——現在、過去和未來，這一點梅笛和亞當都留意到了，它也很重要。現在，指的是當下的不滿足感和未回應需求的來源（比方說，女方對智性刺激的需求，以及男方對金錢的擔憂）。過去，則呈現出當下遺漏的面向，並讓你了解自己是如何走到目前這個狀態。未來，是讓你聚焦在雙方各自想達成什麼目標，並且幫助彼此打破當下相互指責的停滯局面。通常雙方討論會在不同時間架構中來來回回，以便得出最佳結果。

第三方的角色

人會出於種種不同原因尋求他人幫助。有時你是想知道別人會怎麼處理類似狀況，梅笛就是出於這個想法，問了她的朋友特蕾莎如何處理托育問題。有時則是因為你想得到冷靜超然的觀點，像亞當想要的就是這個。畢竟，梅笛對自己要什麼懷抱強烈的感受，但德魯對前述情況的結果並無個人利害關係。亞當認為德魯可以提供更客觀的觀點，說不定還能找到思考這個問題的其他方式。

不過這樣想其實是有些前提假設的，像是德魯能夠保持中立，而且他認識男女雙方。他是亞當的朋友，儘管他也認識梅笛，但對亞當一定比較了解。另外我們也假設了德魯知道所有相關背景資訊。雖然亞當可能會盡量客觀講述問題，但他不太可能用和梅笛一樣的方式去講整個故事。德魯能提供多少幫助，端視他對上述限制有多少認知而定。

不過，上述因素似乎不妨礙德魯支持亞當和梅笛達成共同目標，而且他給的觀點有助於雙方更釐清現況。德魯對亞當不假辭色，但如果他單純讓亞當發洩情緒或提開放式問題，幫助拓寬亞當對當下情況的視野，也一樣能發揮作用。我們並不建議求助第三方構思解法，因為第三方對相關資訊所知並不完整。但他們可以成為很有用的思考夥伴，幫助你看清楚自己最需要的事物，接著你就能回頭找和自己起爭執的另一方，共同用更有建設性的方式解決問題。

多種結果

亞當和梅笛的衝突對他們雙方都很難熬。經歷這番衝突值得嗎？最終，他們做到了：

- 找出一個可行方案，解決手邊的迫切問題。
- 日後提出問題和解決問題的能力提升了。
- 強化彼此關係。

• 對彼此更加了解。

經歷上述艱難的過程，亞當和梅笛對彼此有了更深刻的理解。他們付出的努力，引領他們在連續體中大幅邁進，堅定地踏入超凡關係的境界。但他們上述經歷最大的收穫，也許是以上四點成果中的第二點：日後提出問題和解決問題的能力提升了。他們透過解決當下的金錢及托育問題，日後用有建設性的方式提出及解決問題的機會也提高了。梅笛同意不再逃避問題，也不再被當下不合用的過往協議所囿限。亞當同意將梅笛的需求納入考量，不再只根據自身需求來回應。此外，亞當再也不認為小孩和家務都是梅笛的問題，而認清他自己也需要一起承擔。最重要的是，他們都發現到過往哪些經歷正在阻礙他們解決眼前的問題。

上述種種協議是重要的前置步驟，但日後需要持續強化。他們兩人也有可能哪天會搞砸或忘記遵守協議。但比搞砸更讓人擔心的，是在有人搞砸或忘了遵守時，這項行為沒有被當事人承認或提出討論。

其實有時違反協議——在被糾正之後——反而能強化雙方對協議的認識，之後兩人關係也能更充分地癒合。想像一下，假設亞當未來提出了某個艱難議題，梅笛聽了開始逃避討論。這時如果亞當說：「我們當初同意過，當我們討論很困難的事，妳不會半途跑走去洗碗。現在是怎麼了？」會對兩人狀態大有幫助。

某個情況（和人際關係）愈複雜，解決問題的過程中就愈可能浮現更多問題。就像剝洋蔥這個形容，從洋蔥的外皮看不出內部發生什麼事。接著我們發現現存的問題，然後往下探索，又遇到更私人、更脆弱的問題。這些問題可能包括重大過往經歷帶來的影響。每位當事人必須堅持下去，直到了解到底發生什麼事為止。

以上所述絕非簡單。羅馬不是一日造成的，而衝突愈大，解決問題所需要花的時間就愈多。真正的化解需要耐心、技巧，以及雙方承諾要一起面對關係中浮現的議題，以及合力尋找解決方法。

深化學習

自我省思

1. 想像你在梅笛的處境。**她和亞當有很多次機會可以放棄不討論，或讓對話失焦，但她都堅持住了，直到雙方能找到可行解法。在梅笛經歷的每一個選擇中，你認為換**

作是你會怎麼做？梅笛哪些言行對你而言很難做到？你可能會在哪段情境中受困？

2. 重要關係：在前面列出的重要關係中，你大概至少和其中一名關係對象遭遇過艱難問題，而且你們在解決問題的過程中很可能發生過至少一次類似梅笛和亞當的情況。你和對方通常會落入以下哪個陷阱？
   - 非黑即白的思維。
   - 對解決方法爭論不休，而未能聚焦在彼此的根本需求。
   - 把意見當做事實看待。
   - 誤將「嘗試」當成最終決定。
   - 低估個人需求。
   - 未將個人作風納入考量。
   - 指導對方該怎麼做。
3. 第三方：當你成為他人尋求的第三方，或你去尋找第三方時，遇過以下哪些問題呢？第三方會：
   - 不清楚自己這個角色應該達到什麼目標（單純傾聽、拓展當事人視野、發現未經驗證的假設、表達憐憫……）。
   - 認為自己應該提出解方。

• 忘記自身其實欠缺重要資訊（即不在場的另一方當事人的觀點）。
• 傾向選邊站。

應用

如果你在先前列出的重要關係中發現了值得討論的議題，這時就該使用你學到的技巧，去改善自己在關係中的決策／問題解決流程了。

理解

你們的討論進行得如何？最後有沒有成功達成四大目標：解決問題、改善雙方的問題解決技巧、更理解彼此，以及進一步強化彼此關係？

未來還需要加強什麼事，才能改善你的上述技能，以及讓彼此關係在連續體中繼續前進？

14 界線與期望

伊蓮娜和桑傑——情境5、6

同事問你可不可以下班後順路載她去機場，你很快便答應了。你平常下班開車的路線離機場不遠，稍微繞一下就到了，這個要求還算不過分。但是當你另一位朋友因為缺錢又沒車，經常請你去機場接他，而且不論時間多早或多晚，因為這段關係對你而言很重要，所以他的要求也還滿合理的——可是也不一定合理。萬一不合理的時候，我們該怎麼決定自己的界線，區分什麼是感覺公平，什麼是感覺起來太累人呢？另外，如果對方的要求讓人感到太勉強，我們可以誠實到什麼程度？我們應該順著對方的意思，為了雙方友誼而一聲不吭嗎？

在人際關係各個階段可以提出什麼要求，每個人都有一套自己的期望。你的期望可能源於過去經驗，或是認為自己會為他人做到什麼程度。通常朋友之間絕少公開討論這類期望，但內心還是會認定一套「大家都應該這樣做」的期望。然而，當你和非常親近的朋友對「朋友之間能要求什麼」「朋友之間能為對方做什麼」有不同期望，難題就出現了。

可能會有那麼一刻，即使知道劃下界線會傷害這段重要關係，你還是需要劃下那條線。如果對方感到被拒絕或疏遠該怎麼辦？為了逃避衝突而維持表面上的和諧，是多麼誘人的想法。但有句廣為流傳的名言，據說是出自古希臘哲學家普魯塔克（Plutarch）：「我不需要一個因為我變了就跟著變，我點頭就跟著點頭的朋友；這些我的影子都做得到，還做得更好。」用更現代的說法，就是真正的朋友不會對你說出你想聽的——他們對你說的話，是相信這對你最好。但如果說出來傷了彼此關係，怎麼辦？這就是伊蓮娜和桑傑接下來遭遇到的兩難。

伊蓮娜和桑傑——情境5

桑傑和伊蓮娜的友情在接下來幾年中持續深化。伊蓮娜在工作上表現得很好，後來轉調到另一個單位的更高職階。儘管她不再直接與桑傑一起工作，他們還是定期共進午餐，享受與彼此為友的輕鬆自在，並深知這段發展中的友誼奠基於對彼此的理解與在乎。他們也拓寬了原本的友誼圈，將桑傑的太太普莉亞和伊蓮娜的先生艾瑞克納進來。他們四人常常聚會，成為要好的朋友。某天桑傑神祕兮兮地打電話給伊蓮娜，問她下班後是否方便碰面喝個飲料。他說道：「有些工作方面的事想找妳討論，但不是在公司。」伊蓮娜答應了，於是他們約在城市另一區某個安靜的酒吧碰面。

桑傑選了一張與其他座位有段距離的桌子。他們點好飲料後，伊蓮娜說道：「說吧，怎麼了？」

「嗯，首先，謝謝妳特地過來。我現在需要人給我一點意見，但沒有其他人適合談這件事。」

「當然好啊，聽起來是件大事。」

「沒錯，是真的。」桑傑做了個深呼吸，開始滔滔不絕：「我在考慮離職，自己創業。我的一位大學好友羅朗最近聯絡我，問我要不要和他一起創辦新公司。我一直想這樣做很久了，但都沒有適合的時機。也許沒有哪個時候是真正適合的。我從學校畢業，開始第一份工作後，就一直夢想著要創業。但接著就結婚了，然後有了孩子、背房貸，接著換了一個又一個薪水愈來愈高的工作。妳也知道的，金手銬之類的說法。我怕如果現在不逃，就永遠也無法逃走了。我真的非常想要做自己有熱情的事業，還有自己當老闆，自行決定一切。」

伊蓮娜笑開了。「太棒了，桑傑！不過，當然了，創業是真的很可怕。但我並沒有太驚訝，因為這陣子你一直都很忙的樣子。我甚至有點嫉妒你願意冒這個風險呢，我就不確定自己敢不敢。」

「對啊，真的很可怕，但整個人精神也振奮起來了。我一直都很保守，想冒愈少風險愈好。妳知道的，對我來說養家是多重要的事。我不知道光是想要丟掉這份穩定又高薪的工作，是不是就夠瘋狂了。但如果不是現在，還能是什麼時候？我不認為自己曾好好挑戰過本身的工作專業，現在這個時點感覺很適合。羅朗是超有創意的人，但現在的工作讓他奄奄一息。他對教育方面的科技產品有些很棒的想法，成功的話說不定會扭轉整個產業，妳也知道我對這方面一向很有興趣。妳認為我該怎麼做？」

「普莉亞怎麼說？」

桑傑的臉垮了下來。「問題就是這個。我認為現在還沒辦法告訴她這件事。」伊蓮娜聽了一臉驚訝，他繼續說道：「妳也知道的。我是真的很愛她沒錯，但妳也知道普莉亞真的很會操心。她非常在乎財務上的安全感——況且，我們的孩子年紀還小。很怕她沒辦法理解我的想法，或更糟的是，她可能還會認為我很自私，不惜犧牲家庭的幸福來追求自己的夢想。我想先把事情想清楚，思緒都弄出個條理了，再告訴她這件事。等我確定自己真心想創業，會立刻告訴她的。現在我想先和妳一起討論這件事。」

伊蓮娜的眉頭皺了起來，盯著自己的飲料看。她整理好思緒後，對桑傑平靜地說道：「桑傑，抱歉，我是真的很想幫忙，可是這讓我左右為難了。我沒辦法給意見。這對普莉亞不公平。」

「這話是什麼意思？我以為我們兩人之間可以坦誠說話和互相幫忙的。」

「我們是啊！」伊蓮娜說道。

「現在這樣不是喔。」

伊蓮娜臉皺了起來。「喔，這句話我聽了很難過。首先，如果你覺得很失望，我很抱歉。我確實認為我們之間可以做到剛剛你說的，這就是為什麼得要很誠實地對你說我的想法。桑傑，要我不給予你想要的幫忙，這對我來說才更困難。我想要支持你，也非常感激你這麼願意信任我。但我不認為這是提供你支持的最佳方式。」

她停頓了一下，思考該怎麼用字遣詞，然後繼續說道：「就是因為太在乎你，所以一定要等到你先和普莉亞討論過了，才能和你討論。你現在請我做的事會傷害到普莉亞，而且其實也傷害到你本人，桑傑。」

「什麼意思？為什麼這樣做會傷到普莉亞？妳也知道她這個人是怎樣的，她一定會非常不開心。我不希望在自己還沒完全下決定之前，就帶給她不必要的擔憂。所以我才需要先和妳討論這件事。」

「桑傑，其實現在有兩個問題。一個是你要不要嘗試創業——這是兩個裡面比較簡單的；另一個是你和普莉亞之間是怎麼理解對方的。」

「這是我們的婚姻，」桑傑微微惱怒地說道：「而且說真的，這不干妳的事！」

「當然，這是你們的婚姻沒錯。但當你把我拉進一個和普莉亞有關的問題時，這就變成我的事了。如果你真的要創業，這項決定會對她產生重大影響。我很在乎你沒錯，但如果照你想要的做，可能會影響到我和普莉亞之間的關係。如果她發現我們先談過了，她一定會大發雷霆，到時我也不會怪她。但更重要的是，如果我現在照你想要的做，對你反而是種傷害。」

「對我是種傷害？」

伊蓮娜點點頭。「如果你真的決定要創業，之後還會有一連串重大的決定要做，其中很多都會涉及財務變動。這些你也要瞞著普莉亞嗎？況且，如果你繼續在沒有和她討論的情況下做決定，她一定會有愈來愈強烈的孤立感，我也擔心你們之間的距離會愈來愈遙遠，但這段時間你們其實愈緊密相依愈好。我完全懂一開始和她聊這些話題很困難，但如果你先跟我聊過才和她聊，我就等於和你串通這件事了——我不想要對你這樣做。我說的『傷害』就是這個意思。」

桑傑認真聽進伊蓮娜說的話，然後說道：「我現在就是沒辦法和她談。妳知道她有多會操心。這對她不公平啊。」

「對，我知道她的個性有部分就是那樣。我也懂你，但我的問題是，你不想要現在就和她討論，這個選擇有多少是出於關心她，有多少是出於關心你自己？」

「這又是什麼意思？」桑傑生氣地問道。

「呃……」伊蓮娜繼續說道：「有時候我認為你好像太保護她了。比方說，前陣子我們四人一起吃晚餐，你對她說到自己和管理委員會的衝突，但只說了最表面那層的故事，而且你的語氣很冷靜客觀。我是因為我們在事情發生的那週一起吃過午餐，所以才知道你當時有多生氣。」

「對，但是伊蓮娜，妳也要承認一件事，普莉亞真的很會大驚小怪。如果我那時告訴她實情，她一定會以為我要被解僱了，然後我得花上一小時讓她冷靜下來！」

「我懂，也知道她回應的方式常常會讓人很難說下去。但你這樣做等於把問題都推給她。我們之前談過你有多討厭衝突，現在我會有點好奇，你不想和她討論，會不會和這一點有關。你是在保護她，還是在保護自己？假如艾瑞克在和我討論之前，就先找別人討論某個人生重大決定的優劣，我大概會殺了他吧。」

「嗯，普莉亞和我互動的方式跟你們不一樣，而且我的婚姻是我自己的事。天啊，我只是希望妳可以給我一些支持而已。」

「我知道你認為我現在不是在支持你，對此我很抱歉。但我認為剛好相反，我現在做的事情非常能支持你。有些時候，我會很開心你找我當參謀，提供你意見，但如果要我代替普莉亞角色，這種情況就不行。如果我現在要做一個好朋友該做的事，那就是讓你知道，我認為沒什麼事情會比你現在告訴普莉亞這一切還重要——而不是等到之後你想通了才告訴她。」

「我不懂為什麼我們要開始討論我的婚姻，還有我不善面對衝突這點。我認為今天的對話該結束了。」桑傑喝完自己的飲料，準備起身離去。

「等等，桑傑，我們先別這麼快離開。」伊蓮娜說道：「我們不需要再討論你和普莉亞是怎麼理解彼此的——我該說的話都說完了。但現在不論你我想不想要，我們的關係確實已出現問題，中途離開並不是好方法。我們好好談一談吧。」

桑傑坐了下來，但雙手仍交環抱胸前。「妳說我們關係出現問題是什麼意思？」

「你現在會認為我不支持你，但我認為自己做的真的是種支持。」伊蓮娜說道：「我認為質疑你和同意你一樣，都是一種向你表達支持的方式。我現在支持你的方式，就是自己希望以後你會支持我的方式，包括當你認為我犯錯時直言提醒。如果我們直接開始談創業的事，也許當下我們會感到更加親近，但你和你的婚姻其實正在付出高昂代價。如果我這次和你討論了，下次你可能會找我繼續討論，而不是找普莉亞討論。我身為你的朋友，並且非常在乎妳，因此我不想要做任何可能會給你帶來壞結果的事。」

「所以妳以後也不能和我討論羅朗的點子嗎？」

「不是，我不是這個意思。」伊蓮娜說道：「我只是**現在**不討論，但你和普莉亞先討論完，我們就可以討論創業的事了。這是我支持你的最佳方式。」

「天啊，」桑傑說道：「妳就是不會放過這件事，對吧？」

伊蓮娜微笑說道：「沒錯——我真心希望你聽進我的話，因為我非常在乎你。」

桑傑羞赧地笑了笑，起身去結帳。「這次我請客。謝謝妳花時間和我見面。」他們一起走出酒吧時，桑傑又說道：「這真的很難，而且妳對我可真強硬啊……但也許這才是我需要的。接下來我要好好思考的事情可多了。我決定怎麼做之後會再告訴妳。」

「妳對我可真強硬啊。」桑傑這句陳述是正確的，而且正是因為伊蓮娜敢對桑傑強硬，才能成功將他們的狀態轉變成超凡關係。他們會坦誠讓對方知道自己的需求和情緒，彼此互動時誠實地表露想法，最終得以用有建設性的方式處理衝突。雖然桑傑在對話起初並不認為伊蓮娜和他站在同一陣線，但伊蓮娜在對話中再三重複自己之所以拒絕討論，是因為她認為這樣做才是對桑傑最好的做法。同時，伊蓮娜也沒有否認對自己利害的憂心——假如她同意給桑傑關於創業的意見，可能會傷及自己和普莉亞的關係。

儘管他們成功度過考驗，關係變得更穩固，但對話過程中其實很可能走往截然不同的方向——這就是伊蓮娜所冒的風險。伊蓮娜對桑傑劃下界線時，桑傑可能會氣得立刻離開酒吧，兩人就此絕交。

兩人發展出親近的關係時，不只是其中一方會找另一方求助，被求助的那方也會出於一股在乎和承諾感，而認為自己有義務配合對方。伊蓮娜就是感受到這股壓力，但她選擇把壓力推回去，因為看到背後潛藏的危險，也因為認為抵抗壓力的好處值得自己這樣做。如果她沒有對桑傑說出內心想法，反而代表她可能認定這段友情沒有穩固到能承受衝突。

為了達成上述正面結果，他們兩人都必須坦誠傾聽回饋意見。桑傑一開始很難做到這點，伊蓮娜講述了幾次自己的看法，才讓桑傑了解到他本身的行為潛藏重大代價。幸好伊蓮娜願意堅持下去，直到桑傑了解她的立場為止，而且她懂得適時打住不談。（「我該說的都說完了。」）伊蓮娜的回饋是給予資訊，而不是要痛罵桑傑一頓。上述互動也留給桑傑一些功課，我們還不確定他會負起多少責任，改善自己和太太之間有問題的互動方式，但至少這個問題已經正式浮出檯面。另一點很重要的是，伊蓮娜和桑傑在這次對話中，一起定義出何謂超凡關係中的相互「支持」。

不過，儘管他們成功走入超凡關係，並不代表他們的關係就停止成長。新的狀況會不斷出現，而在某個領域有所成長，可能又會在其他領域遇到挑戰。他們到時還會有意願主動提出和解決問題嗎？還是這次經驗讓他們壓力太大，以致不敢再冒風險？假設桑傑真的開始訓練自己面對衝突，他的應對方式會是有建設性的，還是反而會讓對方感覺受到處罰？關係中沒有完美的終點這回事，這也是人際關係為何令人興奮又充滿挑戰。潛藏持續學習和成長機會的情境不一定容易應對，但這也是超凡關係如此充滿魔力的原因之一。

由於這次情境中牽連到的不只是桑傑和伊蓮娜，因此處理起來更加困難。每個人都有自己的人際網絡。伊蓮娜想和桑傑締結超凡關係，桑傑也想和普莉亞締結親密關係，而伊蓮娜想要和普莉亞締結親近的友情。如果伊蓮娜順著桑傑的意思和他討論創業，也許（一開始）能增加彼此的連結，但隨後他們各自和普莉亞的關係就會因此削弱。一段人際關係的成長，不應該以犧牲其他人際關係做為代價。

強硬的重要性

由於超凡關係中的雙方會高度信任與在乎彼此，其中一方很可能會向對方提出重大的要求。但如果對方想從你這邊得到的事物，並不是你願意給的，你要怎麼拒絕但又不會讓他們感覺遭拒絕呢？當我們害怕危及一段關係時，要保持強硬態度就很困難。然而，態度不強硬也可能對你們的關係造成程度相當的危害。

如果你的身分是（外）祖父母，也許對於老是要幫子女顧小孩感到厭煩，但又不想冒著破壞彼此親近關係的風險，對子女說實話。或是你們的父母年紀太大，自行開車出門實在太危險，你其他兄弟姊妹希望由你來開口，告訴父母不要再開車了。或是某位朋友來借錢，但如果你真的答應了，也會感覺很不好。不過你還是想保有與這位朋友非常親近的關係——這時該怎麼做？

我們的朋友布里安娜的哥哥喝酒喝得很凶，偏偏他的酒品又不是很好。多年來，每當哥哥和嫂嫂到布里安娜家共進晚餐時，她都要忍耐哥哥酒後粗魯無禮的行為。後來她發現自己甚至開始害怕哥哥到訪。她知道哥哥工作上壓力很大，也害怕把這件事情攤開來說，會導致自己和哥哥之間的關係更緊張或疏遠。另外，她不認為私下去找嫂嫂談這件事是對哥哥公平的做法，而且她也不認為這樣做有用。但這個問題愈來愈嚴重，已經到了不能忽視的地步——布里安娜害怕自己如果**再不**說出口，和哥哥很快就要漸行漸遠了。

有天晚上他們一起出門，又發生了上述情況。隔天布里安娜決定打電話給哥哥，說自己有些重要的事得和他談談。他們在電話上約好，幾天後碰面喝個咖啡。

「那次應該是我和他之間數一數二難受的對話。」布里安娜事後告訴我們：「我基本上對他是直話直說了，表明我有多不喜歡他喝太多的樣子。我告訴他，想在其他任何地方、和其他任何人喝多少都沒問題，但和我在一起時就不可以。我說除非他答應在我出席的場合減少自己喝酒的量，否則我不要和他一起出現在任何社交場合。我也把所有理由都告訴他了，包括自己有多擔心如果不對他說實話，日後兄妹的關係會受到什麼影響。我們兩人一直都很親近，我也很確定雙方都很希望一直這樣親近下去。剛開始他反駁我是『小題大作』，對他太過強硬。但我非常堅持。我告訴他，除非答應我的要求，否則只要是可能出現酒精的場合，我就絕對不會在該場合與他來往。最後他同意了我的要求。」

「後來我們一起吃晚餐或和其他朋友出去時，他都只喝一杯威士忌加冰（而不是喝個四、五杯）。雖然我猜他在其他場合還是喝得很凶，但至少我們在一起時他不會再那樣了。我想，如果什麼都不說的話、若是沒有為自己劃下那道重要的個人界線時，我們的關係大概會慢慢毀掉吧。這件事之後，至今我們還是很親近——其實還比以前更親近了。」

用這種方式設下界線，可能會導致關係雙方疏遠，但布里安娜和伊蓮娜都能藉此方式表達自己想更親近對方的意願。有句俗語是這樣說的：「好籬笆造就好鄰居。」不只如此，好籬笆也能造就深刻親近的關係。

態度「強硬」——伊蓮娜和布里安娜在各自情境中都被對方這樣指控過，其實和刻薄或拒絕人是不一樣的概念。伊蓮娜無意傷害桑傑，而且在整場對話中，她都一直將焦點放在桑傑的行為，而非他的個性。當你想對另一方誠實，並表達自己認為符合對方最佳利益的看法，有時可能就是需要這麼強硬，尤其是對方想逃避問題的時候。

接受別人的回饋意見，同樣也需要一定程度的強硬。畢竟聽到你自己的行為造成了什麼問題，並不是輕鬆的體驗。但桑傑最後還是做到了。他在過程中數次想把話題從自己的婚姻轉到別處，甚至一度要起身離開，但最後他還是留在原本的話題中，並且認真聽進伊蓮娜給的回饋意見。布里安娜和哥哥的對話模式也很類似。要和脆弱的人打造出超凡關係並非不可能，但過程很困難。不過，布里安娜和伊蓮娜都深深理解這點，也成功傳達他們的想法，讓對方真的聽進她們給的回饋。

儘管如此，要給出否定的回饋意見，同時不讓對方感到被拒絕，做起來還是相當困難。伊蓮娜走這條鋼索時用了幾種不同走法。在桑傑說出令她難堪的話或對她表達憤怒時，她大可以跟著動怒。但她沒這樣做，而是反覆讓桑傑了解自己的立場是要幫忙，而不是傷害他。她把重點放在覺得對桑傑最好的做法上，也就是指出桑傑的要求反而會傷害自己和本身的婚姻，並重申她做的這些事最終都是為了幫助桑傑。

另外很重要的一點是，其實桑傑對伊蓮娜提出的要求並不過分。說不定——而且其實很可能如此——伊蓮娜可以直接和桑傑討論創業議題，普莉亞事後可能完全不會發現她在其中扮演什麼角色，整件事船過水無痕。也因此伊蓮娜在這件事中堅定自己的立場格外困難。另一方面，假如桑傑一開始就說：「嘿，我準備要加入這個風險滿高的新創公司，需要妳幫忙說服普莉亞，告訴她這其實是個好點子。」桑傑這時逾越的反而是條更明顯的界線。正因為桑傑起初的要求看似合理，伊蓮娜劃下那條界線才格外需要強硬的態度。也正由於他們經歷的狀況是如此複雜而微妙，這則故事才如此重要——因為這就是你我大多數人會遇到和受困其中的情境。

你和別人處於超凡關係中，也不代表你會受邀進入對方生活中的所有面向。當桑傑生氣地說「這是我們的婚姻，而且說真的，這不干妳的事！」，這句話是成立的。桑傑和普莉亞不必在意伊蓮娜的感受，他們自己就可以決定要如何理解對方。想像一下，假如桑傑和伊蓮娜當時先喝了幾杯，接著桑傑忽然**宣布**自己在考慮創業，並且他不打算告訴太太這個決定。伊蓮娜可能會有些擔心，身為桑傑非常要好的朋友，那時她可能會提出自己的顧慮，讓桑傑決定該怎麼做。

然而，桑傑不是單純宣布自己接下來可能實行的計畫而已，他還請伊蓮娜給予意見與諮詢，以及提供他某種程度的情緒支持。這時伊蓮娜就被拉進桑傑的計畫內了，讓她成為過程中的可能輔助者。這個**舉動**就給了伊蓮娜權利，讓她得以向桑傑提出自己看到的問題。她很明智地向桑傑說明以上兩者的差異，讓桑傑有比較高的機率正面回應。另外，伊蓮娜並沒有**命令**桑傑一定要和普莉亞分享這個問題；她只是非常直接地告訴桑傑，除非他先和普莉亞討論過，否則不會和他討論這件事。

伊蓮娜在上述過程中做了三個選擇，因此深化與桑傑這位朋友的連結。第一個是決定不默許桑傑的要求。第二個是當桑傑發表議論，認為伊蓮娜不在乎他們的友情，她沒有因此升起防備心。第三個是不讓桑傑太早結束這場聚會。伊蓮娜從頭到尾都把焦點放在她認為對桑傑和他們關係最好的做法上，以及自己對這段關係的投入。

如果她在上述三個關卡的其中一個選擇退讓，也不一定會以失敗作收。想像一下，假如她一開始同意給桑傑創業方面的意見，但幾次見面下來發現自身落入陷阱，這時她可以明確表達擔憂，以及讓桑傑知道她不願意繼續串通下去。同樣道理，當桑傑指控她不尊重這段友情，當下她也真的動怒了，事後她簡單道個歉便足夠，然後他們可以開始討論她認為的「支持」是什麼意義。另外，如果他們沒解決衝突就離開酒吧，下次相約午餐時，也可以繼續討論未竟的議題。不會有人每次都表現完美的。

伊蓮娜和桑傑——情境6

接下來那週，伊蓮娜和桑傑又相約下班後小酌。一坐下來，伊蓮娜就問桑傑這幾天過得如何，以及他和普莉亞談了沒有。桑傑做了個鬼臉，說他談了，但就像先前預期的，談得不是很順利。普莉亞聽了非常不開心，說創業對他們家的財務傷害太大。

「你們有沒有討論其他的？」伊蓮娜問道：「就是她的反應會讓你很難對她提出問題那件事？」

「沒有，我不知道怎麼開口。我怕如果提了，她會直接否認或升起防備心。」

「我懂。」伊蓮娜說道：「但那時其實也是個機會，如果你提了這個問題，她當下會很難否認。因為那一刻你體驗到的，就是讓自己覺得很難和她溝通的典型回應。」

「我不知道啊，伊蓮娜。這太難了——我不想讓事情愈來愈糟。」

「本來就不能預期很順利啊。」伊蓮娜說道：「你們用這種方式理解彼此很多年了，現在你想要從根本上改變模式。」

「答應妳的這項協議可真難做啊，我的朋友。」桑傑說道：「好吧，我會試試看。」

後來桑傑又花了幾週的時間，才正式開始和普莉亞討論這個問題，因為一開始普莉亞非常抗拒，包括發脾氣和指控桑傑完全沒察覺到她有多擔憂。但桑傑開始確信自己這樣做可以改善婚姻狀況，因此面對普莉亞時都能堅持下去，讓兩人的討論不至於失焦。

記住，一段關係符合了**超凡**的定義，接下來依然能持續成長。伊蓮娜和桑傑的關係剛才經歷了考驗，往後他們就能夠處理進一步的問題，比如桑傑要如何與太太互相理解。表面上看起來伊蓮娜在給桑傑建議，甚至是在干預他的婚姻，但她的本意是擔任教練，幫助桑傑達成自己想要的目標。關於第三人可以如何協助一段正在邁向超凡的人際關係，這裡又是一個例子。伊蓮娜承諾投入桑傑的成長和發展，他對此也知情，只是實行方式和桑傑一開始要求的不同，而是變得更有建設性。伊蓮娜擔任桑傑的教練，訓練他如何給普莉亞回饋意見，這樣做並不會破壞自己和桑傑，以及本身和普莉亞的關係。當然，這個案例蘊含的前提是伊蓮娜對桑傑夠了解，知道他最想要的婚姻型態是哪種。

伊蓮娜最初拒絕討論桑傑的新事業，最終深化了兩人的關係。她冒了一個經過衡量的風險；沒人能保證事情會進展順利，但她認為潛在利益大到值得冒這個風險。他們也了解到原來彼此的友情不但能經歷衝突後存續下來，甚至還比以前更加豐厚。桑傑了解到伊蓮娜有多在乎他，而且正是因為在乎，她才願意冒風險說出實話，而且他們也在這個過程中對自己有更多理解。由於兩人的友情基礎夠穩固，加上他們也都擁有足夠技巧與能力，能跟彼此進行有建設性但艱難的對話。結果是，伊蓮娜這次賭贏了。

當關係中雙方投入的承諾愈多，兩人面臨人際考驗時所具有的技巧與能力愈高超，堅持困難對話的回報就愈可能成真。

深化學習

自我省思

1. 想像你在伊蓮娜的處境。**當下情況讓她很難為，擔心如果不答應桑傑的要求，他會覺得遭拒絕，兩人的關係也會受害。如果是你，大概會怎麼做？回顧前述情況中伊蓮娜面臨的抉擇點；如果是你，會怎麼回應？你對自己處理這種情況的表現，會如何評價？**
2. 重要關係：從先前列的重要關係中，選出一個你不太確定可以要求對方到什麼程度的人。寫下你非常確定自己可以要求對方做的事，以及非常確定不能要求的事。然後寫下自己不太確定是否能提出要求的事。

應用

去找第二個問題中你列出的這位對象，分享自己根據前述問題所寫下的事。（也許你會想先請他們也做一次同樣的分析，列出他們認為可以／不可以要求你做的事。）接著，和對方討論你們不確定的部分。

理解

討論界線很困難，對他人設下界線很可能會被理解為拒絕對方。你有辦法直接向對方提出這個問題，但不會讓對方覺得你想疏遠他嗎？對方談到界線時，你又有什麼感受？這段討論對你們的關係有什麼影響？對你們親近的程度又有何影響呢？

15 糾纏不清的問題

米亞和艾尼雅——情境4、5

隨著關係逐漸成長，雙方的對話也會愈來愈深入。你們要怎麼安頓年邁的父母呢？該有孩子嗎？你遭解僱了，接下來要怎麼應付？沉重的財務負擔或是婚姻中有個壓力源讓你們喘不過氣，該怎麼辦？隨著話題愈來愈私人，你們的討論引發情緒共鳴的機率也愈高，因為互動的強度變高，**真實性**也變高了。但正因如此，要客觀看待對話就更困難。如果對方提到的話題觸動到自己過去或此刻經歷類似問題時的私人感受，或是影響未來面對類似問題時的可能感受，這時你該怎麼辦？

本章中，我們回過頭來談米亞和艾尼雅的案例。她們經歷關係的衝突並成功修補後，決定提高見面的頻率。往後的聚會中，她們彼此分享了許多不同面向的個人問題。艾尼雅開始可以更開放地和米亞談到目前這份工作的優劣。米亞也對艾尼雅打開心房，談到她其實有些擔心正值青春期的兒子與女友的關係。接下來這一年中，諸如此類的對話讓兩人更加親近，也發現她們已經找回了昔日當大學室友時的連結感。但是不久後，情況又出現變數。

米亞和艾尼雅——情境4

有次晚餐聚會，米亞的心情似乎特別起伏不定，談話時也不太專心——艾尼雅在先前幾次晚餐時也注意到同樣情況。

「米亞，妳看起來怪怪的，」艾尼雅說道：「在煩什麼事情嗎？」

米亞低頭看著杯裡的酒。「對啊！」她說道：「有件事讓我滿困擾的，但不知道要不要講。」

「當然啦，看妳。但如果妳願意講，我會很樂意聽。」

「我真的不知道……但就覺得怪怪的……然後心情不是很好。我應該很快樂才對啊。或應該說，我沒有理由不快樂。我有份好工作，一棟很漂亮的房子，先生也很愛我。但我在生活中幾乎感覺不到興奮，這種感受真的很困擾我。生活太無趣了，妳懂嗎？每天都一成不變，我會忍不住一直想著，難道生活就這樣而已嗎？」

「我很抱歉，」艾尼雅說道：「這種狀態真的很不好受。妳想得到為什麼會有這種感覺嗎？妳和傑克的相處都還好嗎？」

「還可以……算是吧。他很愛我，但說真的，我們感覺起來更像是好朋友，而不是情人。已經沒有以前那種熱情了。」

「嗯，畢竟你們已經結婚快二十年了，」艾尼雅說道：「如果還認為現在的感覺會和上一個十年一樣，就不切實際了。而且現在又有了孩子，不論我們多愛他們，還是不得不承認有了孩子多少會影響夫妻感情。我和克里斯多福就是這樣。」

「是啊，我理性上都知道，但還是會想要更多。妳不會嗎？」

「當然會啊，但就是想想而已。人生並非事事都稱心如意。我們都該學會接受現在的美好，不要期待事事完美，不是嗎？」

「嗯，我想也是。這種感覺一定會過去的。」米亞說道。然後她們的聊天開始轉到其他話題。

一個月後，這對朋友又約好共進晚餐。這次米亞的話變多了，舉止也更有活力。她們點完菜，稍微聊聊近況後，米亞說道：「能一起吃飯真的很開心。」

「我也是。妳怎麼了？看起來『超嗨』的。」

米亞微笑答道：「妳之前鼓勵我要多分享內心感受，真是說對了。我發現自己隱藏不滿足的感受太久了。我愈是忽略它，這股感受就愈強烈。」

「聽起來很好啊，看樣子有改善了？」

「對啊，是真的有改善。最近有個我幾年前認識的男人，他叫泰勒，忽然在臉書上加我好友。」米亞說道：「當時他說不久後會來我們住的城市，提到有機會的話可以見面敘舊。所以我們就約了一起小酌，聊得滿開心的。他好有趣，對我也很有興趣。我們什麼都聊，而且聊得愈久，我益發有種活過來的感覺。我已經好多年沒這麼開心了。我甚至想不起來，上次和傑克相處時有這種感覺是多久以前的事。」

艾尼雅感到胃部一陣下沉。「噢噢……」

「噢噢什麼啊？拜託，艾尼雅，我只是說難得有機會可以開心聊聊，來個有深度的對話而已。這些都是我一直希望找回來重新體驗的事。」

「嗯。所以你們最後**怎樣**了？」

「當然是什麼事也沒發生囉。況且我們各自都結婚了，不過雙方都認為那次聊天真是太開心了，也說好下次他再來這裡時，我們再找對方吃個飯。他最近因為工作緣故，經常會來這邊出差。」

「要命啊，米亞。我開始擔心接下來會發生什麼事了。」

米亞並不把艾尼雅的擔憂當一回事。「我們就別大驚小怪了。我只不過是遇到一個很有趣的男人，覺得和他一起吃午餐會很好玩，就這樣而已。」

艾尼雅對於事情會不會愈演愈烈感到懷疑，但最後只說了「好吧」，沒再說下去。他們接著聊起別的話題，艾尼雅提到她的公司最近要啟動一些令人期待的新變革。

一個月後的晚餐聚會上，艾尼雅先到餐廳，過一陣子後米亞才匆忙抵達。艾尼雅稱讚米亞看起來非常開心。

「謝謝！對啊，我現在感覺真的很棒。昨天泰勒和我又一起吃午餐，我現在還感覺輕飄飄的。」米亞又說，自從上次她和艾尼雅見面後，她和泰勒已經一起又吃了兩次午餐。

艾尼雅沒說話，但眉頭微微皺起來。

「是沒發生什麼事啦……到目前為止。」米亞說道：「但我察覺之後可能會怎樣發展。我發現自己一直想到他。艾尼雅，我知道這聽起來很荒唐，但這就是我之前在生活中一直找不到的感覺——已經好多年沒有感受到這種活力了。」

艾尼雅感覺到身體緊繃起來。她喝了口飲料，說道：「老天，米亞，感覺事情進行得很快。但我不確定生活無趣會是搞砸婚姻的好理由。」

米亞臉垮了下來。「喔，很煞風景耶。妳也說了，我看起來很開心，而且我是真的很開心，已經不知道多久沒這樣了。妳為什麼不能多支持我一點？」

「妳不會真的想要我對妳說外遇沒關係吧？是嗎？」

「也不是——但我確實希望妳對我的處境至少有些同理心。妳難道沒有過類似感覺嗎？想得到一些婚姻不能給妳的，或是害怕接下來四十年的每天都一樣無趣？」

艾尼雅字斟句酌地回答：「我可以同理無聊和忙個沒完的感覺。沒錯，有時候我確實有妳說的這些感受，但如果妳真的和泰勒談戀愛的話，會出大事的。」

「艾尼雅，妳還是不懂我的感覺。妳太急著妄下論斷了。我現在的感覺只是**被困住**了，每天不開心的程度都比前一天再多一點。妳為什麼就是不懂呢？」

「理解妳和對一個我認為很糟的選項表示支持，是兩件不一樣的事。」艾尼雅說道：「我會忍不住開始想像各種可能擦槍走火的情況。一旦妳跨過那條界線之後，就不太可能回頭了。」

「妳是怎麼了？妳對這件事打從一開始就抱持否定的態度。我在講的是**我自己**生活裡的事——不是妳的。」

艾尼雅將臉埋在雙手中，開始輕輕啜泣。「其實這也和我有關……妳都不知道這對我有多痛。」

米亞的表情軟化下來，她伸手跨越桌面，握住艾尼雅的手。「艾尼雅，怎麼回事？」

艾尼雅勉強克制自己，說道：「幾年前克里斯多福也外遇過。我沒告訴妳，因為事發當時我和妳已經有一陣子沒聯絡了，感覺像是幾百年前的事了。但聽到妳說泰勒的事，又讓我回想起當初受傷和遭到背叛的感覺。我想這些傷痛一直都在，只是沉到心底而已……感覺好丟臉。發生這件事讓我覺得很羞恥，現在對妳說這些，也很怕妳會因此看不起我。克里斯多福當初的說詞也和妳剛剛的一模一樣。我當時很擔心是自己的問題，可能我不夠好，或做錯了什麼。聽你說這些，當初那些感覺又全回來了。」

「噢天啊，我好抱歉——真的完全沒想到我們的對話會變成這樣。我並沒有因此看不起妳，真的。我也不認為傑克要為了我感到不快樂負責。再說，克里斯多福外遇的原因也許和妳一點關係也沒有。」

「後來克里斯多福和我度過了那次關卡，但我當時真的不知道能不能熬過。過程實在太痛苦了，米亞。我真心不想看妳經歷相同的事。」

「我懂了。妳竟然這麼擔心我，讓我好感動。但這是**我的**人生，艾尼雅。我可能要親自走一遭，看看和泰勒之間的感覺是不是真心的。妳是我唯一可以談這件事的人。」

「我現在的感受很矛盾。」艾尼雅說道：「很難將自己的經驗和我聽妳說話時的反應分開來。外遇本身已經夠糟了，但更糟的是克里斯多福事前竟然完全沒對我提過他不開心。然後他就默默外遇了……太可怕了。我在聽妳說這些事情時，覺得好像又經歷了一次當年傷痛，很想保護自己不要再受傷——我大概也想要保護妳不要受傷吧。」她接著說道：「如果克里斯多福和我一開始就去婚姻諮商就好了，我很慶幸我們最後還是去了——否則兩人的婚姻大概也保不住了。」

「我能理解克里斯多福外遇的事還困擾著妳。」米亞說道：「但妳的意思是，妳不能陪我好好把這件事情想通嗎？」

艾尼雅這時已經不哭了。「我是想要妳覺得可以放心和我說這一切。但萬一妳把我對妳的支持，當成是對妳外遇的支持，該怎麼辦？這樣我很像是贊成克里斯多福那段外遇一樣。我討厭這種感覺，現在完全不知所措。」

艾尼雅和米亞已經快進入超凡關係了。她們對彼此愈來愈坦誠，也誠實地表明自己的反應，支持對方，並且有能力提出不同意見。但艾尼雅此刻遇到大挑戰。米亞的問題戳到她的痛處。

不難想像，很多人在關係中都會遇到類似狀況。也許你很怕遭裁員，而你的好友才剛剛被解僱。或是你剛得知母親罹患絕症，而朋友也剛剛失去雙親其中一人。或是你初為父母，調適得很辛苦，但朋友一直為不孕所苦。當兩人遇到相似情況，也許其中一方因此格外能同理和理解另一方，但也可能因為另一方的遭遇而喚起創傷記憶。不論兩人關係有多親近，雙方中任一方都有正當理由可以說出：「我很抱歉，真的很想幫妳，但這對我來說太痛苦了。」這句話如果不說出口，就算兩人關係再親近，自己也可能開始出現不情願的感受。

根據事件引發的情緒悲痛程度，當事人也許可以有不同回應。其中一個解方就是艾尼雅做的，承認和點出自己的感受。她在對話一開始就發現自己沒辦法客觀以對，也誠實地說出來。這樣米亞就能更清楚知道艾尼雅的感受。

艾尼雅也可以繼續說：「米亞，這對我來說很難，但我覺得自己可以同理妳的感受，只要別把我的支持當成對妳外遇的支持就好。當我說出自己的反應，是在表達擔憂，不是在譴責妳。也許說出我的擔心，可以給妳另一種觀點，更全面地看事情的後果和選擇。」

艾尼雅的第三個選項，是聚焦在一開始的問題：米亞感到不開心。儘管米亞第一次提到自己對生活的不滿足時，艾尼雅稍微探索過背後原因，但當時她給米亞的回應是人生並非事事都稱心如意，用邏輯論述結束那次討論。她其實可以繼續表達自己的好奇，幫助米亞探討自身陰鬱感受更深層的原因。聚焦在情緒底下的問題，可以開啟另一種探索，找出和泰勒發生外遇以外的諸多解決方法。

在兩人接下來的相處過程中，艾尼雅將上述三種方式的精髓都用上了。

米亞和艾尼雅——情境5

艾尼雅承諾會盡可能陪伴米亞，並這樣告訴米亞，後者也表達了感謝。她們接下來的對話中，艾尼雅盡己所能地幫助米亞，探討她的不快樂背後究竟有哪些問題。艾尼雅幫助米亞檢視自己現有的選項，以及思考如果真的發生外遇，後續會發生什麼事，以及有什麼潛在後果。儘管非常困難，艾尼雅很努力地將米亞提出的解方與自己親身經歷的問題分開看待，因此能協助米亞深入理解外遇究竟意味著什麼，而不用擔心自己對朋友的支持被對方解讀成贊同外遇一事。

有天下午，米亞沉思了一陣後說道：「就算傑克知道了，我也不認為和泰勒短暫一段外遇會毀了我的婚姻。但是非要讓傑克知道不可嗎？不是很多人都有過這種私下的小冒險嗎？」

「嗯，可以啊，妳也許可以瞞著他，但這樣做對妳的婚姻會產生什麼影響？」艾尼雅認真問道：「會讓妳和傑克更親近嗎？如果他真的發現了，你們未來彼此間的信任又怎麼辦？我得承認就算到了現在，偶爾，當克里斯多福講到公司女同事怎樣怎樣時，我還是覺得很不舒服。這樣做是在婚姻裡增添不確定性，值得嗎？而且如果妳真的愛上泰勒，那怎麼辦？接下來要怎樣？如果妳的意圖是想維持婚姻，先釐清自己想從傑克那邊得到什麼，不會比較好嗎？」

艾尼雅看得出米亞還下不了決定。米亞是認真聽她說話，但很不想放棄和泰勒約會的念頭。兩人繼續討論還有哪些潛藏問題。接著艾尼雅問米亞，她想從傑克那邊得到什麼，以及她還可以怎麼做，好讓傑克給出她想要的事。

他們在接下來的一星期持續討論，但過程有些不順。一次是艾尼雅忍不住又開始給米亞建議，她警告米亞道：「妳真的該打住了……這樣根本是玩火。」米亞也直接告訴艾尼雅，這句話對她的現況沒有幫助，於是她們又回到原本的軌道上。

另一次是艾尼雅快受不了了，她對米亞說道：「妳根本沒有想清楚，我真不敢相信妳竟然會認真考慮這種事！」

米亞聽了有點嚇到，便回答道：「艾尼雅，妳這樣說很傷人。我感覺不到妳支持或理解我。我現在覺得自己被批判了。」

「我很抱歉妳覺得遭批判，」艾尼雅回道：「這不是我的本意，但我確實認為有必要直接告訴妳，這樣妳才能知道我在想什麼、感覺到什麼。我認為這是身為朋友該負的責任。」說完，她們又回到原本的話題上。

艾尼雅和米亞在前述問題來回討論了好幾次，內容一次比一次深入，但到了某個階段，她們還是陷入停滯。最後艾尼雅說道：「我不確定自己還能再幫妳什麼。我不是專業治療師，而且不管多努力把自己的情況和我們討論的話題分開看待，還是有太多內容會激起我的情緒。雖然不該一直掛在嘴邊，但還是真心希望妳懂我有多在乎妳，我們之間的關係對我來說有多重要。」

米亞回答道：「是啊，我懂的。」

＊＊＊

即使雙方進入超凡關係，還是會有無法解決的問題。不過，上述兩位好友面臨的停滯局面，其實可能更進一步強化彼此間的連結，讓超凡階段的友情更加穩固。首先，兩人在過程中沒有互相責怪，否則就做不到上述狀態了。米亞確實說過「妳的意思是，妳不能陪我好好把這件事情想通嗎？」，可是這句話是個疑問，如果她是氣沖沖地提出要求表示：「妳為什麼不能站在我這邊？」這樣說的結果就大不同了。同樣道理，艾尼雅也沒說出「妳憑什麼期待我一定會支持妳？我聽這些太痛苦了！」

其次，她們都揭露了許多自我面向。米亞分享的是自己有多需要重新感覺到活力，以及她有多需要艾尼雅。至於艾尼雅，她說了克里斯多福外遇的往事，以及自己揮之不去的種種感受。最後，儘管她還沒走出傷痛，但依然盡力陪伴米亞。艾尼雅持續不懈的努力，讓米亞認定好友並不在乎自己的機率大為降低。

就算你們處於超凡關係，也不代表你必須答應對方的所有要求。你們要在兩個需求之間找出平衡。一個是照顧好自己，第二個是對另一方負責。在你們面臨糾纏不清的問題時，這股平衡尤其重要。從米亞和艾尼雅處理這次挑戰的方式，大概可以看出該怎麼拿捏。關鍵在於坦誠表達自己的需求、關心對方的需要，以及兩人好好對話，而不是陷入互相責怪。

三個額外考量

同理和同意，差別在哪裡？

儘管艾尼雅並不支持米亞為了找回快樂而提出的解決方法，但她還是希望能同理並理解她的朋友。這條路相當不好走。因為雙方都要理解，艾尼雅的同理心並不代表她支持米亞外遇。

我們有位朋友伊芙，她和父親所遇到的挑戰就和前述情境有些類似。她的父親阿弗瑞德經常刻意疏遠其他家庭成員，把大家給的意見回饋都當成人身攻擊。伊芙試圖同理父親的不快樂，想藉這個方式連結彼此。但阿弗瑞德竟然把伊芙的同理當成伊芙也同意全家人都對他很差。他總是堅持自己的出發點是好的。伊芙想告訴他，問題不是出在意圖，而是出在他的行為，後者已經影響到其他人了，但阿弗瑞德就認為伊芙這樣說是在攻擊他。她不知道要怎麼走出這個困局。如果對方想要的是你的同意，這時就算用同理心理解對方，也無法解決問題。最後伊芙只能接受事實，父親想要的，她就是沒辦法給。代價就是兩人之間的距離愈來愈遠，這其實不是他們任一方所樂見的。

如果支持對方違背我的價值觀，該怎麼辦？

艾尼雅反對米亞提議的理由中，價值觀占的比例比較少，個人過往經驗所占的比例較多。但萬一她真心認為外遇在道德上有罪呢？真的有人可以「痛恨罪孽，但熱愛罪人」嗎？就算做得到，但米亞會覺得自己被充分支持嗎？教宗方濟各被問到對同性戀的看法，他的回答是：「我是誰，憑什麼下評判？」但是當你對某事有強烈的價值信念，你也不是方濟各教宗，**不評判**對你而言究竟有多容易？

如果艾尼雅對發展婚外情一事有強烈信念，米亞也知道的話，大概一開始就不會向艾尼雅尋求支持了。我們不會把所有問題都和同一位朋友分享，就算是超凡關係也一樣；正因如此，我們大部分人都需要一位以上的超凡好友。

如果我越界當起對方的治療師，該怎麼辦？

艾尼雅鼓勵米亞探索自己對生活和婚姻感到不滿足的根源。她問了開放式問題，鼓勵米亞深入思考自己不快樂的成因，並考慮其他解決辦法。她盡可能地不帶批判，最後也接受只有米亞本人才知道怎麼做最好，並就此放手。非專業人士最多也只能做到這樣了，艾尼雅對此有自知之明。當說出「我不確定自己還能再幫到妳什麼。我不是專業治療師」這句話的時候，她並不是要放棄當米亞的朋友，也不是在批判米亞，而是承認自己也有極限。但就算這樣，你也不能強迫朋友去做心理治療。雖然艾尼雅告訴過米亞，她和克里斯多福在類似情況下去了婚姻諮商，而且頗有成效，但米亞最後還是拒絕這個想法。走到這一步，艾尼雅能做的都做了。

一場親近談話開啟一扇門後，結果無論好壞，其他門扉可能再也不會緊閉了。這樣一來，不同的超凡關係可能會相互影響。艾尼雅原先以為克里斯多福當年外遇的事已經結束了，但現在竟然發現當年殘餘的感受還潛藏心底。她可能因此和先生重新開啟對話，討論彼此關係中還需要修補的地方。

這種對話可能會像雙面刃。在艾尼雅和米亞對話後，艾尼雅找克里斯多福重新談論前述對話喚起的往事，說不定夫妻雙方真的從中獲益。但艾尼雅並不想重新經歷當年好不容易平息的傷痛。而且雙方一旦踏入糾纏不清的問題中，可能就無法回頭，只能繼續往前走，一起面對問題——不論對接下來發生的事是否有預期，也不論是好是壞。這就帶我們回到本書的中心意旨：**學習心態的重要性**。

我們假設艾尼雅重新找克里斯多福討論當年他外遇的事。後者被提醒當年風流韻事，可能會不太開心。但如果艾尼雅能放下責備（「你當年怎麼可以這樣對我！」），進入探索（「我要怎麼做才能重新找回平靜？」或「我們現在的關係處在什麼狀態呢？」），那麼他們雙方就有機會學到很多事情。做起來不容易，但這就是另一個抉擇點。

這也是超凡關係有如魔法的原因之一——你會感到被對方完全理解和接受，有機會成為完整的人，而且也以同樣的方式看待對方，並有機會繼續學習。這不容易，但若要活出完整生命，有時就得如此。

深化學習

自我省思

1. 想像你在艾尼雅的處境。**你會怎麼面對她和米亞所處的情況？要怎麼讓米亞知道，其實你不想觸及這方面的話題，但又不致讓她感到被拒絕，或是傷及彼此關係？**
2. 當本人的問題糾纏不清時：親近好友、家族成員或同事想找你討論他們遭遇的某個問題，但是它會激起自己強烈的個人感受，你曾遇過這種情形嗎？你怎麼處理前述狀況呢？
3. 當他人自身的問題糾纏不清時：想找某人談談一個問題，但不確定對方能不能接受這個話題，你遇過這種情形嗎？舉例來說，也許你雙親其中一位不久於人世，剛好有個朋友的雙親之一罹患失智已久，最近才離世。也許朋友很願意分享自身經驗——但也可能不想碰觸此話題。不論是怎樣情形，你當時是怎麼處理的呢？有沒有哪些面向是希望當時能用不同方式應對的？
4. 當前兩難：目前你是否遇到自己希望和某人談論一個問題，但對方可能會因此觸發某些強烈情緒呢？

應用

找前一段第四個問題中你提到的對象，和對方聊聊有沒有辦法能討論那個問題。要怎麼進行討論，才能讓對方即使中途拒絕再談下去，你們也都不會萌生被拒絕的感受？

理解

進行上述討論時，雙方都要夠直接，但又夠敏銳。你們的對話進行得如何？你們在過程中，從彼此身上學到了什麼？你們冒了風險，這個舉動對彼此的關係有什麼影響？

16 當「超凡」不是可行選項

我們兩位作者數十年來都親身實踐超凡關係，也一直活在超凡關係中，但即使是我們，也無法一直和生命中的每個人都產生這種關係。凱蘿從幼年到青春期間，都和她已故的母親芙蘿拉關係非常親密。芙蘿拉很早就清楚地讓凱蘿知道，她們要當彼此「最好的朋友」，這樣凱蘿不論什麼事都會告訴她。事實上，凱蘿過去也幾乎什麼都說給母親聽。芙蘿拉給了很多凱蘿當時認為很有用的建議，舉凡化妝、男孩到婚前性行為的危險都在她們的話題內。凱蘿不是叛逆的孩子，她乖乖遵守所有規則，成績也很好，而且盡可能不闖禍。

然而，當凱蘿長大成人，結婚生子，一切都變調了。她發現以往和母親的「親近」關係，是以凡事同意芙蘿拉、與芙蘿拉的需求一致為前提才成立的，否則芙蘿拉會說凱羅很「自私」。芙蘿拉失望或生氣時很懂得怎麼提出回饋，但如果她做了什麼事讓凱蘿很不開心，就完全無法接受凱蘿給予的回饋。她也是凱蘿見過最會批判別人的人——相當固執己見，而且別人的看法很難影響她。

凱蘿開始對人際動力學如何發揮效用有更多體認後，她就很想知道究竟有沒有辦法站在兩個成年女性的立場和母親建立真正親近的關係。凱蘿攻讀博士班期間，兩人有過一段令人難忘的對話。

「我不懂妳何苦自找麻煩念什麼博士班，」芙蘿拉說道：「妳的孩子和丈夫都沒有得到他們該得到的關愛。」

「媽，當妳對我說不懂我何苦自找麻煩念博士班，認為我犧牲了和家庭相處的時間，我聽了對自己的感受很差。」凱蘿說道：「這是妳的意圖嗎？」

「當然不是，我只是認為妳快把自己逼瘋了，很沒必要。」

「對誰來說沒必要？」

「對大家都是。」

「我和安迪對這件事談過很多次了，他百分之百支持我。我也問過他，會不會認為自己和孩子們為了我犧牲太多，他都告訴我絕對不會了。」

「我不相信。」

「所以妳認為他在騙我？」

蘿拉沉默了一下，然後說道：「我只是根據自己的經驗來看。以前有段時間我和妳很親——我們會一起去買東西，或單純吃個午餐。那時候我們一講電話就會講好幾個小時。現在妳幾乎都沒時間這樣做了。」

「這倒是，妳說得沒錯。不過這就是因為我希望把剩下的時間盡量花在安迪和孩子身上。」

「所以我才搞不懂讀這個博士班是要幹麼。」

「妳不支持我拿博士，是因為我沒辦法像以前那樣花很多時間陪妳？」凱蘿問道。

「我可沒這樣說。我只是說妳在破壞自己的家庭，而且很沒必要。」

所以接下來的發展，就是凱蘿盡力想讓上述對話發揮應有效果，但從來沒成功過。她試著讓芙蘿拉知道，自己沒辦法影響芙蘿拉看法這件事，已經讓她們之間愈來愈遠。

凱蘿也努力讓芙蘿拉理解，每次芙蘿拉對家中其他成員做出武斷批判時，她實在很困擾。另外，也表明芙蘿拉總是拒絕接受任何會犯錯的可能，這讓她愈來愈不想花時間和芙蘿拉相處。凱蘿也告訴芙蘿拉，會吐露這些事情，是真心希望她們彼此能夠用成人身分建立更親近的關係。

芙蘿拉最常見的反應就是邊哭邊說凱蘿很不公平。她只希望兩人能更親近一點，而凱蘿本人才是她們沒辦法像過去那樣親近的原因，因為凱蘿「太忙了」。凱蘿試著讓母親明白，她們早年的親近是建立在她年輕時彼此互動的模式上（它典型的特徵就是凱蘿每次都要聽從，因為芙蘿拉絕對都是「對的」），但現在已經沒辦法再這樣互動了。芙蘿拉聽了會反駁，說事實並非如此，或轉移兩人話題。

對凱蘿而言，儘管她正在學習如何創造超凡關係，但要接受自己和母親之間永遠也不會達到這層關係是很難受的。當芙蘿拉罹患癌症不久於人世時，凱蘿最後一次嘗試與她建立這層關係。在母親數次手術期間，凱蘿試著當最好的女兒，她經常去探望芙蘿拉，連續好幾個月每週都專程載芙蘿拉往返於化療中心好幾趟。儘管多次誘導芙蘿拉談談自己對於當下發生什麼事的感受，但芙蘿拉就是不肯。凱蘿認為芙蘿拉是不願開啟一場自己有可能無法占上風的對話（沒錯，這種揣測的確是越過了網子）。凱蘿很愛芙蘿拉，也知道她們彼此相愛。但兩人就是沒辦法建立超凡關係。

超凡關係的其中一個重要成果，就是雙方都有機會成長和發展，但這種增長必須朝彼此想要的方向前進——而不是一方將想去的方向強加於另一方。然而，當對方為了滿足自身需求而希望你發展的方向和你本人想要的不同，會發生什麼事呢？芙蘿拉聲稱自己都是為了凱蘿的最佳利益著想，但她想要凱蘿成長的方式（更精確地說，是『不成長』的方式），卻是強迫凱蘿倒退回青少年時期，像當年那樣互動。凱蘿希望母親成長，但她期待的成長方式，是母親能主動開口談自己即將死去這件事（以及談論其他也非常艱難的話題）。

如果母親和女兒都願意談這件事，問題可能就解決了，但芙蘿拉不願意討論這類話題。雙方若要進入超凡關係，就需要有意願正視問題，接受自己有犯錯的可能，並願意考慮新的思考角度。芙蘿拉沒有意願，是因為她最看重的是自己必須是「對的」。兩人就算互相在乎對方，甚至愛著彼此，但光是這樣還不足以產生超凡關係。儘管彼此都想要和對方的關係更親近，但凱蘿必須放棄自主權，這個代價太高了；另一方面，芙蘿拉也不願意投入成長和學習，因此雙方沒辦法進入超凡關係。

我們在本章中要談的是，為何有時你已經盡力了，卻還是無法建立起更有意義的關係。可能是你和對方逐漸理解之後，發現雙方的觀點太不同了，連結彼此實在太費力。或是你們共同點真的不夠多——和對方建立一段認真的關係，要花的代價大過於關係本身帶來的好處。但萬一你們確實有走向超凡的潛在機會，可是就還無法完全達到這種程度呢？中間發生什麼事了？是因為你做過或沒做什麼事嗎？你從這段陷入停滯的關係中又能學到什麼呢？

菲爾和瑞秋——沒辦法走更遠了

在第9章中，瑞秋告訴父親菲爾，他一直給建議和欠缺同理心快把她逼瘋了，因此解開了他們之間的一樁心結。當然，僅僅一次有話直說沒辦法解決全部問題，菲爾有時也會故態復萌，但他們現在的關係已經是瑞秋可以提醒父親又犯老毛病了。後來菲爾有意識地逐漸克制自己的習慣，兩人的關係也愈來愈親近。

上述進展讓瑞秋大受鼓舞，也發現自己還想從父親那邊得到更多。他不會分享自己人生最重要的部分，但瑞秋就是希望父親可以主動告訴她。自從母親離世後，瑞秋一直很想知道菲爾適應得如何，也掛念他的狀況。她也愈來愈擔憂菲爾身為外科醫師的能力已經不如從前了。儘管醫院沒有規定醫師強制退休的年齡，但菲爾好幾年前就過了領取退休福利的年紀，如今仍繼續工作。瑞秋偶爾提到這個話題時，菲爾的回應總是「工作可以讓我保持年輕」，然後強調自己沒有退休打算。他們的對話往往就此打住。但是瑞秋開始在醫院中聽到一些耳語，說他父親的手術技巧已經不如從前了。她很擔心再這樣下去不知會發生什麼事。她心想，**我真的非常不想看到他最後是被逼走，而不是自願退休**。但每當她小心翼翼地提出這個問題時，菲爾就會笑笑帶過，說那些不過是其他同事嫉妒他到了這把年紀，手術技巧仍和其他人不相上下，才會傳出這種八卦。

瑞秋渴望能和他討論這件事，以及深入探索其他個人話題。他回顧自己四十年來的醫師生涯，有什麼感受呢？有沒有失望過？他當年沒有選擇其他方向，現在回顧會覺得可惜嗎？他失去摯愛後的人生，到底過得如何？瑞秋試著培養出一個能讓菲爾開口談這些事情的氛圍，於是她主動說了很多自己個人和專業上面臨的問題。菲爾似乎很珍惜這些討論時光，也因為他現在比較不會一直給建議，所以瑞秋就比較容易揭露自己的感受和掙扎。不過，儘管瑞秋盡力嘗試了，但她還是沒辦法讓菲爾也主動開口談自己的事。她實在看不透菲爾。

最後，瑞秋決定單刀直入。她安排兩人一起在外面吃晚餐，晚餐過程中她告訴菲爾自己希望能和他討論什麼事情，以及雙方能從討論中得到什麼益處。瑞秋表明說：「你以前說過，想傳承自己的經驗。談談你自己的人生就是個方法啊！」

「但我就不是這樣的人啊！」菲爾回道：「我不覺得回顧人生有什麼樂趣可言，況且談那些當初沒選擇的道路也毫無意義。我就是認為不糾結過去，面向未來才是最好的做法。」他停頓了一會兒，然後溫和地說道：「再說要談妳媽媽的事，實在太痛苦了。我們不能享受現在擁有的一切就好嗎？」

瑞秋還想堅持下去。「我們就試試看嘛，看會怎樣。我剛談到好幾個主題，你就選一個覺得最能接受的，我們再看看進行得如何。」菲爾想了想，回答道：「嗯，當年我是有兩個專科方向可以走，我就談這個吧。」他講了半小時，但瑞秋看得出他並不是很想講這個話題，兩人的討論不算是你情我願。最後菲爾搖搖頭說道：「這種事我就講不來。看吧，我喜歡聽妳說自己的生活，而且我最近都有克制自己不給建議了。我很樂意談我們以前一起做過的事，比方說，妳從小到大的過程中，我們一起去的旅行。關於過去，我想聊的就只有這種事。」瑞秋點點頭，不情願地妥協了。

改變關係基礎

瑞秋想要的改變，比她所認知到的更根本。菲爾老是教導別人如何過生活，是根深柢固的習性，想要改變這樣的行為是一回事，但要改變兩人關係的根基又是另一回事。瑞秋要菲爾做的正是後者。

她現在已經長大成人，希望兩人關係能進一步轉變為成人對成人的狀態。但這樣一來，雙方都必須做出重大改變才行。瑞秋必須採取更多行動——她確實也開始做了——而菲爾除了繼續克制自己給意見的習慣，還需要做得更多。他必須展現更多脆弱，也要更願意自我揭露。上次他們的討論成功讓菲爾開始改變自己給建議的習慣，雙方關係也因此朝更平等的方向前進，但也僅止於此。目前看來，菲爾並不想要走得更遠——至少沒有瑞秋想要的那麼遠。這些改變對菲爾來說是不是太大了？

儘管瑞秋希望菲爾揭露更多自身情緒，但他大半輩子的作風都偏向理性分析。此外，瑞秋希望他展現的脆弱面，以菲爾過往的專業訓練、工作環境與家庭生活而言都不是發展重點：菲爾的妻子會「翻譯」他的感受給瑞秋知道。一個人表達感受的主要方式，經過多年來如此持續不斷的強化後，可能會非常難以改變。

那麼，瑞秋還有什麼選項呢？她可以選擇接受現狀。畢竟，她已經得到很多了。過去一年中，瑞秋和菲爾的關係有了長足進展。現在她不會再被菲爾給人建議的習慣牽絆著，能夠分享更多自己的事，兩人因此更加親近，雙方也都很喜歡現在的狀態。聚焦在超凡關係有一個潛在缺點，就是貶低任何尚未達到超凡狀態的連結。有時只是針對雙方已達成的成就心懷感激，還是有其必要。我們可以從不同的人身上滿足自己不同的需求。瑞秋的婚姻很幸福，也有些好朋友，她可以和這些人建立更深的連結，滿足自身這方面的需求。至於和父親的關係，就只要好好享受自己現在擁有的就夠了。

另一個選項，則是她還可以再多要求一點。既然菲爾真的能改變自己，也許他還可以改變更多。瑞秋一直希望和父親更親近，如果能再往前推進，他們的連結可能會更深厚。而對菲爾來說，分享更多自己的人生（尤其是與女兒分享），能夠讓他和女兒用更有意義的方式理解彼此——雖然是很難沒錯。而且他也能藉此方式傳承自己的經驗。

但是，瑞秋該使多少推力呢？光是在晚餐時嘗試個三十分鐘，就足夠了嗎？如果順著菲爾的提議，話題變成懷念過去時光，他們的對話能轉變成她想要的那種更私人的揭露嗎？還是會徒勞無功？

答案可以用另一個形式的問題來呈現（畢竟身為老師的我們就是愛問問題——就算是寫書亦然！）：**她堅持要再往前，究竟是為了誰？**有時候我們只能接受對方就是這樣。瑞秋是真的發現什麼跡象，顯示菲爾很寂寞、渴望更多親密，還是她只是為了自身需求而逼他照做？

瑞秋手中的選項，還可以從另一個角度來看。本書一開始提到，心理學家卡蘿·杜維克認為人在指出當下遇到的限制時，在描述中加上「還沒」這個詞相當重要。當陳述「我沒辦法對另一半完整表達自己的所有需求」這句話時，加上「還沒」，意義就會從絕望轉變成可能。瑞秋也不知道菲爾未來會如何。也許是他執行某次手術沒有過去這麼順利，這時菲爾找瑞秋談這個話題會比找其他外科醫生還要容易。又或者，菲爾身邊有同事可能被其他人發現技不如前了，但同事本人還沒認清現實。菲爾就會意識到自己不希望變成同事的翻版。這時要他自我揭露或許就比較容易。

當我們太逼迫對方，還會產生一個風險，就是對方可能因此疏遠我們。太過執著自己的欲望，可能會榨乾雙方關係中的活力。有時接受對方目前的狀態，他們之後自願加入這趟旅程的意願可能不減反增。瑞秋可以先珍惜、感激自己一路走來所獲得的事物，同時保持覺知，知道未來狀況可能會改變，到了那時，關係也許會更加親近。也許，有改變的人反而是她自己。當瑞秋回顧有生以來和父親在一起所得到的一切時，也許想要菲爾做更多私人自我揭露的期盼，對她來說就會變得不再重要。

班和連恩——挑戰失敗

我們看到班和連恩是第4章的事了，當時兩位朋友的關係已有些進展。班說他會努力不要逼問太多私人問題，連恩也答應如果不想回答，他會直接提出狀況讓班知道，而不是直接關上心房。連恩也說他會試著多分享些自己的事。

接下來這一年，兩人的友情逐漸滋長。連恩和一位名叫布瑞特妮的女子相識相戀，班也認為她是個很棒的人——而且和連恩是絕配。班很欣賞布瑞特妮在連恩面前堅持保有自我這一點，因為連恩有時會太強勢。

由於連恩常常和布瑞特妮在一起，因此班和他相處的時間就減少了。有天晚上他們見面小酌，班問連恩和布瑞特妮的近況，連恩吐露自己覺得布瑞特妮應該就是真命天女了。

「太好了！」班說道：「她真的是很棒的人，我太為你開心了。」然而連恩若有所思，避開班的注視。班便問道：「發生什麼事了嗎？」

連恩哈哈笑，搖了搖頭：「實在瞞不過你……但我想這也是好事。問題在於她的母親。南西快把我搞瘋了。她覺得自己什麼都會，就算是完全不懂的事也硬要發表意見。」連恩愈說愈惱怒，繼續說道：「上星期她開始長篇大論地教我怎麼買房子，但其實她對我的財務狀況一無所知，也完全不了解房市。」

班同情地搖了搖頭。「天啊，真的好煩。你認為原因是什麼？」

「首先，她相當渴望得到別人的關懷。她的先生四年前過世了，然後她好像一直無法接受現實。**每天**都會打給布瑞特妮。偶爾我們會帶她一起出門吃晚餐，因為布瑞特妮覺得她太孤單了，但每次在這種場合我都快忍不住和她吵架。大部分時間她都在盤問布瑞特妮的生活細節，然後指導該怎麼做才對。老天爺，布瑞特妮已經是大人了，而且能力很強。這件事真的快把我逼瘋了！對於別人的問題，南西到底為什麼會認為自己是解救對方的貴人啊？」連恩說到這裡，做了個深呼吸繼續說：「而且我更困擾的是布瑞特妮回應她的方式——應該說，是布瑞特妮**不回應**她的方式。布瑞特妮聽完那些建議，只會說『謝了，媽。妳說的也是個方法』，然後就轉到其他話題。為什麼布瑞特妮不能直接跟南西說別管太多？我已經開始失去對布瑞特妮的敬佩了。我想要一個有主見的太太。」

「老天，你對這件事真的很生氣！」

「當然啊！」連恩說道：「如果是你，不會嗎？」

班感到很矛盾。一方面他想要支持連恩，但另一方面他又察覺到可能另有隱情。他沒見過南西本人，連恩的說詞也相當片面。很難相信南西這個人會像連恩描述的這麼糟。另外，班對布瑞特妮的印象是很有自信又明理的女性。她看起來並不是軟弱或很乖順的類型。他不知道該怎麼回答連恩才好。於是他點點頭，說道：「嗯，大概會吧。」說完他停了一下，然後問連恩道：「你認為，她們的行事模式為什麼如此？」

「喂，我又不是他們的治療師！再說我也不需要你來當治療師。我只是想發洩一下而已，不知道除了你之外還能對誰說這些。」

「好吧。」班說道：「我懂你的意思——聽起來真的很麻煩。尤其是你這麼在乎布瑞特妮。」

連恩身子往後靠，整個人放鬆了些。

「很高興你願意對我抱怨這些事。」班說道：「衷心希望你能在我面前很自在地這樣做。但我也要說句實話——你描述的角度滿狹隘的。也許事情不是這麼非黑即白，萬一你因為這些想法和布瑞特妮起衝突，那就真的太可惜了。如果你不想談，我們就不談無妨，但我認為有必要先告訴你這件事。」

連恩沒有答話。然後他有點遲疑地點點頭，說道：「繼續說吧。你正在想什麼？」

「我是不認識南西，但不確定她是不是真的如你說的，是《綠野仙蹤》裡的『西方邪惡女巫』。但是我確實對布瑞特妮有點認識，不覺得她是個沒主見的人！她在你面前可是不輕言退讓的。為什麼你會給她貼上這麼消極被動的標籤呢？我倒是認為她滿懂得應付自己母親的。」

「是啦，但布瑞特妮就是這樣讓南西一直主導。她應該直接阻止南西說下去的。」

「但那是你的做法。你說南西總認為自己知道做事的正確方法，你不也在做一樣的事嗎？說到底，為什麼你會這麼受不了？聽起來布瑞特妮根本不在意——你為什麼不能也放掉呢？」

「班，你這樣說讓我開始火大了。你為什麼總是要將矛頭轉回到我身上？所以是我的錯嗎？」

「不是，我不是這個意思。我只是想說你唯一能掌控的只有自己。如果我是你，當然也會覺得南西很煩，但我不認為自己會像你這麼生氣。而且聽完你說的，還真是佩服布瑞特妮應對這種狀況的方式。她沒有讓自己被掌控，但也沒有抨擊母親。我只是會好奇，不知道你有沒有想過為什麼自己會有這些反應。」

「想這些有什麼好處？」

「你都在考慮要和布瑞特妮結婚了，南西之後就是你的丈母娘。你至少要和她維持還不錯的關係吧。如果你能釐清原因，就不會認為她完全無法相處了吧？」

「我不知道。」連恩答道：「這種省思不是我的強項。但我會想想看。」

接下來幾個月裡，連恩和布瑞特妮的感情逐漸開花結果，因此班和他見面的機會又更少了。不過他們的友情更加茁壯，因為連恩也開始願意分享更多他對布瑞特妮的感受。班的心思很細膩，儘管擔憂，但他還是知道不要過問連恩和南西的近況。

後來連恩告訴班，他和布瑞特妮兩人訂婚了，婚禮預定在當年六月舉行。他們約了個時間碰面，好好慶祝一下。兩人先聊了工作和生活近況，班便問連恩婚禮籌備得如何。連恩聞言翻了白眼，灌下一大口啤酒。

「我們真該直接私奔的。」連恩說道：「果然不出所料，南西又再次主導整件事，布瑞特妮也由著她去。完全感覺像是南西自己的婚禮，而不是我們的。」

「天啊，太爛了吧。布瑞特妮一定很難受。」

「我反而不覺得她會難受。」連恩說道：「最讓我生氣的，就是布瑞特妮好像完全同意南西做的各種決定。完全把我搞瘋了。」

「我以為你和南西的關係已經好一點了。」

「才沒有，我只是沒講而已。」

班安靜地想了一下。「連恩，我還是不懂你為什麼這麼惱怒——尤其是布瑞特妮聽起來好像完全沒有不高興的樣子。你覺得和南西之間的互動是不是有什麼嫌隙，才讓你反應這麼大？」

連恩聽到便發火了。「班，我真的徹底受夠了，每次我對某件事不高興，就要聽這一堆心理分析屁話，我也不要再跟你來這種掏心掏肺的對話了。你這樣我會完全不想告訴你任何事情。」

班立刻收斂。「抱歉，我只是想幫忙而已。我們聊別的吧。」

於是兩人開始聊其他話題——彼此的工作、班的馬拉松賽前訓練方案、連恩和布瑞特妮考慮要租的公寓，以及班最近有心儀的對象，並打算帶她出席連恩與布瑞特妮的婚禮。

從婚禮前到婚禮後，連恩在他們的聚會中仍舊一直表達與南西相處的挫敗，班也盡量只說些安慰的話，不再探索潛藏情緒底下的問題。連恩提到他發現班最近給予的意見都很有用，並說道：「謝謝你讓我單純發洩，沒有要求再談那些掏心掏肺的問題。」

「我們大概喜歡的東西不一樣吧。」班聳聳肩說道：「我之前也提過，我還滿喜歡深入探討這種事的。」

連恩搖了搖頭。「對啊，但這種鑽牛角尖的自我省思，不是我的菜。」

隨著時間過去，班和連恩愈來愈少見面。連恩把重心放在他的婚姻，班也了解到自己從這段關係得到的比他想要的少。他們還是朋友，偶爾會出來喝個酒，但班後來也有了其他更能得到滿足感的人際關係，所以他的時間和精力就逐漸轉移過去了。

當兩人的期待不同時

乍看之下，班和連恩沒辦法進入超凡關係的原因，是因為他們各自期待的事情不同。連恩想要的連結似乎是以「好哥兒們」為基礎的關係，彼此能聊生活中的酸甜苦辣就好。而班想要的連結則是更深入、更私人的關係。他們一開始因為在工作和運動方面累積出共同經驗，得以發展出友情，但兩人追求的事其實並不相同，隨著時間一久就逐漸無法連結。縱使他們曾有共通點，但此時也逐漸黯淡。

雙方期待的事情不同，不必然會構成關係的阻礙，但這確實必須處理。兩人可能會往不同方向發展，過程中各自期待的事或許也不一樣。但這未必代表他們最後會分道揚鑣。建立親近的關係，也不是取決於兩人的期待要完全相同。班和連恩的根本問題在於，他們沒辦法一起討論彼此所求有何不同。如果做不到這點，他們就無從協調差異。

他們落入「非此即彼」的陷阱。要不就是班再也不問私人問題，不然就是連恩勉強忍受班的詢問。這個狀態妨礙他們釐清自己想要與不想要什麼。連恩真的**完全不想要**省思嗎？還是他其實是不喜歡班的詢問方式？還有，是否只要班不期待連恩深究自身問題，但連恩能否接受萬一班想要探索自己的問題，可以透過他來試探一些意見嗎？我們不知道，他們也不曉得。因為他們的關係始終沒走到這麼遠。

舉例來說，班也許可以問連恩：「我們現在被什麼擋住了？為什麼我們處在這麼艱難的狀態？」連恩可能會將這種問題斥為「太真情流露」，但也可能不會。重點是班並沒有這樣問，他們也沒辦法再深入釐清該怎麼做，才能有建設性地討論雙方無法連結這件事。

無法好好討論上述問題，這段關係的可能性就被限制了。他們頂多維持現狀，偶爾出來聚聚，更新彼此近況，但是也可能漸行漸遠。兩人已經不太可能打造出真正有意義的關係了。

職場上的超凡關係

我們兩位作者多年來的職涯重心之一，就是將本書談的種種技能推廣到不同職場。我們擔任過許多營利及非營利組織高階主管和經理人的教練，涉足的產業遍及教育、醫療和不同層級的地方與中央政府機關。我們協助過許多員工、經理人、高階主管和執行長學習如何更直接與誠實地在職場上與他人往來。我們也幫助許多團隊發展這方面的能力，讓他們更有建設性地處理衝突、解決人際問題，並建立穩固的人際關係。我們在過程中見證許多學員的大幅成長、工作環境改善，工作績效也提高了。

我們還見證許多人在職場上與他人建立起超凡關係。這些人的特質，和我們在本書中提到的特質相同。不論你是主管、下屬、同儕，都有機會建立超凡關係。不過，要在職場上建立超凡關係，確實存在一些特殊挑戰。

職場上有些重大限制是其他場合沒有的。你也許可以挑朋友或夥伴，但很難自行挑選同事。你可能非常受不了同事賽門，但你們的工作需要互相配合，所以你必須找出方法和他建立有建設性的關係。不過就算真的建立起穩固的職場情誼，但你出手讓對方晉升的協助也不能多到犧牲自己的前途。當然，你會想支持好同事，但層級組織的本質就是彼此競爭——高階的位子一向有限。如果超凡關係的其中一個面向是你們要投入彼此的發展，但你和同事都打算爭取某個特殊案子，這時你就會對要不要支持同事感到矛盾了。你不想破壞他人前途，但你願意犧牲自己多少前途？

良好的職場關係有可能發展出親近友誼。這樣做很重要，因為能促使雙方對彼此更誠實、更透明，向對方提出艱難問題時所產生的風險也會比較低。然而，這樣的關係還是存在限制。奇異公司前執行長傑夫．伊梅特（Jeff Immelt）幾年前來史丹佛演講，當時他講了一段親身經歷，非常生動地描繪出以上情境：「當時傑克．威爾許底下有三位副總裁，我是其中之一。我和傑克是好朋友，兩家人常常一起烤肉。有段時間我連續兩季沒有達到績效數字，結果某次開度假會議時，傑克把我拉到旁邊，用手搭著我的雙肩，說道：『傑夫，我真的很喜歡你這個人，但如果下一季還是這樣的話你就得走人了。』於是我在下一季就盡力達成績效。」組織可以是正向的工作場所，能夠支持員工發展，但本質上，組織本身的利益還是優先於組織內的個人需求。

如果你的角色是主管，還會面臨另一種限制。你想要讓員工發展能力，現在也知道要怎麼給他們發展上的意見回饋，並明白讓員工承擔一些稍微超過能力範圍的工作，是讓他們成長的重要方式。但我們也說過，你的優先責任是讓自己所服務的組織成功。所以如果想把一份重要任務交給一位可能沒辦法勝任的員工，就算這對員工而言是很好的學習機會，但最好還是三思而後行。在員工個人的發展需求和組織事業成功之間找出平衡，是很重要的管理技能，而且往往伴隨風險。

在穩固、高度信任的人際關係中，我們可以對彼此坦誠。如果下屬對主管坦承懷疑自身能力不夠，會導致自己往後更難爭取到好案子，這時坦誠就很困難了——就算這樣做有助於得到自己需要的指導訓練，下屬也很難開口。此外，即使員工知道主管哪方面做得好，哪方面又做得不好，但他們也不敢主動對發薪水的人給出誠實回饋，更遑論強烈表達自己的不認同。著名的好萊塢影業大亨山姆．古德溫（Sam Goldwyn）據說曾這樣說過：「對我說實話，就算說了你會丟工作也要說。」主管可能會說他們想要誠實的互動，但他們想要下屬多誠實、多常說實話？

當然，前述因素也不一定會阻礙你在職場上發展超凡關係。說不定同儕和你一樣，都渴望精進自我；也許你可以既關心下屬發展，又對自己服務的組織善盡職責，在兩者間找到平衡；儘管主管和下屬的權力不平衡，你和主管還是有可能進入超凡關係。本書先前也提過一些例子，說明該怎麼進行。揭露自我、態度直接、正視並處理不滿、給予和接受意見回饋、提出艱難問題、站在他人利益角度溝通，以及處理雙方權力不對等的狀況，這些能力都會幫你打下超凡關係的基礎。大部分職場關係都很有可能進入草原階段。你們抵達那裡後，會需要雙方承諾投入這段關係、持續穩定地增加自我揭露的範圍、不斷練習從舒適區往外跨出一五％的距離，以及將挫折看成探索和學習的機會，而不是撤退的理由。

縱使機構本質上雖然有其限制，但我們的經驗是大多數主管和員工，都希望在職場上與他人的對話能比現有的狀態更坦誠直接。在為高階主管開設的課程中，每當我們詢問這些高階主管：「你想要對你的主管多坦誠？」我們通常得到的答案都有趣極了。「喔，我說話得很小心才行。」「如果我不同意的話，用字遣詞要相當斟酌。」「最好讓主管們認為新點子都是他們自己想到的。」不論我們詢問的主管階層高低，往往都是這些答案。

我們會接著問：「如果下屬不同意你的某個點子，你希望他們怎麼做呢？」再一次，不論主管階層高低，我們得到的答案都差不多，但這次變成：「我希望他們直接說出來，講清楚，不要迂迴。我想知道真相。」

聽到這裡，我們便會說道：「這不是挺有趣的？上這堂課的人都很有安全感、很穩定，但每個人的主管都剛好又脆弱又沒安全感。看來我們需要找你們的主管來上課，而不是在座各位！」我們先前提過，如果你確實練習了本書教授的技巧，你就有辦法用直接、坦白的方式溝通。你可以幫助主管了解其實你和他們站在同一陣線，你的意圖是成為他們的盟友。

如此一來，你不僅可能贏得更多尊敬，說不定還能建立更穩固、運作更良好的關係。大部分職場關係一旦打下這層基礎，都有機會走入超凡。

我們並非隨便說說，讓你以為上述做法都很簡單。本書談到的每件事情都不簡單！但你們讀到這裡，也早就了解這點了。在職場上應用本書傳授的技能，遠比我們在本章中所能描述得更加複雜。如果想深入了解，在此推薦大衛和他的另一位同事艾倫．柯恩（Allan Cohen）合著的兩本作品：《活力領導》（*Power Up: Transforming Organizations Through Shared Leadership*）以及《沒權力也能有影響力》（*Influence Without Authority*）。

深化學習

自我省思

1. 查看進度：你剛開始讀這本書時，曾列出若干想要進一步發展的人際關係。現在你和這些人的關係如何？當然，雙方一定都有可能繼續成長，但你們滿意現在這個時間點的狀態嗎？有沒有類似瑞秋和她父親之間所取得的進展？你們滿意雙方抵達草原的現狀嗎？還是想要攀登到頂峰？
2. 工作場合：和其他人的工作關係中，有沒有哪些是你想大幅提升或沿著連續體更往彼端移動的？有的話，具體列出能夠讓各關係更穩固的做法。當你思考該如何告訴對方這份意願，你有什麼擔憂嗎？

應用

如果在前述重要關係中有了令人欣喜的進展（不論是抵達草原或更上一層樓），你對參與這段旅程的夥伴所表達出的感激，有多充分呢？如果還不夠充分，現在好好表達吧！

對於已經進入草原階段的人際關係，你決定下一步怎麼做？如果你決定留在草原，就找對方談談，讓對方知道你有多重視目前關係的進展，並確保你沒有任何貶低這番成就的意思。如果還想鼓勵對方更進一步發展，就讓對方知道你的請求，但表達方式要能激勵對方，而不是逼著人家就範。

從你前一段第二題所回答的工作關係中，選出一個對象。你希望你們可以做什麼讓彼此能開始探索可行方法，關係也比現況更加穩固？

理解

你從上述對話中學到什麼？你的哪些言行有效，哪些言行又沒那麼有效？

17 當一段超凡關係出了錯——然後重修舊好

我們兩位作者二十幾年前在史丹佛認識，關係既長久又親近。當時大衛親自傳授人際動力學，以及負責訓練課程輔導員。凱蘿修完了訓練課程，最後也加入這門課的師資陣容。我們很快便發展出親近的師生關係，在關係連續體中逐漸移往超凡一端。

對於大方向的目標，我們傾向同意彼此立場，但對於實際問題如何解決則有些不同看法，因此激盪出的解決方法，往往比各自苦思出來的更好。我們能輕易地提出關係中的問題，兩人一起解決，形成一段非常棒的職場關係。我們的友情日漸加深，也會找對方商量私人問題和專業問題。由於我們對彼此高度坦誠，也極為信任，因此都相信自己非常理解對方。此外，我們在生活中也努力實踐平日教導的學問——互相揭露自我、給予和接收肯定式及發展式的回饋意見、解決不滿，以及合力解決重大問題。

後來發生一件我們從未意料的事件，差點就毀了這段彼此高度信任與在乎的關係。我們面臨的問題極為糾纏不清，必須知道該拉哪條線才能解開哪個結——後來我們憑藉第三方協助，以及運用本書所提到的種種技能，最後總算解決了。不過，過程相當驚險，完全體現建立超凡關係是件多困難的工作——就算是最熱烈支持這門學問的教師也不能倖免。

我們的種種爭執細節，可以歸結出一個稱不上普遍，但也相當常見的場景（當然了，實際細節都被更動過了！）：凱蘿向上司要求提供某些她當時不具備的事物，然後發現大衛並沒有積極幫她爭取。

■從大衛的觀點來看：

我協調統籌人際動力學的師資群已經很多年了，準備逐漸退下崗位。「真情流露」是我在史丹佛專業生涯的顛峰，也是我留給後人的資產。我已經培養凱蘿十年以上，她在史丹佛的職涯益發成功，一路走來都讓我印象深刻。她不斷承接新的責任，盡情投入工作。她負責人際動力學許多主題的教學，也開發出新課程提供給商學院與高階主管，並且大幅整修了史丹佛的「領導人才學程」，成爲學校的招牌課程。然而，雖然凱蘿對課程和學程的投入都相當成功，商學院管理層對她的貢獻卻著墨甚少。不過，我還是非常看重凱蘿，也認定她就是接班的不二人選。

她也表達出擔任接班人的意願，因此我更加深信，自己即將把這堂課交給優秀人才傳承下去。當時我正處在課程預算大戰中，因此上述發展讓我尤感安心。商學院正逢財務緊縮，必須砍掉對課程的若干支援。人際動力學在當時已經是全商學院成本最昂貴的課程，我很擔心有些預算會因此被刪掉。保住這門課程的預算，就是我當時最重要的目標。

■**從凱蘿的觀點來看：**

大衛宣布要準備退休，我們開始討論由我接手他的課程時，我要求商學院管理層將人際動力學的框架從「課程」改成「學程」。這項要求背後的理由非常複雜，但簡而言之，由於學程在運作上的複雜度獲得公認，因此校方對學程基礎的支持會比一般課程多，而人際動力學運作起來的複雜度毋庸置疑。一旦這堂課被定位成「學程」，我也有資格獲得「主任」的頭銜，我相信有了這個頭銜會讓我面對師資群和校方時更有分量。

大衛已經在這個崗位待幾十年了，我和他不同，因此很憂心自己必須取得上述兩個條件，才能將課程運作得和大衛在位時一樣好。如果沒有這些條件加持，我就無法如自己希望的盡力將大衛的成就發揚光大。此外，我們工作的領域受到男性高度主宰，身爲女性，我感到自己很弱勢。在私人企業工作的那些年，我已經歷過許多歧視，原本希望學術界能夠有不同氣象，但後來發現學術界處境也一樣糟糕。只能寄望我的導師大衛來幫忙達成這一切了。

我試著說服管理層接受以上兩個要求，但他們拒絕我。當時我氣壞了。我把自己的一切都貢獻給學校了，雖然學生都非常感激我的付出，但覺得校方對我的貢獻絕少有任何感激或肯定。他們只要求我愈做愈多。過去，自己一直相信做個「好士兵」，盡力對組織做出貢獻，最後會得到該有的回報，但這一路走來愈來愈懷疑這個信念。我從未要求校方給什麼利益，但當我想得到一些對課程的成功至關重要的事時，校方竟然不答應我的要求。因此我產生愈來愈強烈的厭惡，也不再相信「耐心等待的人會有回報」這種說法了。最後我告訴校方，除非他們將人際動力學定位成學程，並正式宣布我是該學程負責人，否則我就不接手這堂課。我也去找大衛，請他給予支持。

第一次對話

兩人寒暄閒聊一陣後，凱蘿告訴大衛，她希望大衛幫她做哪些事。大衛回答道：「凱蘿，妳為什麼要這麼追求學程和頭銜？我真是搞不懂它們哪裡重要了。」

「很重要，因為你現在打的每一場仗，之後都由我來打。如果我沒辦法得到我要求的那些正式認同，我大概就沒辦法成功了。」

大衛想了一想，說道：「我認為這不是真的；妳所做的一切，都已經為自己打下很穩固的名聲了。校方也認同妳的成就，而且人際動力學的師資群也完全支持妳。」

凱蘿反駁道：「但這門課現在進展到一個關鍵轉折點，它現在有太多環節，運作起來太複雜，也對學校不同人和部門相互依賴的程度遠高於其他課程。這堂課已經發展到需要被認可為學程的地步。校方必須給我一定的公信力，這樣我才能有效領導這堂課。」

大衛向凱蘿保證，他就算退休也會繼續幫她經營這堂課，也很樂意提供幫助。他也不斷強調對凱蘿有非常高的信心。

「但我需要的不只是這樣。」凱蘿說道：「我希望你可以幫忙爭取，請校方提供我要求的那些條件。如果你不去做，我就不可能在這個體系裡做得像你一樣成功，尤其我是女性，又沒有終身教職！」

「凱蘿，抱歉。」大衛說道：「妳過去以來打造這門課，做得實在太好了，我不認為妳會需要剛剛說的那些條件。況且，我現在需要把個人的信譽都用來捍衛這門課程的總預算。如果校方按照目前的考量真的刪減課程預算，就會對它有非常大的負面影響，這樣妳上任後會綁手綁腳。我需要把一切資源都投入現在這場仗，不想要再做任何會危及這門課程預算的事。」

凱蘿說道：「但你為什麼就不肯告訴他們，這兩件事都對課程未來發展非常重要？」

大衛最後同意他會對校方提到凱蘿的要求，也會支持這些要求，但說他不會刻意去爭取。「我最多只願意做到這樣。」

凱蘿帶著憤怒和被誤解的心情離開。**他怎麼會不懂這些事對我有多重要？怎麼會不懂，如果他畢生的成就要在未來要成功運作下去，這些事情有多重要？**

大衛則覺得很困擾。**為什麼凱蘿就是不懂，沒有這些頭銜她也一樣能成功？而且為什麼她就不能接受，校方就是不可能充分認可？我自己從來就沒得到過，也學會接納這件事。我就是在沒有學程加持的情況下，一路運作人際動力學這堂課——這點她也可以做到的。**

這次對話說好聽點是毫無進展。而且之後愈來愈糟。

大衛在接下來那次與校方的預算會議中，確實開口幫凱蘿爭取她要的事。當大衛被問到為何凱蘿非得達到這些需求才能領導師資群，大衛猶豫了一下，回答道：「嗯，如果沒有的話，她做起來肯定會比較辛苦，但她有能力的。」他補充道，凱蘿認為有必要的原因，是她面對校方管理層時需要一定的正當性和影響力。管理層聽完要大衛放心，凱蘿面對管理層時不會有這些問題。接著大衛反問，將課程改為學程和給予頭銜對校方而言有什麼困難，後者回答是目前校方面臨的財務問題相當嚴峻，因此財務會是他們最優先的考量。另外，校方也想要在度過這場財務危機之後，對所有系上學程統一進行完整且深入的審核，因此很不願意在此時對單一課程進行更動。於是大衛就沒再堅持下去了。

後來大衛對凱蘿說了校方會議的經過，以及儘管他知道那要求對凱蘿意義重大，但他在會議上並沒有堅持爭取。凱蘿聽完怒不可遏，而且非常受傷。

「大衛，這真的是甩了我一記耳光。」凱蘿說道：「情勢明明這樣艱難，如果你也不在意，我何苦拚得要死要活？」大衛告訴凱蘿，她對課程的付出非常重要，而且她其實低估了自己的影響力。凱蘿聽了，再次強調如果她沒有得到先前要求的變動，長期下來對人際動力學課程可能有什麼損失。她又說：「如果今天情況反過來，我一定會二話不說幫你到底，雖然你身為男性大概不會像我一樣需要這些支持。」

「凱蘿，我不會想要妳這樣做的。妳為什麼要這樣做呢？」

「因為我想要你被公平對待，」凱蘿說道：「畢竟你為學校做了那麼多。所以我也期待你這樣對我。真不敢相信你竟然不認為對我公平，就是對整個組織公平。而且難以置信的是，為你和你的人際動力學『寶寶』付出這麼多之後，你竟然還這樣對我。」

「妳為學校和這堂課真的做了很多，我——其他人也是——非常感激妳的付出。」大衛說道：「但我認為這件事不該和這門課的最佳利益混為一談。預算問題真的至關重要，在學程和頭銜指派方面，我認為有必要尊重校方流程。不只這樣，也不希望任何人會認為我是基於我和妳之間的友情，而為妳爭取什麼——這對妳也不公平。」

我們的討論就停在這裡。以下是我們各自的觀點。

■**從凱蘿的觀點來看：**

那一刻，大衛在我眼中等於校方，以及多年來讓我感覺自己弱勢又無關緊要的事件總和。我當下想著，**如果不能信任他會看見我遭受的不公義，並幫忙爭取公平待遇以表示對我的感激，我也不能信任任何人了。**

我完全放棄這個人了。我不確定往後還能不能再信任他。我認爲我們的世界觀差異太大了。我非常看重忠誠這項價值，但很明顯他不這樣想——或是他對忠誠的定義與我的不同。我認爲我們之間的差異大到無法取得折衷。我不想要和他有什麼牽扯了……再也不要了。

■**從大衛的觀點來看：**

那時我感到很無助。覺得自己被放棄了，整個人非常痛苦，但我實在不知道該說什麼。我們一直在相同的爭論上打轉。希望過了一段時間，凱蘿的怒氣可以稍微消退些，然後我們再重新連結。

儘管兩人的關係非常緊張，但那一年我們還是得一起工作。除了必要的對話之外，彼此幾乎沒什麼交流。教學會議盡可能愈快開完愈好，我們之間的互動時間也降至最低。

我們在專業上會對彼此保持禮貌，也能夠一起合作，但再也不去找對方尋求建議或談論問題，也幾乎不閒聊了。

真情流露這門課其中一個必要元素，就是學習修補關係，好幾位同事也催促凱蘿實踐她的教學，主動和大衛見面。但凱蘿感覺自己好委屈、很受傷、深覺遭人背叛，因此拒絕了。她依然認為如果情況顛倒過來，自己一定會全力支持大衛。她再也不想和大衛有什麼關聯了。大衛知道凱蘿是這樣想，但也束手無策。

修補開始

幾個月後，凱蘿在眾人鼓勵之下試著開始修補關係。她的負面感受還是很強烈，但這時她自己也體驗到失去這段關係的感覺。她主動聯絡大衛，問他要不要來她辦公室碰個面，看看他們能做什麼來修補這一切。

大衛立刻答應了，反正他也不知道還有什麼方法能重新連結。他不知道還能談出什麼新東西，但他心懷希望。

兩人冷靜又有點尷尬地寒暄完後，凱蘿告訴大衛她希望兩人能有個真正的修補對話。

大衛也表達同樣意願。剛開始他們的對話和先前的似乎有些重複，沒什麼進展。

不過大衛接著主動說了，他很困惑為什麼凱蘿這麼不悅。凱蘿聽到簡直不可置信，大衛如此理解她這個人，怎麼會到了此刻還不懂原因。

「這樣讓我真的很緊張，」大衛說道：「會擔心自己可能不太知道妳的下一個地雷在哪裡。」

「這不是地雷的問題。」凱蘿說道：「看起來我們的價值觀差太多了，讓我懷疑彼此到底有多理解對方。」

凱蘿重申，對於大衛當時沒有積極為她向校方爭取利益感到非常難過，也講了更多她這麼看重頭銜，以及人際動力學應該更動為學程的原因。她也說到自己多年來為學校付出這麼多，但在這套制度下自己並沒有得到應有的重視，以及她這一生因為女性身分，在職場上要比別人更努力打拚，種種經歷都和這次事件混在一起。也告訴大衛自己在這件事上採取如此強硬的立場，其實讓她感到非常脆弱，因為很怕因此遭人誤解。她也提到，這幾十年來自己對大衛和他畢生成果全力支持，但沒想到面臨緊要關頭時，卻發現自己無法信賴大衛，這件事讓她失望透頂。

大衛終於逐漸理解到凱蘿內心擔憂的深度與重大意義。某種程度來說，他們的談話並沒有談到什麼新事實，但他開始更全面地理解凱蘿到底怎麼了。大衛並沒有改變先前談話時要以預算為優先的立場，但他開始能同理這整件事對凱蘿的意義。這時他的回答中，包括以下這句話：「我開始了解到妳怎麼了，以前我應該沒這樣想過。我很抱歉。」

對凱蘿來說，這是個大突破。自從兩人衝突以來，她第一次感覺自己被聽見了，以及不再因為自己的反應而被當成「有問題」。因為大衛能同理她不悅的原因，凱蘿也比較能夠傾聽大衛是基於什麼出發點反對她的立場。這時她第一次覺得自己和大衛的情緒相遇了，感覺到大衛的同理，以及願意站在她這邊，而不是想說服她放棄原本立場，或認為她的感受是錯的。凱蘿因此敞開心房，相信兩人的對話可以從情緒出發，而不是只談想法和意見。

於是凱蘿帶著真誠好奇心問道：「你為什麼不能支持我，同時又爭取保留預算呢？」

「凱蘿，妳會擔心未來運作課程能不能成功。但如果沒有用上我所有的信譽去防止校方刪減預算，妳就更難成功了。而且，就算我幫忙爭取到妳要的那些條件，妳也不會因此得到自認需要的那個地位。」

大衛接著說明自己很擔心如果僅僅是因為他堅持爭取，凱蘿才得到她所要求的事，凱蘿的信譽日後會受傷害。他也告訴凱蘿，在這個過程中他為了自己堅持的事做出哪些妥協，為此感到多大的壓力。最後也談到他數十年來在學院體系中一直都沒有得到充分認可，後來也接納這項事實，認為這就是學院生涯的一部分。大衛也談到，其實當凱蘿要求如果沒滿足她提出的條件，就拒絕接手這堂課時，他感到很生氣也很失望。

我們之間的問題相當糾纏不清，那天談了好幾個小時。儘管探討問題的深度勝過以往，也更加理解為何對方會有那些反應，但還是沒辦法好好理出一個頭緒。這次事件引發太多傷痛了，沒辦法用一次談話就完全解決問題，但至少突破現況，也重建一定程度的信任，讓我們再次真正地聽見彼此。

分析：哪邊出錯了，以及爲什麼會出錯？

兩個溝通能力優秀的人，怎麼會讓彼此的關係卡住呢？事情怎麼會一件件都出錯了？在這次情況中有太多因素彼此糾纏，像是一個很大的繩結，愈是用力去拉，結就卡得更緊。要解開繩結，我們得釐清先拉哪條繩子才行。

我們在本書再三強調，充分理解他人，以及透過好奇心與詢問去理解潛藏在背後的問題，是無比重要的事。沒錯，事發過程中我們確實問了對方問題，但兩人並沒有真心抱持好奇。為什麼？

大衛會這樣有幾個原因。他真心相信凱蘿的工作表現太優秀了，所以她真的不需要什麼頭銜或學程框架來幫助自己成功。他也認為自己懂凱蘿發生什麼事，覺得問題主要是她的自尊和沒安全感造成的。由於大衛對自己這般評估非常篤定，又對凱蘿的反應做出「越過網子」的歸因時，他再問任何「問題」都會帶有控訴性質，因此凱蘿聽了會更生氣。大衛當時對凱蘿並未真心抱持好奇。大衛在整個專業生涯中，一再忍受自己的成就沒得到充分認可這件事，後來也學會接納了。因此既然他可以，凱蘿為什麼不行呢？另外，大衛認為自己擔任凱蘿的導師多年，投注相當多心力，凱蘿竟然這樣對他，讓他很生氣。最後，他對課程未來發展也相當擔憂。

凱蘿這邊則認為自己的憤怒和受傷感有十足的正當性，這種想法讓她無法看見其他面向。她是專業人士，也認為自己為人相當光明磊落。她絕少為了自己要求利益，所以當真的冒了風險主動提出要求時，讓她感覺很脆弱。她的弱勢感有很深的根源。凱蘿在先前對話中幾乎沒對大衛說起這些事情。

因此（我們任一方）合乎邏輯的主張不只沒效，甚至還妨礙彼此溝通。我們也因為價值觀的根本差異而導致關係卡住。

凱蘿當初的反應如此激烈，核心原因在於她最重視的價值之一——忠誠——被打碎了。她對忠誠的定義是「信守承諾或義務，以及效忠」，因此才會告訴大衛，假如情況顛倒過來，她絕對會全力支持，沒有第二句話。凱蘿非常確定自己在相同情況下會怎麼做，所以沒想過大衛有可能會採取和她不一樣的行動。

大衛也很重視忠誠，但他的定義與凱蘿的不同。他認為忠誠是「承諾投入他人的成長與成功」——當兩人關係愈穩固，這份承諾就愈深重。因此他才會不遺餘力地擔任凱蘿的導師。正因為大衛如此信任凱蘿，他才會認為凱蘿所認定的成功必要元素其實並非必要。

我們還有另一個價值觀上的分歧。我們都認為自己的言行相當光明磊落，也認定自己所作所為都是為了真情流露這堂課和學校的最佳利益。兩人都太篤定自己是對的，因此不自覺開始互相批判，認定對方是錯的。也都覺得各自會給對方負面評價，因此就不覺得需要積極理解對方。

是什麼打破了停滯？

我們之所以重新和彼此展開對話，同事扮演了至關重要的角色。但我們認為自己遲早也會打破僵局。如果沒有同事大力催促，我們大概會花上更多時間才走到這一步，但還是有可能走到的，原因如下：

我們並未將對方「妖魔化」。我們沒有編造故事，把對方塑造成帶有惡意或糟糕性格的人。（凱蘿說即使她真心不懂為何大衛會做出那些事，但也知道大衛並無傷害她的意圖。）同樣道理，儘管我們對彼此失望，但都沒有驟下結論，認定對方是邪惡或惡劣的人。我們刻意避免這樣極端的立場，後來才有可能真正理解對方。

我們也沒有受困於傲慢心態。如果其他人處於凱蘿的立場，可能會陷入一種想法，認為主動聯絡大衛有失顏面。幸好凱蘿並未被自己的驕傲絆住。另外，說抱歉對我們都不是困難的事——不論是對自己所作所為表示抱歉，或表達我們理解對方的痛苦皆然。

我們還懂得區分理解和同意對方之間的差異。大衛從來都沒同意凱蘿的立場客觀正確。但當他能夠將自己的不同意與理解凱蘿如此受傷的原因區分開來，兩人關係就出現突破。當大衛接受凱蘿的感受有其理由，並讓凱蘿知道他接受這點，事情走向就有不同了。凱蘿在這方面所花的時間依然比大衛多了許多，但她最後也逐漸理解（並尊重）大衛當初這樣選擇的原因。

我們也放掉邏輯思考，轉而探討更深刻的個人問題。我們最初兩次討論的成果慘不忍睹，因為兩人爭論的是問題的邏輯。不只如此，根本原因是我們都想要當「對的那一方」。我們對什麼是課程的最佳利益這點也有意見分歧，而且各自都有一套合乎邏輯的理由。然而，有些事不一定**合乎邏輯**，但在**心理上**有其道理。

我們的成果也符合先前提到的解決衝突的四項標準。我們找到方法重新真正的對話

（和原本幾乎不對話的狀態相比），對彼此也有更深刻的理解，而且解決問題的能力進步了（所以日後我們不太可能再被卡住），兩人的關係也比衝突發生前更加穩固。

恢復和修補：強調衝突

「金繼」，或稱「金繕修復」，是一種修補破碎陶器的日本工藝。做法是將漆與磨成粉末的金、銀或白銀混合，用來黏補碎片，既能達成修補陶器的目的，又可以打亮原本的裂痕。金繼也是種哲學思考：如果某件物品損壞了，它破碎的過往應該受到稱頌，而不是隱藏、掩蓋起來或遺棄。貴重金屬粉末讓裂痕更加明顯，意味著受到損壞的物品反而更加美麗。我們相信上述價值取向也適用於關係中的「破碎」，以及關係修補的方式。這對我們兩位作者尤其如此。儘管我們對先前痛苦的停滯感到遺憾，但確實很珍惜從中得到的事。

我們的關係一度瀕臨毀壞，但又恢復過來，如今相當有信心，以後彼此意見再怎麼不同，一定都能好好處理。我們建立起比過往都更豐厚的「情緒帳戶」。也逐漸了解原來我們對彼此有些未經驗證的假設，包括認為由於相識太多年了，所以一定可以充分且深入地理解對方。這場事件讓我們清醒過來，開始更主動詢問對方，而不是篤定自己知道對方到底發生什麼事。

我們的衝突還產生另一個至關重要的結果，就是雙方的權力關係重新達到平衡——由此也可見到職場上超凡關係的複雜度。凱蘿打從一開始就非常敬畏大衛，也認為自己無比幸運，能讓大衛擔任她的職涯導師。儘管凱蘿與大衛意見不同時，她可以直接表達出來，但還是習慣遵從大衛的意見，即使到了她負責人際動力學的部分課程與承接部分課堂義務時也是如此。儘管我們都知道權力不對等要付出的代價，但並沒有清楚察覺到彼此的權力差距。我們常年處於上述動態中，加上對重大決定的意見幾乎都一致，意味著沒有發生過重大衝突。這次摸索過程中，凱蘿逐漸了解並接受大衛也只是平凡人，可能會犯錯，也確實犯了錯。這份體認讓過往關係中的權力差距重新變得平等。凱蘿因此更有力量，而大衛也能更加自在。如果沒有這次權力調整，凱蘿不確定自己會不會同意與大衛共同執筆各位現在閱讀的這本書。

對我們來說，這條轉圜的路很漫長，但我們不僅做到修復，雙方還比以往更親近。我們從剛開始疏離、客氣的互動，到逐漸親切起來，再回到以往兩人相處的原樣，然後走到更加穩固的關係。這段旅程並不輕鬆，但所有痛苦和努力都非常值得，有金色的修復塗痕為證。

結語

噢，賜與我們些許能力，讓我們見自己如他人見我們！

——羅伯特．伯恩斯（Robert Burns），十八世紀蘇格蘭詩人

我們想談談恐懼，為本書做個結尾。乍聽也許很詭異，但就是要透過談論恐懼，才能幫助你看見**少了**恐懼後會有哪些可能。

我們都會刻意將自己的重大部分隱藏起來，不對外分享，因為害怕說了以後別人會給負面批判。可別把自己看成少數——我們領導的所有T小組中，每位成員都不斷苦惱著「我敢表現出這些以往很努力隱藏起來的面向嗎？」想想看：你大概曾經拒絕對某人承諾投入，因為你怕他們不會對你同等付出。或是你很猶豫要不要嘗試某種新事物，因為害怕做了就犯錯了。你可能沒有開口提出自己的需求，或遭到別人傷害時，你沒有直接和對方正面對抗，因為怕這樣做會傷害彼此關係。而更根本的，是懼怕如果某人真的理解你了——而且是理解你所有面向——會繼而拒絕接受你。

我們都認識一些人，抱持的自我形象和別人眼中的他們非常不同。這對你來說是不是

也有幾分真實呢？「以別人的眼光看自己」真的是好事嗎？尤其這如果會毀掉你非常努力地建立的自我形象時，還是如此嗎？你可能會害怕一旦聽取他人的回饋，就失去了自尊和自我價值感。

這些恐懼限制了成長和學習，也會降低你承擔風險、嘗試新行為的意願。畏懼會讓你陷在不快樂又不願正視的情境中，因此消耗你大量精力。活在恐懼中付出的代價，是與他人真正連結。有時候，「恐懼」（fear）就是「乍看真實的不實期待」（false expectations appearing real）的簡稱。

最重要的是，你的人際關係通往超凡的機會也會被恐懼限制住了。我們一再強調，雙方只有在能夠控制自己的恐懼，並承擔必要風險之下，超凡關係才可能發生。因此這也會出現一種矛盾。正如恐懼能局限你，你為了建立並維繫超凡關係所承擔起的風險，反而能讓你大幅掙脫懼怕，放你自由。部分原因在於你親自測試過恐懼的真實性，結果發現都是不實期待。建立深刻關係的過程增加了你的人際能力，而且賦予必要的自信，讓你說出真心話，也更能做真實的自己。

這些都能讓你從原本不斷自問「我敢說出……嗎？」「如果我……，她會怎麼看待我？」「我做了……，他會有什麼感覺？」的狀態中重獲自由。你的精力再也不會浪費在自我懷疑，而是聚焦在抱持好奇心和學習上。當然，你可能還是會擔心結果不知道會怎樣，但這和擔心對方拒絕接受真實的你並不同。超凡關係就是用這樣的方式，幫助你從原本黑白兩色的世界走進彩色人生。

你們走入超凡關係的核心時，接下來是一場獨一無二的自由體驗，它感覺起來簡直像魔法。因為知道對方在乎你，也會誠實以對，你就有辦法聽進他們給予的回饋。結果是你會更全面地了解**自己**，也會具體知道自己哪方面做得好，該如何善用這些優勢，也不再把弱點當成會打擊自己的事，而是身為人的必然體驗，並將它視為讓自己成長的機會。超凡關係讓你可以對自己的信念進行壓力測試。某些假設可能在過去對你有幫助，但現在已經派不上用場了。別人的回饋意見和觀點，會給你機會去擴展自己眼中所見的情況，甚至影響你對手中握有選擇的理解。

最重要的是，自己在乎的那些人會接受你所有的人性缺陷。別人如何看待你，以及你如何對待自己，兩者差異已經被你拉近距離。他們接受你，也進而幫助你接受自己。過程中產生的自由無與倫比。

當你能夠理解與接受自己時，你的內在陀螺儀就能發展成形，它會像充氣玩具一樣，再怎麼打擊它都能回到中心。你不會被回饋擊垮，也不會被他人反應所掌控。你會扎扎實實地和「真實的自己」和「自己的價值」相連，也因此能接受他人的觀點。學習和成長總是需要先承擔一些風險，但現在你已經有足夠穩固的基礎去承受風險了。你已經做好準備要成為終生學習者了。現在的你有能力和其他人建立衷心的連結。

你已經抵達山巔。眼前所見景色，遠比你在山谷看到的還寬廣，甚至也比在草地上所見寬廣得多。你知道當自己與他人同行，會有更多機會站上不同視角，看見前所未見的景象。當你攀登山峰數次之後，也會知道再次與他人一同登山是可以做到的。更多連結與魔法正在前方等候。

致謝

當初若不是企鵝藍燈書屋的丹尼爾・克雷伊（Daniel Crewe）打電話給我們，詢問有沒有興趣根據「真情流露」這門著名的史丹佛課程寫本書，我們寫出這本書的機率微乎其微。首先，要感謝他邀請我們走上這趟旅程，一路上都相信我們，這三年來不斷提供許多編輯上的建議做為支持。此外，我們要大力感謝王牌編輯艾瑪・貝瑞（Emma Berry），感謝她超凡的應變能力，用她的編輯慧眼改善一版又一版的草稿，讓這本作品更加扎實。

我們深深感謝珍娜・弗里（Jenna Free）拿到本書初稿後耐心十足的引導，幫助這本書變得比一開始好讀許多。她極擅於找出冗詞贅語、釐清內容、刪減不必要與不易懂的題材，為這本書注入更多生命力。她孜孜不倦的編輯工作，讓我們學到原來很多時候寧缺勿濫。另外，也要大大感謝我們極出色的經紀人豪爾・尹（Howard Yoon），在出書過程中一路帶領我們前進。

我們還要感謝瑪莉・安・哈克貝（Mary Ann Huckabay），以及好友暨經常提意見的業餘顧問麥克斯・李察斯（Max Richards），他對手稿投入龐大心力，對參考文獻也有極出色的見解。另外還要感謝艾黛兒・凱爾曼（Adele Kellman）與凡妮莎・洛德（Vanessa

Loder），她們各自在不同時期讀過初稿，並給了具體建議，幫助我們增進對本書的思考。

這一路上有太多人在不同時間點給過我們回饋意見和充滿智慧的建言。我們謝謝人際動力學課程的同事艾德・巴替斯塔（Ed Batista）、萊斯里・秦（Leslie Chin）、安卓亞・寇爾尼（Andrea Corney）、柯林斯・道伯斯（Collins Dobbs）和依法・勒凡（Yifat Levine），以及我們逝去的摯友藍斯・洛文（Lanz Lowen），當初讀過最初提案後，幫我們設定了本書的寫作方向。

過去三年中，艾倫・布里斯金（Alan Briskin）、蓋瑞・德克斯特（Gary Dexter）、貝斯雅・蓋爾（Basya Gale）、瑪麗・佳博（Mary Garber）、蘇珊・哈里斯（Susan Harris）、湯尼・勒維坦（Tony Levitan）、艾德加・席恩（Edgar Shein）和羅傑・修爾（Roger Scholl）都給了無比珍貴的建議。不論我們最後是否接受他們的點子和心力，他們的付出都讓我們能夠停下來更深入思索究竟自己想傳達什麼內容。這幾年中，本書樣貌經歷了重大改變。如果沒有他們付出的這些心力，這本書沒辦法達到現在的深度。我們也對本書最終定稿的任何局限負起完全責任。

派翠西亞・威爾（Patricia Will）謝謝妳的度假屋；羅伊・巴哈特（Roy Bahat）、瑞奇・法蘭科（Ricki Frankel）、辛西雅・戈爾尼（Cynthia Gorney）和溫蒂・卡文蒂許（Wendy Cavendish），謝謝你們一路上的慰問、打氣和熱情洋溢的支持，也謝謝「科技領導者」學程的夥伴，一次又一次地當我們的後援。

也要肯定並謝謝數以千計的學生和客戶，他們不只形塑了我們的思想，也對我們個人產生相當影響。他們教導我們如何建立有意義的人際關係，我們希望能在此公允地表揚他們的功勞。在本書寫作過程中，我們和許多人有過數百場對話，要在此處完整列出所有人的名字有些不切實際，但沒辦法逐一感謝他們每個人，我們也真心感到抱歉。

最後，這本書除了獻給我們各自的配偶之外，還要深深感謝我們的子女和孫子女——傑夫・布雷弗德（Jeff Bradford）和蘇菲雅・劉（Sophia Lau），溫瑞・布雷弗德（Winry Bradford）、肯德拉・布雷弗德（Kendra Bradford）、陶德・舒斯特（Todd Shuster）、雷夫・舒斯特（Lev Shuster）、蓋爾・舒斯特（Gail Shuster）、尼克・羅賓（Nick Robin）、艾力克斯・羅賓（Alex Robin）及莫莉・羅賓（Molly Robin）——他們在我們人生中扮演極為重大的角色，讓我們理解究竟怎樣的付出，才能建立超凡關係。

【附錄A】感受的用詞

	輕度	中度
快樂	愉快 不錯 滿意 滿足 感謝 歡喜 喜悅 順心	愉悅 心情好 舒坦 平靜 美好 歡暢 容光煥發 熱烈 興高采烈 歡樂 興奮
在乎	感到溫暖 友善 喜歡 感到正面	喜愛 敬重 尊敬 景仰 在意 珍視 信任 親近
沮喪	不快樂 消沉 低落 心情很糟 煩 失望 難過 鬱悶 悶	苦惱 不開心 沮喪 悲傷 士氣低落 受挫 悲慘 悲觀 淚眼汪汪 啜泣 糟糕
不足	沒信心 對自己不確定 不確定 虛弱 效率低	順從 被擊敗 能力不足 無能 不知所措 沒有效果 缺乏 沒有能力 欠缺能力 渺小 不適合
懼怕	緊張 焦慮 不確定 猶豫 膽怯 害羞 擔心 不自在 羞赧 丟臉 心神不寧 懷疑 焦躁 緊繃 不舒服 侷促不安	害怕 怕 憂慮 提心吊膽 顫抖 受威脅 不信任 風險 警戒 驚慌 尷尬

	重度
大喜過望	驚喜 精采 狂喜 樂極 興奮 震撼 美妙 狂喜 激情 超開心 樂壞了 熱情洋溢 歡愉 絕妙 太棒了 解放
	關愛 迷戀 著迷 珍惜 偶像化 崇拜 憐惜 愛意 迷戀 被吸引 全心奉獻 寵愛
生厭 鬱悶 無助 憂鬱	憂鬱 淒慘 悲涼 絕望 空虛 貧瘠 傷痛 悲痛 黯淡 荒涼 頹喪 無望 被孤立
不重要 不完整 不好 不具能動性	無助 無力 殘缺 低人一等 失去男子氣概 無用 完蛋 像個失敗品 無價值 毫無可取之處
防備	嚇死了 恐懼 受威脅 驚嚇 絕望 恐慌 嚇到不能自已 不堪一擊 上台恐懼 驚懼 嚇到動彈不得

	輕度	中度
困惑	不確定 沒把握 困擾 不舒服 心意不定	沒頭緒 亂無章法 一片空白 困擾 漫無目的 無助 提不起勁 糾結 失去連結 受挫 動彈不得
受傷	被貶低 被忽視 被忽略 被小看 失望 不被感謝 被當成理所當然， 不受重視	被蔑視 被拒絕 被藐視 被濫用 被貶抑 被批判 被誹謗 被指責 失去別人信任 被貶低 被嘲笑
罪惡感／羞恥	後悔 錯誤 丟臉 過錯 犯錯 要為某事負責 搞砸 弄糟 哀歎 困窘	羞恥 罪惡感 悔恨 自慚形穢 責怪 丟臉 身分被貶低
寂寞	被丟下 被排除 孤寂 感到遙遠 疏離	冷落 疏遠 邊緣 獨自一人 被隔絕 與他人分開 與他人隔離
生氣	神經緊繃 厭惡 厭煩 失去興致 冒犯 惱怒 慍怒 煩擾 被惹怒 惱羞成怒 不爽 失望 不耐 不滿	憎惡 煩躁 敵意 不悅 不開心 被激怒 憤怒 非常惱怒 被冒犯 敵視 氣壞了

	重度
矛盾 困擾不安 無助 徒勞無功	糊塗 迷茫 覺得莫名不知所措 坐困愁城 傻住 陷入兩難 不知所以 陷入困境 充滿問號
被中傷 被不當對待 被譏嘲 失去價值 被斥責 被嘲弄 被嗤之以鼻 被利用 被消費 被貶損 被抨擊 被造謠 自我懷疑 變得廉價	被打敗 被摧毀 被毀壞 被降級 苦痛 被傷害 被摧殘殆盡 受酷刑 受辱 被羞辱 苦澀 任人支配 被拋棄 被遺棄 被拒絕 被甩
	感到作嘔 被揭穿 不能原諒 被羞辱 受辱 被降級 恐怖 引以為恥
	被孤立 被遺棄 完全孤獨 被遺棄 被切割
好鬥 惡意 棘手 懷恨 有報復心	狂怒 暴怒 咬牙切齒 怒不可遏 大怒 怒氣沖天 很生氣 暴力 憤慨 仇恨 苦澀 怒火中燒 心懷報復 充滿恨意 勃然大怒 非常厭惡

【附錄B】增進你的學習

我們希望你從本書所習得的技巧中，最重要也最持久的就是**學會如何學習**。對於T小組的研究顯示，當小組成員在過程中習得本書所授技能，由於正向強化循環的作用，他們在課程結束後依然能持續學習。以下所述可以提醒你目前學到了什麼，讓你能藉此善用正向強化循環和這項能力擴展自己：

- 如何更能做真實的自己，包括見識到表達自己情緒帶來的力量。你已經學會利用一五%原則，在建立關係的過程中增加自我揭露的範圍。儘管展現脆弱有其風險，但大部分情況下好處仍遠多於付出的代價。你需要勇氣，才能生出意願，讓自己被他人更充分理解，而你也學會了展現脆弱更多是來自力量，而非出於怯弱。
- 如何建立一個讓對方更願意揭露自我，也更願意做自己的環境。建立過程中，傾聽對方感受和鼓勵他們充分表達，這兩件事至關重要。同樣地，你也學到假如當下無法理解對方，或對方做了一些讓你不高興的事情，先別驟下判斷，而是要帶著好奇心對待他們。你學會了珍惜對方的獨特，而不是要求他們和你一樣。

- 給別人建議這件事的局限，以及開放式問題所帶來的力量。你同理別人的能力已經增加了，而且當你愈想要被他人更理解和接受，也學會用同樣方式對待對方。
- 如何給予和接受針對具體行為的回饋意見、怎樣提出雙方之間存在的難題、解決難題，以及幫助對方理解已經做得很好與可能要培養的部分。你和對方之間遇到的難題可能從小小的不滿到重大衝突不等，而儘管有時實行起來相當困難，但你們遇到的問題不論處於哪種程度，你都能夠避免把對方給的回饋意見視為攻擊。回饋意見能幫助你們之間的核心問題浮出檯面，讓雙方能夠協力解決。當兩人都願意投入心力，幫助對方和努力讓彼此關係有所增長，回饋意見就會是真正的禮物。
- 你領會到情緒的力量與類別，並意識到自己有能力覺知同一瞬間升起的眾多感受，以及所有阻礙。你發現並適當運用這些感受的種種習慣。
- 支持有很多形式，但有時展現支持是需要你提出艱難問題，這對於提出問題的人和接收的人都會感到不自在。然而，這樣做的時候，你也學到如何誠實，而且會誠實到超乎你預期能做到的程度。要做到這般誠實，你得先站穩自己的現實圈——也就是聚焦在對方的行為如何影響到你——而不是擅自幫對方的動機或性格加上你的心理詮釋。
- 衝突不一定會毀滅彼此關係。如果你運用回饋意見模型提出和解決艱難問題，反而有可能因此強化這段關係。

- 人際關係極少呈直線發展。通常都是「前進兩步，退一步」。建立有意義的人際關係需要毅力；難題不過是一時的障礙而已，總會有辦法得到解決，而損害也有辦法獲得修補。
- 你更理解自己了——知道自己哪方面做得好，哪方面又自我設限。也許最重要的理解，是你現在知道學習的來源有很多種。你可以從自己的情緒中學習，因為情緒標記出對你重要的事物。也能藉由自問「**為什麼**我有此刻這樣的反應？」來學習。還可以從別人給的回饋中學習，因為別人會知道並吐露你的行為對他人帶來怎樣的影響。你也學到哪些情況很可能會觸發自己的情緒。

不過，也許最重要的是，當你採取行動改善人際關係，上述能力也同時幫助你從經驗中學習。你已經知道對你們雙方而言哪些做法有效，也明白與其否認雙方之間的問題，不如從錯誤中學習，讓兩人下次都能做得更好。你經由這些能力強化自己，已經沒那麼害怕承擔風險了。這份體認就給了你繼續學習的自由。

行動呼籲

1. 根據上述的摘要，加上也讀完這本書了，現在你認為最需要投入心力去做的是什麼事？

2. 設定具體學習目標：上述能力中，有些你特別擅長，運用起來也比較自在，有些則非如此。你沒辦法同時運用所有能力，因此要記得一五%原則，並選擇對你較為重要的人著手執行。同理，你有沒有什麼限制或困住自己的習慣？覺察自己想投入心力在哪部分，以及成功的狀態究竟會是如何，這樣一來你會發現更多能測試這些技巧的機會。

3. 獲得協助：由於你很難只靠自己就做出重大改變，因此若要達成學習目標，非要透過他人不可。比方說，儘管你的其中一個目標是更大聲說出自己的意見，但你可能沒發現自己正在退縮。找一個你信任的人分享自己想要改善的事，請對方留意並提醒你什麼時候不小心落入舊習，或錯過了某個能讓你達成改變目標的機會。說不定他們還能幫助你進一步釐清自己的目標，以及如何達成這些目標的方式。

4. 記錄與反思：在本書開頭，我們曾經鼓勵你寫日誌，這樣做不只是為了記錄你的進展，更是創造一個反思空間。假設你又犯了老毛病，沒有順著真實感受行動，結果得到一次不成功的經驗。你可以檢視：到底是什麼事導致這個結果呢？面對某些情緒對你是不是格外困難？你是否受限於自尊，以致很難展現自身脆弱？

有個也許是杜撰的故事是這樣說的：一位病人詢問治療師：「我要怎麼知道自己已經痊癒了？」對方回應是：「當你比我先發現自己又犯老毛病的時候。」長年習慣是很難完全抹除的。對你而言，面對衝突可能還是會困難重重。與其將目標設為**有能力**解決衝突，不如放寬一點，將目標改成對衝突**感到自在**。你需要練習和毅力才能習慣新的行為模式。就持續去做，並以自己的進展為榮吧。別被一時的挫折給打敗了。

最後，我們回到雷諾瓦的遺言：「我想我開始學到些什麼了。」祝福你一生都能持續不斷地進步，過程中持續不斷有新發現，直到最後一刻。生命就該是這麼回事。

Eurasian Publishing Group
圓神出版事業機構
用心與你對話．視野無限寬廣
先覺出版社
Prophet Press

www.booklife.com.tw　　reader@mail.eurasian.com.tw

人文思潮 152

史丹佛人際動力學：連開50年的課，教你好關係從真情流露開始

作　　者／大衛．布雷弗德（David Bradford）、凱蘿．羅賓（Carole Robin）
譯　　者／蔡惠伃
發 行 人／簡志忠
出 版 者／先覺出版股份有限公司
地　　址／臺北市南京東路四段50號6樓之1
電　　話／（02）2579-6600．2579-8800．2570-3939
傳　　真／（02）2579-0338．2577-3220．2570-3636
總 編 輯／陳秋月
資深主編／李宛蓁
責任編輯／林淑鈴
校　　對／朱玉立．林淑鈴
美術編輯／林韋伶
行銷企畫／陳禹伶．黃惟儂
印務統籌／劉鳳剛．高榮祥
監　　印／高榮祥
排　　版／杜易蓉
經 銷 商／叩應股份有限公司
郵撥帳號／ 18707239
法律顧問／圓神出版事業機構法律顧問蕭雄淋律師
印　　刷／祥峰印刷廠
2021年6月初版

Connect: Building Exceptional Relationships with Family, Friends and Colleagues
Original English language edition first published by Penguin Books Ltd, London

定價 440 元　　ISBN 978-986-134-387-7　　

質疑、不相信、一直說不——這些通常表示未來近了。
如果你的腦子裡有個聲音說：「這行不通」或是別人這樣對你說，那麼你就要對自己強調這個看法兩次。

——《也許你該跟未來學家談談：一堂前所未見的人生規畫課，所有問題你都可以問》

國家圖書館出版品預行編目資料

史丹佛人際動力學：連開 50 年的課，教你好關係從真情流露開始／大衛．布雷弗德（David Bradford）、凱蘿．羅賓（Carole Robin）著；蔡惠仔 譯. -- 初版. -- 臺北市：先覺，2021.06
400 面；14.8×20.8 公分 --（人文思潮；152）
譯自：Connect: Building Exceptional Relationships with Family, Friends and Colleagues
ISBN 978-986-134-387-7（平裝）

1. 人際關係　2. 人際傳播

177.3　　110006412